数据中台建设

从方法论到落地实战

彭勇 著

电子工业出版社

Publishing House of Electronics Industry

北京·BEIJING

内 容 简 介

数字化体系正在各个行业落地生根。本书首先介绍了工业、智慧农业、智慧服务业、智慧城市的数字化建设现状和发展趋势，让读者初步了解数字化发展。

数据中台是企业数字化建设的基础。本书重点介绍了数据中台的定义、整体框架和建设的方法论。该方法论主要涉及企业数字化发展战略、组织架构变革、数据的存储和建模、数据平台的建设、数据服务框架、数据产品化和数据智能化建设等多个方面的内容。

本书通过企业中两个热门场景的应用详细介绍了数据中台的落地实战。第一个是营销场景。企业通过营销中台的建设，构建了智能化营销体系，有效地提升了数据驱动营销的效能。第二个是风险管理场景。企业通过风险管理中台的建设，支持"事前—事中—事后"的智能风险管理，大幅提升了风险管理的效率和能力。

本书适合科技企业和互联网企业的创始人、中高层管理人员、数据战略负责人、首席数据官、信息系统负责人，以及正处于转型中的传统企业管理者和政府相关部门的工作人员阅读。

图书在版编目（CIP）数据

数据中台建设：从方法论到落地实战 / 彭勇著. —北京：电子工业出版社，2021.9
ISBN 978-7-121-41724-5

Ⅰ. ①数… Ⅱ. ①彭… Ⅲ. ①企业管理－数据管理 Ⅳ. ①F272.7

中国版本图书馆 CIP 数据核字（2021）第 154688 号

责任编辑：石　悦
印　　刷：北京捷迅佳彩印刷有限公司
装　　订：北京捷迅佳彩印刷有限公司
出版发行：电子工业出版社
　　　　　北京市海淀区万寿路 173 信箱　　　邮编：100036
开　　本：880×1230　　1/32　　印张：9.875　　字数：274 千字　　彩插：1
版　　次：2021 年 9 月第 1 版
印　　次：2024 年 1 月第 4 次印刷
定　　价：89.00 元

凡所购买电子工业出版社图书有缺损问题，请向购买书店调换。若书店售缺，请与本社发行部联系，联系及邮购电话：（010）88254888，88258888。

质量投诉请发邮件至 zlts@phei.com.cn，盗版侵权举报请发邮件至 dbqq@phei.com.cn。

本书咨询联系方式：（010）51260888-819，faq@phei.com.cn。

推荐语

数据中台的概念在企业中被认知已有多年，企业的 CIO 和 CTO 逐渐意识到建设数据中台对于发挥数据价值很重要，然而很多企业对数据中台建设依然陌生。数据资源盘点、应用规划、数据资产建立、数据落地应用、数据化组织发展等都是巨大的挑战。作者结合自身多年在保险企业和互联网公司数据智能化方面的从业经验，从实战角度出发撰写了本书。本书对当下企业数字化转型中数据中台建设具有很高的参考价值和借鉴价值。

——泰康在线 CIO&副总裁　陈玮

大数据为人类提供了全新的思维方式，也提供了探知客观规律、改造自然和社会的新手段，这是大数据引发经济社会变革的根本原因。本书结合营销场景和风险管理场景，从数字化建设的现状和方法论出发，详述了数据治理、数据驱动、数据变现等方面的内容。对于构建大数据思维，提升数据化思考能力，找到解决问题的新方法，本书可以给你带来深刻的启发。

——工银科技高级 AI 算法工程师，前普华永道数据科学家　俞雅玲数字化体系要在各行各业落地生根的基础是企业的数据中台。笔者基于对数据行业的深入理解和多年的实操经验，对数据中台的实操与落地提出了系列方法论，助力企业快速、健康地完成数据中台的规划和建设。

——中国大数据网执行总编&首席执行官　刘冬冬

如何把海量数据资源高效地呈现并规范管理是现代企业管理的一个重点难题，也是企业管理者和数据工作者需要面对的问题。本书带来了从应用场景驱动的有益讨论，对企业管理效率提升、数据决策具有很强的建设意义和指导意义。

——中央财经大学统计与数学学院副院长　李丰

由于工作的原因，近年来了解到众多数据中台的成功和失败案例，感觉用"他人之良药，或是自己之毒药"这句话来形容数据中台的建设是很合适的。企业的数据能力建设应满足业务发展的需求，且受企业文化的影响，因此数据中台建设过程中有极强的定制化色彩。本书作者拥有丰富的实战经验，提出的数据中台建设的"八大原则""九看方法论"等可以助力企业快速、健康地完成数据中台的规划和建设，值得企业业务和数据领域创新工作者研读。

——CDA数据科学研究院执行院长　常国珍

　　数字保险应该是保险未来发展的方向，保险业和保险业务要实现数字化，数据中台是建设的基础。本书对数据中台的建设提出了一套系统的理论和方法，难能可贵，也可供借鉴。本书还介绍了两个实战案例，相信有助于推动保险业的数字化转型。

——全国人民代表大会代表、湖南大学保险精算与

风险管理研究所所长　张琳教授

　　数据中台出现六年来，已在金融行业引起了广泛的讨论，是企业级复用的基础设施，这是无法回避的事实。本书提供了一个系统化的视角，对于企业制定数字化战略，提高数据资产价值将起到十分有益的指导作用。

——横琴人寿董事长　兰亚东

　　以往，数据管理和分析主要偏向于后端。做得好的保险公司通过数据管理和分析促进业务的改善与发展，但时效性差一些，经常滞后半年或者一年。数据中台能快速反映业务情况，实现前后端数据的无缝衔接。通过数据建模，企业可以即时优化业务，让数据使用更便捷、更有价值。本书对数据资产、数据价值和数据营销等内容进行了深入的阐述。

——中国非寿险精算师、萤火保创始人兼 CFO、

安心财产保险前 CEO　林锦添

数字经济建设、作为企业高质量发展关键驱动力的数字化转型，以及"后疫情时代"下无接触经济的常态化发展，共同加快了企业建设数据中台的步伐。很多企业的实践印证了数据中台的价值！本书的作者拥有丰富的行业实践经验，将理论和实践相结合，系统性地阐述了数据中台建设的路径。本书对行业具有很好的借鉴意义。

——华农财险保险党委书记　王禹

前言

《中华人民共和国国民经济和社会发展第十四个五年规划和2035年远景目标纲要》明确提出"加快数字化发展，建设数字中国"。数字化建设的核心是让数据成为驱动企业增长的强大引擎，加速企业挖掘和实现数据价值。目前，很多企业，尤其是互联网"巨头"（比如，阿里巴巴、腾讯、百度、京东、字节跳动等）已经走在数字化建设的前沿。

在分析这些互联网"巨头"的数字化建设之旅后可以发现，它们取得数字化建设硕果的关键因素主要有以下两个：一个是推动了符合数字化建设的企业组织架构变革，另一个是强化了数据中台的建设。

尽管数据中台的概念很火，数据中台的建设热潮在很多企业如火如荼。但是对于数据中台的理解，目前很多企业存在认知误区或偏差。比如，很多企业认为数据中台就是数据平台，还有些企业认为只有大企业才需要数据中台，中小企业用不着数据中台。这些误区导致很多企业的数据中台建设陷入"南辕北辙"、重复建设或项目失败的困境。

笔者认为，数据中台建设的实质是，构建企业的智慧中台大脑，实现企业用数据驱动业务自动化和智能化的能力，整体建设方向涉及企业数据发展的战略、组织架构、数据资产的有效存储和建模、计算平台、数据服务框架、数据智能生态建设等多个方面的内容，需要企业自上而下进行整体规划和推动。数据中台的建设能帮助企业充分实现数据的价值，且实现数据服务的复用，既可以有效地支持企业业务发展，又能提高企业的效能，降低企业重复建设的概率。

另外，对于数据中台的建设来说，目前有很多相关的介绍和案例，但主要是从信息系统的角度来总结方法论的，缺乏从企业战略的角度规划和体系化的方法论。

基于上述两个问题，本书的重点是，介绍对数据中台的认知和数据中台建设的体系化方法论。该方法论包含企业自上而下制定的数据战略、匹配的组织架构，以及实现数据高复用性、高可用性和高价值的一系列方法（覆盖业务设计、模型设计、数据工具开发、平台建设、数据服务和数据智能等核心模块）。该方法论强调数据服务和数据智能，通过数据中台的建设实现数据可用、易用、好用、可追溯、可复用和可管理。

作为一个从事大数据研究和落地工作约 16 年的"老兵"，笔者希望将自己对数据中台的理解、数据中台建设的体系化方法论，以及数据中台建设实战的经验分享给读者，希望能帮助正处在数据中台建设之路上的读者。同时，笔者希望通过本书的创作与企业数字化建设的相关专业人士沟通和交流，从而促进数据中台在不同行业中落地生根，让数据智能发挥更大的价值。

2020 年，全球很多国家暴发了新型冠状病毒肺炎疫情，很多人被迫在家办公，这促进了更多的企业加快数字化建设的步伐，加大对数据中台建设的投入。笔者认为"数字化和智能化"的大趋势不可逆转，在未来 5~10 年，数据中台将成为企业数字化基础设施。借助于数据中台的建设，很多行业将加速完成数字化、智能化建设和转型。

本书的创作是一次感恩之旅，笔者要感谢在数据之路上的领导、同事和朋友，感谢父母、夫人和两个可爱的女儿，感谢电子工业出版社的石悦老师。他们的信任、鼓励和支持，是笔者持续创作和不断前进的动力。

彭　勇

2021 年 6 月

目录

1

数字化转型是大势所趋

数字化转型是在各行各业中被广泛提到的热词之一，其频繁出现在各大论坛、会议和媒体的文章中。数字化转型说起来容易，落地却困难重重。虽然目前各个行业都在倡导"数字化、智能化建设和转型"，但是很少有人系统化地介绍数字化建设和转型的现状、取得了哪些成果、遇到了哪些问题，以及建设和转型的指导意见等。本章从产业发展的角度先整体介绍几个重点产业（工业4.0、智慧农业、智慧服务业和智慧城市）数字化发展的现状、取得的成果和遇到的机遇与挑战，希望帮助你从宏观、微观上了解各个行业的发展现状和数字化建设及转型的经验，同时希望能帮助你达到"知己知彼，触类旁通"的目的。

1.1　科技加速理论

贯穿人类发展的历史长河，科学和技术始终是促进人类社会发展、升级与变革的核心驱动力，是推动人类文明变革的最关键要素。比如，指南针的发明，助力人类大航海时代的开启，让人类的财富获得极大的增长。印刷术的发明，推动了人类文明的传承和普及，大幅度提高了生产力。蒸汽机的发明，标志着人类进入了机械化时代。因特网的发明，推动人类进入了信息化时代……

库兹韦尔科技加速曲线[1]有效地解释了随着时间向前推移，科技推动生产力的发展呈现指数增长趋势，如图1-1所示。以农耕时代

---

[1] 雷·库兹韦尔. 灵魂机器的时代：当计算机超过人类智能时. 沈志彦，祁阿红，王晓东，译. 上海：上海译文出版社，2006.

为例，人类需要花费数百年的时间才能完成一次科技大变革。在进入信息化时代后，几年就可以实现生产力的巨大飞跃，比如移动互联网、大数据平台、人工智能、5G、边缘计算、量子计算等技术带来的变革。科技的发展除了带来生产力的大爆发，还带来了数据的爆炸。我们可以有效感知的是，在物联网时代，1 个月积累的数据量比互联网时代数 10 年积累的总数据量量级要大，数据种类更丰富。

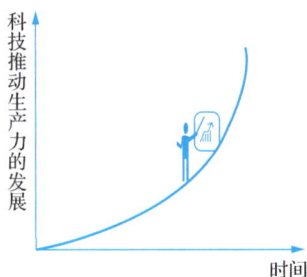

图 1-1　库兹韦尔科技加速曲线

国外著名的信息化咨询服务企业 Gartner 每年都会发布新兴技术成熟度曲线（The Gartner Hype Cycle for Emerging Technologies），以帮助市场了解当前的新兴技术及其发展趋势。引起人们兴趣的是，这些技术有可能成为驱动下一次人类社会生产力变革和产业革命的关键技术。以 Gartner 于 2020 年发布的技术成熟度曲线为例，可以发现很多大家耳熟能详的热门技术（比如，自动驾驶、知识图谱、边缘计算、机器视觉、人工智能、5G、生物芯片、3D 打印等技术）。随着这些技术日益成熟，可以设想人类社会的科技发展将会达到前所未有的高度。

通过前面内容的阐述，你已经初步了解了科技对生产力发展和数据量增加的推动作用，以及科技的热点。下面具体介绍不同的行业，从更细的粒度介绍科技的价值。科技的发展和运用促进了各个行业转型升级，给各个行业插上了腾飞的"翅膀"，引发了新的需求和挑战。比如，随着数据的爆炸，如何有效地存储和利用数据、如何高效地实现数据的价值、如何实现数据服务的企业级高可用性和高复用性、如何实现数据智能、如何保障数据安全等。

在回答这些问题之前，先重点介绍一下影响国计民生的重要行业的数字化和智能化发展情况，让你从行业发展的角度了解不同行业对数据智能技术和方法论的迫切需求。希望这些内容可以让你对行业数字化发展和转型有全局的认识。

1.2　多个行业积极拥抱数字化变革

1.2.1　工业 4.0 的数字化发展趋势

在传统的工业化时代，可能提得最多的关键词是"机械化、标准化、流程化和规模化"。众所周知，工业产品是流水线的产物，产品有着高度标准化、同质化的特征。比如，福特汽车建设了世界上第一条汽车流水装配生产线，使汽车的生产效率提高了 10 倍以上。同一款汽车的外形、排量、性能基本一样，保障了生产线的高效产能。

在后工业时代，在标准化和流程化的基础上，大家可能提得最多的关键词是"互联化、数字化、智慧化和个性化"。同样以汽车制造为例，特斯拉的智能网联汽车、百度和谷歌的无人驾驶汽车是智能制造的产物。智能网联汽车和传统的燃油汽车相比，拥有很多新的特点，整体表现为智能网联、数据和算法驱动、自动驾驶。

数字化、智能化、网联化是工业 4.0 发展的核心目标。德国是最早提出工业 4.0 的国家。2015 年 5 月，我国正式提出了工业的数字化和智慧化转型。工业 4.0 的终极目标是实现工业制造的数字化和智慧化转型，将生产中的供应、物流、制造、销售、流通等环节通过科技（比如，信息物理系统、物联网、云计算、大数据、3D 打印、认知计算和人工智能等）实现数字化和智慧化，实现真正意义上的智能制造，通过智能制造，打造快速、高效、人性化的产品供应体系。

工业 4.0 和工业 3.0 的最大区别是万物互联、数据驱动、智能生产和管理。万物互联将工业的每个节点通过物联网技术连接起来，这意味着将产生海量的数据。这些海量的数据构建了一套虚拟的数据网络系统。通过算力和智能算法的支撑，该系统能够有效地感知客观世界的一切变化，且通过智能体系赋能具备强大的预测和智慧能力，最终成为智慧工业所需要的超级大脑。

工业 4.0 实现的基础是海量的数据和强大的数据平台，其核心能力依托于智能大脑。以智能汽车为例，整辆汽车类似于一个智能机器人。每辆智能汽车都通过各种传感器和智能设备采集行驶中的各种数据，而多辆汽车之间或汽车与其他智能设备（比如，智能手机、可穿戴设备等）之间通过智能物联网系统实现互联互通和数据通信。

在采集了海量的数据后，如何实现汽车的智能？智能汽车厂商的后台一般会有一个大的智能中枢系统，该系统借助于大数据和智能算法能力对智能汽车进行全流程管理和控制，实现汽车的辅助驾驶或不同级别的智能驾驶。

1.2.2 智慧农业的数字化发展趋势

农业的数字化转型也尤为迫切。与发达国家相比，我国的农业产业数字化建设起步晚，底子薄，虽然赶上了信息化的大发展时代，但是整体技术的积累、创新和应用还有较大的差距。这些差距集中体现在数字化认知水平、数字化基础建设水平和数字化应用的深度上。

随着传感器、物联网、无人机等技术的发展，我国的农业也开始向自动化转型。农业智慧化发展主要包含以下内容：农业大数据采集、环境智能控制、生长和病毒研究、灌溉和施肥、灾害预警、能耗管理和回收、储藏和运输、消耗和回收等。智慧农业的核心是构建一套数字化闭环系统，为农业的智慧生产源源不断地采集数据，然后通过这些数据，在算法和算力的支持下，提供决策支持和风险预警，从而提高农业的生产效率，有效地防灾减损。

《2020 全国县域数字农业农村发展水平评价报告》显示，2019年全国县域数字农业农村发展总体水平达到 36%，比 2018 年上升3%。该报告提出，数字创业创新的种子已在农村生根发芽，取得了丰硕的成果，极大地提高了农业生产效率。比如，智慧养鱼、智慧大棚、智能灌溉体系和无人机测绘植被生产及覆盖情况等。

以智慧养鱼为例，利用传感器、智能设备和大数据技术，可以实时监测鱼塘的水质和含氧量，智能开启/停止增氧机和投食机，还可以通过大数据分析预测天气情况，分析鱼情，进行病虫害预警等，实现养鱼全流程的数字化和智能化，提高养鱼效率，并降低灾害风险。随着更先进的智能设备（比如，水上云摄像头、水下水质和声呐检测系统、智能物流系统、区块链可追溯系统等）被引入智慧养鱼行业，我们可以采集到更多的过程数据支持全流程监测、智能分析和决策，有望实现"让天下没有难养的鱼"。

1.2.3　智慧服务业的数字化发展趋势

农业和工业的数字化转型，也促进了现代服务业的数字化升级。以保险服务业为例，传统的养殖保险的落地和普及主要受下列因素制约：①保险标的物理分散，风险高，且不便于核保、查勘、核赔和管理。②标的数量、价值和损失难以评估。③道德风险高，容易发生保险欺诈现象。基于这些因素，行业知名保险科技企业保准牛积极探索基于物联网和数据驱动的科技保险方案（新型鱼类养殖保险方案）。基于物联网设备的智能水平，主要定义了 3 个层级的保险风险管理综合解决方案，让科技驱动的养殖保险全流程数字化和可预测化。

1. 第一个层级

天气的骤变是造成养殖风险的重要因素之一。第一个可操作的方案是定义降雨指数保险。保险责任为降水事件，具体定义为在保险期间内，当保险合同约定气象站观测的任意连续若干天（比如 3 天）的每日降水量之和超过一定阈值时为一次降水事件。这些数据均可以从国家气象站的物联网设备中在线获取，避免了上述制约因素的影响。

2. 第二个层级

电力的中断造成供氧机的供氧中断也是造成养殖风险的核心因素之一。智能设备可以有效地监控电力设备的运行情况，且我们通过该智能设备的移动端可以智能开启、停止和监控供氧机。此外，通过该智能设备的后续升级，我们还可以实时监控氧气的含量，智能调整供氧机的开启、停止和运行状况。这既能帮助农户减少电力消耗，又可以实时监控养殖标的的供氧情况。该层级的解决方案主要是通过物联网设备帮助农户进行风险管理，从而达到防灾降损的目的。

3. 第三个层级

养殖户在养殖过程中最大的费用支出为饲料费用。第三个层级的方案会更进一步控制农户的实际运营风险。保险责任为氧气指数，具体定义为供氧监控设备显示供氧机的供氧指数低于预先设定的阈值下限。投保规则的设定需要满足以下条件。

（1）需要建立养殖户的风险档案，然后基于风险档案信息对养殖户的风险进行评分。

（2）引入智能供氧设备，实时监控供氧过程。

该方案的赔付需要满足以下 3 个条件。

第一个是当供氧监控设备显示供氧机的供氧指数低于预先设定的阈值下限时，智能设备可以有效地判断是人为还是意外因素造成氧气指数的波动，只有当意外因素造成氧气指数波动时才会赔付。

第二个是监控设备未发现异常或者发现了异常未在 5～10 分钟通知养殖户。

第三个是养殖户发生了实际损失。这些条件的设置和智能物联网设备的监控支持，可以有效地降低实际的养殖风险，从而使费率大大降低成为可能，这也将有效地提高养殖户的投保意愿。

此外，为了有效地防止道德风险，损失的评定可以采用定额的方式，即实际给付为非现金给付，给付指定供应商的饲料。另外，还可以考虑让饲料供应商进行客户"引流"，保障保险的销量，让该业务更容易落地。

随着更先进的智能设备（比如，水上云摄像头、智慧投食机、水下水质和声呐检测系统、智能物流系统、区块链可追溯系统等）被引入智慧养殖行业，系统可以采集更多丰富的数据。这有助于全流程监测保前、保中和保后的风险，有望实现"让天下没有难保的养殖风险"。

整个智慧渔业的保险落地涉及多个物联网系统，国内知名保险科技平台保准牛构建了"统一数据-统一模型-统一服务"的三层数据中台体系，其整体设计框架如图 1-2 所示。该体系能有效支撑保险的数字化和智能化应用。其中，智慧渔业的保险落地也依赖于该数据中台体系的强大赋能。

统一数据模块主要采集和融合保准牛的内外部数据，制定统一的数据规范和标准，构建元数据管理体系。以智慧渔业保险为例，该模块支持从各种物联网设备中采集大量的养鱼过程数据，然后和外部数据进行融合，最终获得足够完整和干净的数据。

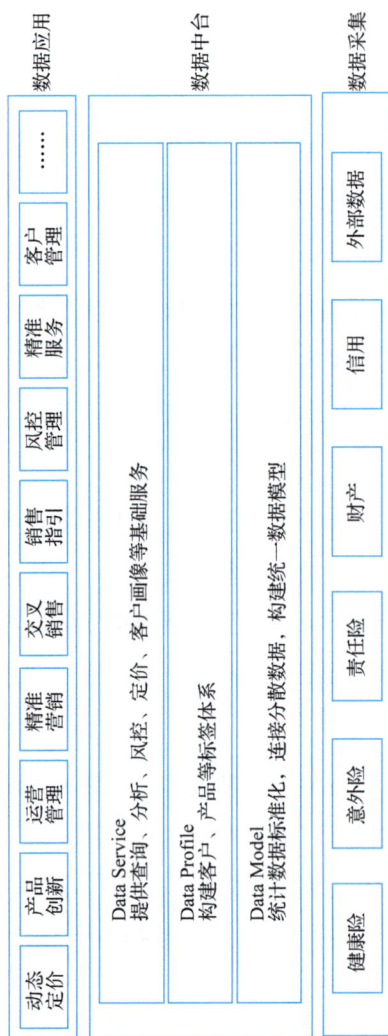

图 1-2 数据中台框架图示例

数据应用

动态定价 | 产品创新 | 运营管理 | 精准营销 | 交叉销售 | 销售指引 | 风控管理 | 精准服务 | 客户管理 | ……

数据中台

Data Service
提供查询、分析、风控、定价、客户画像等基础服务

Data Profile
构建客户、产品等标签体系

Data Model
统计数据标准化、连接分散数据、构建统一数据模型

数据采集

健康险 | 意外险 | 责任险 | 财产 | 信用 | 外部数据

统一模型模块主要构建统一的数据仓库模型，通过数据仓库模型合理分层和面向维度的建模方式实现数据脉络的层次化和清晰化，支持多维分析和自助取数。以智慧渔业保险为例，通过该模块的赋能，数据建模人员能够快速获得定价、风险管理等数据，支持渔业保险的定价建模、风险管理建模和数据指标体系建设。

统一服务模块主要构建数据智能的核心能力，并通过微服务进行封装，为上游的具体数据应用提供模块化和组件化的能力。比如，客户画像服务、知识图谱服务、产品库服务、风险管理服务、商业智能（Business Intelligence，BI）服务、智能客服服务等。以智慧渔业保险为例，在该模块的强大能力支撑下，企业最终实现了智慧渔业保险的设计、定价、风险管理、精准营销等应用。这些应用有效支撑了智慧渔业保险的业务发展，同时为广大渔民的差异化养殖行为保驾护航。

1.2.4　智慧城市的数字化发展趋势

2008 年 11 月 6 日，美国 IBM 总裁兼首席执行官彭明盛在纽约市外交关系委员会发表题为"智慧地球：下一代的领导议程"的演讲。"智慧地球"的概念被首次提出，其目标是让社会更智慧地进步，让人类更智慧地生存，让地球更智慧地运转。

2010 年，IBM 正式提出了"智慧的城市"愿景。智慧城市综合采用了包括射频传感技术、物联网技术、云计算技术、下一代通信技术在内的新一代信息技术。这些技术的应用使得城市变得更易于被感知，城市资源更易于被充分整合。在此基础上，我们可以实现对城市的精细化和智能化管理，从而减少资源消耗，降低环境污染，解决交通拥堵问题，消除安全隐患，最终实现城市的可持续发展。

智慧城市的核心是城市大脑。城市大脑就像一个超级智能平台，能实时接受智慧城市的所有传感器、智能设备等传递的海量数据，实时传递、整合、交流、使用各类信息和数据（如城市经济、文化、公共资源、管理服务、市民生活、生态环境等各类信息和数据），提高物与物、物与人、人与人的互联互通、全面感知和利用信息能力。以智慧交通子系统为例，该系统旨在建设全国总分交通智能平台，通过监控、监测、交通流量分布优化等技术，完善公安、城管、公路等监控体系和信息网络系统，建立以交通诱导、应急指挥、智能出行、出租车和公交车管理等系统为重点的、统一的智能化城市交通综合管理和服务系统，实现交通信息的充分共享、公路交通状况的实时监控及动态管理和优化，全面提升监控力度和智能化管理水平，确保交通运输安全、畅通和高效。

1.2.5　小结

从工业 4.0、智慧农业到智慧服务业，再到智慧城市，我们可以发现，人类已经生活在遍地是传感器、智能设备、物联网的环境中，无时无刻不在与大数据和算法打交道。各行各业正在不同程度地经受大数据思维的洗礼，开始实现从业务优先向数据优先、价值优先和智能优先转型。

数据就像燃料，让各行各业充满了生机和活力。科技和数据的结合发生了强大的化学反应，让数据价值的探索产生了质的变化，使得整个人类社会正在以火箭般的速度朝着数据价值方向迈进，朝着数字化和智能化的方向迈进。这个时代是数据优先的时代，被称为数据技术（Data Technology，DT）时代。

1.3　DT时代已来

1.3.1　DT 时代和 IT 时代的差异

阿里巴巴集团创始人马云首次提出"人类正从 IT（Information Technology，信息技术）时代走向 DT 时代"，最早从科技和互联网企业开始倡导大数据思维与数据优先的价值理念，逐步将其传播和扩散到各行各业。大部分行业或者一个行业的大部分企业都在积极探索、实践数据价值和数据智能，且形成数据优先的共识，就标志着人类已经进入了 DT 时代。

在 IT 时代，万维网实现了网络的互联互通，让之前很多线下的经营和生产活动可以在线上完成。例如，人们可以在线上聊天、购物、存/取钱、交易股票、洽谈合作等。以学生学籍管理信息系统为例，该系统提供的核心功能是实现学籍管理线上化和无纸化，支持学籍在线录入、编辑、查询和管理。IT 时代实现了线上化、信息化和流程化，体现的核心价值是将线下的行为和活动简单地搬到线上，突破了时间、空间的限制和约束，让人们可以随时随地获取在线服务。

如果使用维度空间的理论来进行形象的解释，那么 IT 时代类似于二维空间，记录的是点线面的世界，人们无法感知更高维空间的有用信息。由于受到维度的限制，获取的信息量不丰富、处理信息的能力不足、算法预测能力的缺陷，让 IT 系统难以提供强大的预测、认知和智慧能力。

国外科学家曾做过一个实验，在蚂蚁的前、后、左、右分别放上食物，然后观察蚂蚁的行为，结果发现蚂蚁可以很快地确定食物的位置。然而，如果将食物悬挂在蚂蚁的头顶上方，继续观察，那么会发现蚂蚁因为闻到食物的气味而在食物下方一直转圈，需要被给予足够的引导且要花费足够长的时间才能最终确定食物的位置。尽管在 IT 时代，部分系统也具有一定的预测能力，但是这就与蚂蚁闻到上方食物的气味并被给予足够的引导，最终才能找到上方食物的位置类似。只要得到更多的信息和线索，并被给予合适的引导，且花费足够多的时间和精力，蚂蚁就可以局部突破二维空间的限制。其中，信息和线索类似于大数据，引导类似于智能算法，花费的时间和精力类似于算力。因此只有借助于大数据、算法和算力的有效支撑，蚂蚁才能确定上方食物的准确位置。

与 IT 时代的二维世界相比，DT 时代相当于更高维度的世界。在这个高维度的世界里，人类进入了立体和网络的世界，可以感知更多的物体，能收集更丰富的信息和数据，可以获得更强的预测、认知和智慧能力。这个时代的核心是万物互联、数字化和智能化，这意味着更多的智能设备、更海量的数据、更强大的算力、更智能的算法、更个性化的用户体验、更强的预测和感知能力。

此外，在 DT 时代，数据和算法无时无刻不在影响我们的生活。我们感知的是算法和智能的魅力，享受的是大数据时代更具个性化的推荐和服务。通过 DT 技术（大数据、云计算、人工智能、区块链、机器学习、量子计算等），我们可以更好地预测世界，更好地感知世界发生的变化和可能面临的风险、提升认知能力，更好地决策。以智能保险服务机器人为例，客户通过语音或智能手机的对话窗口实现与机器人实时沟通保险需求，其主要功能如下。

（1）机器人利用历史的海量数据，挖掘和预测客户的需求，然后智能推荐最匹配客户需求的保险方案并按照某种算法（比如，性价比）进行排序。

（2）机器人利用客户对保险方案的点击、收藏、转发或购买行为，实时更新和迭代推荐的方案，以最大化匹配客户的保险需求。

（3）在客户购买保险后，机器人会实时跟进客户的保险体验，给予客户更多的风险管理支持服务，并感知客户可能出现的风险情况，对客户进行实时风险预警，以帮助客户降低出险的概率。

（4）在客户出险理赔后，机器人会给予更专业的理赔建议和指导，积极抚慰客户，舒缓客户出险之后的紧张和不安的情绪，给予客户更极致的服务体验。

总之，传统的信息化系统更多的是以功能和流程驱动的，目标是完成某项业务需求而事前进行设计和实施，体现的是标准化和流程化能力，整个体系缺乏良好的自适应性和预测能力。在 DT 时代，业务节点普遍呈现网络散点式分布，每个节点在数据中枢的赋能下都是一个小智慧体，彼此互联互通，不断地进行信息和数据交互，并根据历史的知识和认知实时探索未知的领域，生成新的知识。整个系统具有强大的预测能力和智能化水平。在这个复杂的系统内，数据就像血液一样川流不息，并进行新陈代谢。算法与大数据的结合形成了强大的预测、智慧能力以满足客户动态和个性化的需求。

1.3.2　DT 时代面临诸多挑战

在 DT 时代，由于数据可以来源于任何智能设备，使得数据量呈现指数性、爆炸性增长。在这种情况下，企业如果不做好数据的梳理、分类和集合，那么数据不仅难以产生有效的价值，而且有可能变成存储成本高昂的"数字垃圾"。在 DT 时代，企业面临诸多挑战。随着设备越来越多、数据越来越繁杂、交互越来越频繁、业务越来越复杂、生态圈越来越大、需求越来越动态化和个性化、环节越来越智能化，企业发现适用于 IT 时代的基础理论、逻辑、系统架构、组织架构等不再能完全满足 DT 时代的需求和诉求。以"因果关系"和"相关性"为例，IT 时代强调因果关系，有因必有果，有果必有因。在 DT 时代，人们不再是线性地看问题，而是立体和多维地看问题，像"啤酒和尿布"这样关于相关性的经典案例在 DT 时代会变得非常普遍。在这个多维世界里，尽管因果的逻辑依旧很重要，但是将不再占有统治地位，而相关性的应用范围将越来越广泛。

站在企业级数据应用的角度，从数据采集、存储、抽象到数据价值挖掘等环节，也有很多亟须解决的问题。比如，如何实现数据的高可用性，如何提供好用的数据工具（包括数据采集工具、数据仓库、数据湖等）以提高数据运用效率，如何实现数据的可视化分析和应用，如何在数据仓库的基础上合理地抽象出数据服务以达到高复用性的目的，如何实现数据价值分析、挖掘、交互、反馈的自动化和智能化，如何构建大数据平台提高数据应用效率以降低能耗，如何设计数据服务体系保障数据服务的稳定性和健壮性，如何保障数据安全和客户隐私……

除此之外，随着企业各项业务有序开展，单个企业很难同时拥有其业务发展所需要的全部数据、算法、平台等核心资源。从提升企业发展效能的角度来看，企业应该尽可能复用或者有效地利用行业的各种资源，让其为己所用，发挥最大的价值。另外，企业之间缺乏统一的数据标准和数据服务体系，限制了数据价值的有效流通，让数据价值的最大化实现阻力重重。

基于以上原因，构建一套统一的数据应用体系，让数据价值有效流通，让数据服务可以复用，并实现数据价值，是 DT 时代需要重点解决的。

1.4 数据中台呼之欲出

目前，各行各业都在热烈地讨论如何完成数字化转型，数字化和智能化的东风席卷中华大地。然而，理想美好，现实骨感。各个企业在探索数字化转型的过程中遇到了各种困难和挑战。大家开始逐渐明白，在 DT 时代面临的诸多挑战，不是依靠某种技术、工具或平台就可以完全解决的，而是需要系统的方法论和实践体系来指导的。笔者认为这种方法论和实践体系就是数据中台的内涵，也是数据中台体系需要解决的问题。数据中台千呼万唤始出来，下一章会详细地阐述数据中台的概念、建设目标、内涵及匹配的组织架构。

2

认知数据中台

从各行各业谈及数字化转型的趋势来看，大家对数据中台的需求越来越迫切，犹如大旱望甘霖。何谓数据中台？数据中台如何帮助大家解决数字化转型的问题？目前，众说纷纭，没有标准化的解决方案，且大家对数据中台存在诸多误解和理解偏差。基于此，笔者在本章重点阐述数据中台的定义、平台边界和要解决的核心问题，以达到"拨云见日，让人耳目一新"的目的，希望可以帮到各位读者。

2.1 什么是数据中台

2.1.1 行业对数据中台的不同理解

数据中台需求的出现，是一种思维方式的变革。数据中台是企业数字化转型的必然产物。对数据中台的认知，很多专家提出了不同的想法。有人认为数据中台是数据仓库，有人认为数据中台是数据平台，有人认为数据中台是一种数据优先的战略，有人认为数据中台是服务于前台业务的数据分层模型，有人认为数据中台是企业沉淀的公共数据服务能力，有人认为数据中台是实现数据价值的数据服务 API（Application Program Interface，应用程序接口）的集合，还有人认为数据中台是数据驱动的智慧大脑等。

这些定义从不同的角度诠释了数据中台的功能，比如数据中台应该做好数据存储，需要一个高效的计算平台支撑数据的复杂计算，需要做好数据能力的分层建模且与业务进行充分解耦，需要将数据能力抽象出来作为公共数据服务以满足企业复杂的数据需求，需要充分实现数据的价值，需要实现数据闭环迭代和优化的能力，需要相匹配的组织架构等。

2.1.2 数据中台的定义

笔者认为数据中台是一种数据优先的大数据思维和强调数据业务化的价值理念，包含企业自上而下制定的数据战略、匹配的组织架构，以及实现数据高复用性、高可用性和高价值的有机结合体（包括一系列方法论、业务设计、模型设计、数据工具和平台），强调数据服务和数据智能，做到数据可用、易用、好用、可追溯、可复用和可管理。

从信息系统建设的角度看，数据中台旨在构建企业的智慧大脑，实现企业数据驱动业务自动化和智能化的能力，涉及企业数据发展的战略、组织架构、数据资产的有效存储和建模、计算平台、数据服务框架、数据生态建设等多个方面的内容，需要企业自上而下进行整体规划和推动。数据中台好比企业的智慧大脑，通过数据中台的建设，企业可以充分实现数据的价值，且实现数据服务的复用。数据中台既能有效地支持业务发展，又能提高效能，降低重复建设的概率。

2.1.3 对数据中台的诠释

如何诠释数据中台的概念?从战略角度来看，在 DT 时代，企业的终局是数字化和智能化。如果未提前做好数据和科技储备，企业不仅无法实现长期可持续的发展，而且大概率会在激烈的市场竞争中败下来。很多企业的"数据矿产"丰富，却将数据束之高阁，任其"灰尘堆积"，等到想用之时，才发现处于"三无处境"（无有效数据、无高效平台、无数据人才），以至于"老无所依"，被市场淘汰。为了避免处于这种处境，企业应该自上而下推动数据优先战略，倡导让数据用起来的价值观，做好数据服务能力的顶层设计，制定清晰的数据规划，做好数据资产盘点、数据标准化、数据采集、数据存储、数据平台建设、数据管理、数据分析等工作，推动数据应用体系、组织和人才配置体系建设，推动数据资产服务化、数据应用常态化，形成数据价值闭环。

从思维方式角度来看，数据中台是一种数据优先的大数据思维方式。设想求解一道数学题的场景，大部分学生会采用常规费时的方法来求解，但总有聪明的学生会另辟思路，找到简单、高效的求解方法。这种简单、高效的方法可以被比作数据思维。与传统的方法相比，数据思维可以起到事半功倍的效果。以舆情管理为例，很多企业办公室或者品牌宣传部门的日常工作是快速定位对企业不利的互联网舆论消息，然后进行适当的干预。传统的方法普遍是人工在各大平台搜索来定位消息源。在应用数据优先的大数据思维方式之后，通过构建"数据爬虫+数据解析系统+规则配置系统+预警系统"就可以高效地解决舆情管理的问题。

再举一个传统场景的案例。在人才招聘场景中，对人才评定的传统方式主要是简历筛查和面试。在应用数据优先的大数据思维方式之后，可以采用更加高效和智能的评定方式。首先，通过智能算法对候选人的简历进行筛查，剔除不匹配人群。然后，让候选人在线进行相应的心理测试，系统自动化统计测试结果，根据测试结果判断候选人与岗位的匹配程度，确定候选人群。之后，可以进一步搜集候选人和岗位的信息，通过算法计算出与招聘岗位匹配的最佳人员，确定最终的候选集。最后，再进行面试，确定最终的候选人。整个招聘过程全流程线上化，高效且精准，收集了候选人大量的过程和结果数据，有助于丰富人才数据库的维度。因此，如果一个企业顶层有好的数据设计和规划，各层级员工都拥有大数据思维，那么我们可以预见该企业的数据资产会极大丰富，数据应用的成果会遍地开花，企业效率和产能的提升也会让人惊叹。总之，数据优先的大数据思维方式意味着高效、便捷和创新。

对数据中台的理解，笔者认为，从理论角度来看，数据中台是实现数据高复用性、高可用性、高价值的方法论体系，也是解决 DT 时代诸多挑战的良药。

从技术角度来看，数据中台是构建企业级数据价值实现的综合解决方案，主要包含数据采集和处理体系、数据平台、算法即服务体系、数据安全和管理体系等，以便快速、高效地响应业务需求，避免数据重复开发，节省企业成本。

从流程的角度来看，数据中台对上是业务层，支持业务的敏捷需求。数据中台对下是基础技术设施，支撑业务数据存储和计算的需求。

从应用效果角度来看，数据中台可以让企业的数据资产越来越丰富、数据使用越来越便捷、决策效率越来越高、数据的价值越来越大。

2.2　建设数据中台的价值

在数据价值探索过程中，我们经常会发现以下两种场景。

（1）大型企业有很多事业部。每个事业部都有自己的数据部门。每个数据部门一般都会启动很多数据项目，会收集很多数据，但各个数据部门往往各干各的，很少有交集，导致出现"数据孤岛"和数据不一致。

（2）在一个集团企业中，很多子企业沉淀了自己的数据，形成了自身的数据应用体系，但是从集团角度来看，各个子企业之间各自为政，缺乏标准、沟通和交流，导致数据的价值未被充分挖掘和实现。

这两种情况对数据价值的挖掘和实现都会带来负向影响，具体如下。

（1）企业产生了很多数据，但是各个部门的数据标准和口径差异较大。站在企业的角度，数据整合和管理的难度很大，数据价值很难实现。

（2）"数据孤岛"现象严重，很多数据未有效打通和拉齐，降低了数据应用的精准度，数据价值大大缩水。

（3）数据体系重复建设，造成资源极大浪费。

（4）由于缺乏公共的数据服务，导致数据应用效率不高，难以高效地响应业务和客户需求的变化。

随着各行各业对"数据即资产"的认知达成共识，对数据中台的需求越来越迫切。总之，数据中台是有效地解决上述问题的良药，为企业级的数据价值实现提供一整套的方法论，可以实现统一的数据标准，推动数据资产服务化，实现数据的高复用性和高价值。数据中台的价值主要体现如下。

（1）统一的数据发展战略和清晰的数据资产规划，让数据体系化建设从诞生之初就取得全局性的战略指导和自上而下的资源支持，其后面的项目落地会事半功倍。

（2）统一数据标准，其价值类似于秦始皇实施的"书同文、车同轨，统一度量衡"的伟大举措。统一元数据的标准和数据口径，让企业内部拉齐对数据指标的认知，消除歧义。这有助于实现数据资产的流水线生产和规模化复制。

（3）统一数据模型，实现数据资产化。基于对业务的理解和抽象，制定数据分层机制，打造统一的数据仓库、数据集市模型和数据分析模型，可以促进原始数据向数据资产转变。

（4）打造系列数据工具集合，提高数据应用效率。比如，数据ETL（Extract-Transform-Load，抽取-转换-装载）、元数据管理、数据建模、数据分析平台、数据开发流程工具、项目管理工具、机器学习平台等。

（5）抽象公共数据服务，打造数据即服务（Data as a Services，DaaS）公共平台，实现数据价值的流程化、服务化和自动化。这有助于实现数据资产的复用，且快速、高效地响应前台业务的需求变化。

2.3　数据中台的建设目标

值得注意的是，数据中台的建设是一项复杂的系统工程，没法一蹴而就。根据笔者过去的实战经验，数据中台的建设是一项长期任务，一般持续时间在 2 年以上。笔者建议数据中台建设应该在全局战略规划的基础上，逐步分阶段完成。在建设数据中台之前，需要明确数据中台建设的总体目标和阶段性目标，做到目标明确，路径明晰，节奏清楚。下面分别阐述数据中台建设的总体目标和阶段性目标。

2.3.1　总体目标

阿里巴巴构建数据中台的目标是"one data，one service"。简而言之，就是构建统一的数据模型和数据服务体系，服务于内部不同子企业数据应用的需求。认真梳理不同的业务流程，可以发现很多模块的功能相似，可以将这些模块抽象为公共服务以服务不同的业务场景。比如，在互联网保险应用需求矩阵中，有获客、营销、保险定制、投保、定价、风险管理、理赔、客服等应用场景。除了常规的 BI 数据服务，还可以抽象出很多其他的公共数据服务，比如客户群圈选、客户评分、客户屏蔽、产品推荐、营销活动管理等。

因为数据基础建设和发展阶段存在差异，所以不同的企业建设数据中台的目标会有所不同。整体而言，建设数据中台的总体目标主要体现在以下 6 个方面，如图 2-1 所示。

图 2-1　数据中台建设的整体目标

1. 数据战略目标

要确定数据发展战略和中长期的落地规划。比如，解决"数据孤岛"问题，实现集团内部数据的互通、共享和标准化，构建统一的客户视图，实现客户全触点的数据资产化和服务化。

2. 组织建设目标和组织绩效

要建设与数据战略相匹配的组织，明确权责。比如，建设数据事业部，其直接向企业总裁汇报，负责企业所有的数据资产，并支持企业内部或外部所有的数据服务。在绩效考核方面，第一年以组织建设、基础建设和人才建设为主，第二年的重点是锻炼人才，逐步在重点领域开始挖掘和实现数据价值。在第三年之后，数据应用开始遍地开花。

3. 人才培养目标

要培养数据中台需要的人才，明确多长时间培养多少不同层级的人才。

4. 数据基础设施建设目标

要明确数据基础设施建设的目标和规划，比如数据平台、数据仓库、数据工具、客户统一 ID 等的建设目标和规划。

5. 数据智能化建设目标

要了解数据分析和数据智能的现状，明确数字化和智能化的目标，洞察差距，并弥补差距。

6. 数据服务体系建设目标

要建设业务所需要的数据服务体系，全面实现数据价值，支撑业务的数据化和智能化的需求。

2.3.2　数据中台的标准化

建设数据中台的战略目标之一是实现统一的数据标准，实现"书同文、车同轨"。标准化的数据中台，应该做到有标准框架可以参考，有规范可以依赖，有规则可以遵守，有方法可以用，这有助于提升数据一致性、促进数据生态的建立和协作、打破"数据孤岛"、促进数据资产互联互通，从而实现数据价值最大化。

标准化的内涵是"用同样的语法和句法，写同样的文字，讲同一种语言"。从落地角度来说，数据中台统一的标准应该涉及数据中台建设的全过程。从描述用语和数据的抽取、清洗、汇聚、开发，到数据模型设计、数据指标的计算、统一 ID 的规则，再到数据分析、算法模型和数据应用，最后到数据管理、数据安全、数据服务等环节，都必须遵循数据中台的标准化规范，拉齐认知、消除歧义。

因此，制定数据中台不同阶段的可行标准，成为数据中台战略落地的关键举措之一。举例说明：2019 年，中国信息通信研究院和阿里巴巴（北京）软件服务有限公司牵头编写的《数字政务服务平台技术及标准化白皮书》从术语、功能规范、数据规范、安全标准、无障碍标准和评估测试标准 6 个方面确定了政务数据中台的标准。笔者建议在建设企业数据中台的过程中，可以适度参考该标准。

2.3.3　数据中台业务化

建设数据中台的另一个战略目标是实现"数据业务化，业务数据化"。换句话说，数据中台不是纯技术平台，而是服务于业务的数据价值支撑平台。对于数据中台的设计，数据团队需要和业务团队进行充分、广泛的沟通和对齐，除了需要熟悉现阶段业务的需求和痛点，还必须全面评估业务发展的前瞻性数据化需求，做到让数据中台和业务中台全面融合，从而有效地支撑业务的数据化和智能化发展诉求。

另外，要想建设数据中台，还必须全面研究客户的价值，尽可能给客户提供最大的价值、最便捷的服务体验、最敏捷的动态需求响应，要以客户为中心，构建客户统一 ID、统一视图和标签体系，打造一系列与客户相关的数据智能服务（比如，偏好分析、价格敏感度分析、风险分析、产品精准推荐、精准定价、客户价值分析、客户生命周期分析等服务），满足业务中台的动态的业务需求。

一个业务化的数据中台，距离业务更近，能更好地倾听业务的声音和诉求，可以及时应对和响应业务的需求。而业务会源源不断地给数据中台提供数据，让数据中台更精准、更实时地把握业务发展的脉搏，并及时给予智能的策略反馈。业务中台是对业务流程、知识的抽象和沉淀，而数据中台是从数据模型角度对业务知识的抽象、沉淀、积累和迭代。由于业务的灵活性和可变性，数据中台模型应该适时进行迭代。数据中台的终极目标是通过业务数据不断滋补，逐步实现自适应性和智能化迭代能力。

2.3.4 数据中台平台化

平台化意味着充分利用网络的协同效应将多个群体共性的需求抽象为共享的流程和功能，提供这些客户群统一对外的公共服务。比如，电商平台，连接多个买家和卖家，通过提供各种平台化的优质服务吸引并撮合这两个客户群体，让这两个客户群体足不出户就可以获得更极致的服务体验。平台化的内涵是连接、抽象、共享和高效。数据中台的平台化目标是实现数据中台和业务中台的互联互通，通过平台化的方式构建丰富和强大的数据服务能力。

实现数据中台平台化的好处如下。

1. "海纳百川，有容乃大"

数据中台可以基于客户的需求，连接并融合内外部各种数据能力，形成自己的服务能力，快速响应客户需求。

2. "共襄盛举"

数据中台和业务中台依托于数据和业务知识，通过共创实现"数据业务化，业务数据化"，以及数据能力的创新和迭代，以满足业务的个性化需求。

3. "事半功倍，卓有成效"

通过工具化和平台化的建设，数据中台连接更多的能力，大大提高了对外服务的效率。

2.3.5 数据中台服务化

数据中台服务化的内涵主要体现在以下两点。

（1）通过对数据能力进行抽象，逐步实现数据能力的模块化、可配置化、自动化和智能化组合，从而支持更复杂的业务需求。

（2）数据能力的服务化，将数据能力转化为系统服务，实现服务随时随地可以调用，且满足高可用性。

数据能力的抽象和可组合的意思是将数据能力抽象成原子化的数据能力，将原子化的数据能力组装成分子化的数据能力，并将其进一步组装成更加丰富的数据能力。比如，产品推荐服务这个复杂的数据服务由以下服务组成：数据汇聚服务、推荐算法服务和数据排序服务等。而推荐算法服务又由数据预处理服务、数据建模服务、增量学习服务、模型评估服务等组成。

数据能力的服务化意味着数据能力随时随地可调用，同时满足数据服务的稳定、高效和健壮。数据服务化的目标对数据中台的基础硬件设施、数据的处理效率、数据模型的设计、平台的计算能力、服务体系的架构和实现方式提出了新的要求与挑战。以风险管理服务为例，假设该数据服务的输出为客户的风险评分（0~100分）、客户的风险等级和触发的风险规则等信息。该服务的主要输入数据包含客户画像、客户实时的行为数据、客户历史逾期数据、客户关系数据、外部数据等。这些数据被存储在不同的数据系统中，比如数据仓库、核心数据库、列数据库、流数据库、图数据库等。另外，该服务的高可用性还需要依托于算法的运行效率、计算平台的能力和健壮性。该数据服务可能被业务中台中多个公共模块调用，比如客户评级、客户定价、客户授信、客户权益等。上述各个重要环节的性能都会影响使用该服务的客户体验。如果其中一个环节出现故障，那么整体的服务体验相当于"归零"。

因此，数据中台对外服务的效率、健壮性不仅与数据服务体系的架构和技术实现方式紧密相关，还与下游每个环节的性能息息相关。只有这些节点都满足高可用性和高健壮性，才能达到数据中台服务化的终极目标。

2.4 数据中台与上下游平台的关系

2.4.1 "前台-中台-后台"关系

在 DT 时代，由于数据重要性的显著提高和企业对数字化、智能化的迫切需求，中台被赋予了全新的理解，其重要性得到显著提升。李平和杨政银教授在《清华管理评论》中对前台、中台和后台进行了解释：他们认为前台是作战团队，聚焦中短期目标，快速突击，快速试错，具有最高的灵活性；中台主要提供公共的数据和科技服务，为前台业务赋能，灵活性适中；后台的主要职能是制定长期的战略，进行文化建设、市场研究、投资、人力支持、财务管理等，服务于中台和前台，职能相对稳定，灵活性较低。

简而言之，前台主要面向客户和合作伙伴，属于作战模块。中台主要为前台提供数据、技术、智能和流程支持，属于参谋和智囊模块。后台主要提供"人、财、文化等"服务，属于后勤模块。

2.4.2 数据中台和业务中台的关系

在企业级的数据应用中，中台一般分为业务中台和数据中台，如图 2-2 所示。业务中台是对前台业务的公共需求进行抽象而萃取出来的公共业务流程和公共业务服务模块的集合。比如，在电商场景中，用户中心、订单中心、支付中心、交易中心、商品中心、配送中心、客服中心等模块均为业务中台的共享服务，可以支持多个前端业务场景的需求（如电商、物流、新零售等业务场景）。数据中台是数据能力的抽象和集合，主要为业务中台、前台提供数据和智能，比如 BI 服务、可视化服务、分析能力、预测能力等。

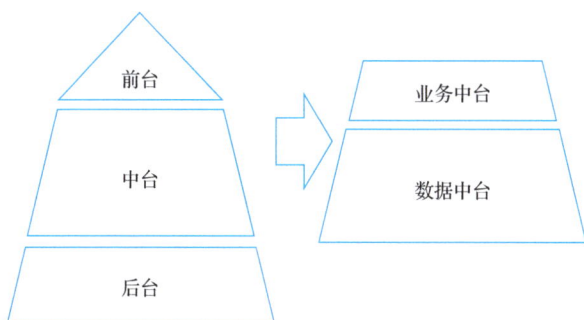

图 2-2　业务中台和数据中台

业务中台是数据中台的重要数据来源之一，为数据中台源源不断地提供业务数据（比如，交易、行为、客户数据等），而数据中台起着"超级大脑和参谋"的支持作用。这个"超级大脑和参谋"拥有无穷的智慧和计算能力，支持业务数据分析和智能应用的需求，比如为企业决策、产品设计、精准营销、风险管理、客户服务、智慧生活、智慧城市等各种场景提供数据服务和智能支撑能力。

业务中台和数据中台相辅相成，相互促进，相互融合。业务中台的有效抽象和设计离不开大数据思维和平台思维，而数据中台的合理设计、抽象和封装也离不开对业务的深入理解。这就是当前比较流行的"数据业务化，业务数据化"理念的集中体现，要求业务人员和数据工作者在自身领域专业发展和精进的基础上，还需要向对方领域进行扩展。要让业务人员具有数据思维，向后多看一步；要让数据工作者具有业务思维，向前多迈一步。只有这样，才有可能打造出好的中台，真正实现中台承上启下、减少"造轮子"、提高复用性和敏捷响应客户需求的综合价值。

2.5 数据中台建设的9大误区

不同行业、不同企业的发展程度存在差异，导致不同企业的数据中台的建设起点不同。虽然起点存在差异，但是数据中台的建设应该是一个不断迭代和优化的过程，没有终点。另外，不是每个企业都需要建设一个大而全的数据中台。适合自己发展阶段的中台才是最好的。目前，行业对数据中台存在诸多误解和理解偏差，因此在建设数据中台的过程中，错误的理解可能导致数据中台建设的失败。图 2-3 为数据中台建设的 9 大误区，下面详细介绍每个误区。

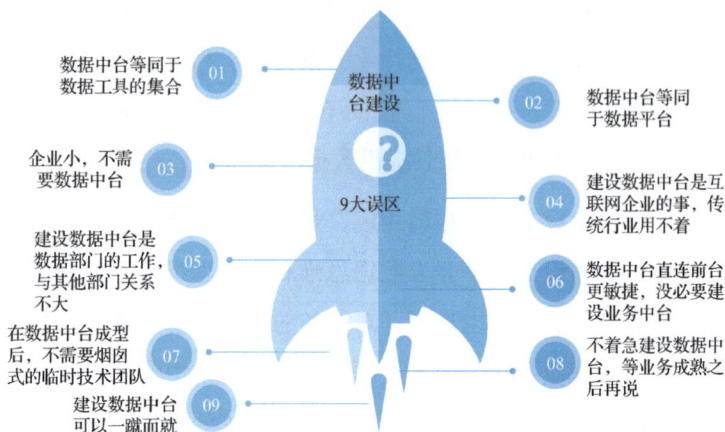

图 2-3　数据中台建设的 9 大误区

2.5.1 数据中台等同于数据工具的集合

数据工具的集合能有效地提高数据开发和使用的效率，实现让数据易用的目标。建设数据中台的核心目标是为业务中台赋能，提升数据规模化应用的能力，有效地实现数据的价值，支持业务数据化和智能化的需求，快速、敏捷地响应客户的个性化需求。因此，数据工具是数据中台建设的中间产物，而非终极目标。

2.5.2 数据中台等同于数据平台

数据平台是数据中台的一部分功能，是实现数据好用的核心能力和基础设施。比如，我们常说的云平台，就是数据平台的一种体现。数据中台是一个价值导向的数据生态，目标是让数据成为资产，让资产可以复用，且充分赋能业务，实现业务价值的最大化。

2.5.3 企业小，不需要数据中台

数据中台的核心功能之一是通过大数据洞察客户的需求，进而敏捷响应和解决客户的差异化需求。企业不分大小，不分发展阶段，只要追求以"客户为中心"的核心价值观，数据中台就能给企业带来巨大的商业价值和客户价值，让企业实现精细化运营带来的高附加值。

2.5.4 建设数据中台是互联网企业的事，传统行业用不着

数据中台首先实现数据线上化，然后实现标准化，随后实现资产化，之后实现智能化，最后实现服务化。传统行业自身会生产很多数据，同时也需要外部数据的赋能，只要按照线上化、标准化、

资产化、智能化和服务化的路径建设数据中台，就能让大数据产生价值，让业务获得数据智能。

2.5.5 建设数据中台是数据部门的工作，与其他部门关系不大

数据中台是企业数字化转型的核心产品，为业务解决数据资产化和数据服务化的问题。数字化转型是企业的核心战略之一，需要企业自上而下制定数据战略，需要整个企业的支持和推动。尽管数据中台的日常技术工作主要由数据或科技部门承担，但是与业务中台、后台相关部门的连接点和接触点非常多，需要其他部门提供业务知识、业务规则和业务需求等各种输入。另外，数据中台的很多工作也需要和业务部门进行共创，而非让数据部门闭门造车。最后，数据业务化，业务数据化，数据中台工作者也需要和业务部门打成一片，业务部门也需要有数据化思维，有高层领导的战略支持。只有企业上下勠力同心，数据中台才能达到预期功效。

2.5.6 数据中台直连前台更敏捷，没必要建设业务中台

建设数据中台的初衷是实现"数据业务化，业务数据化"，核心目标是构建可复用的数据资产中心、数据智能中心、数据管理中心和数据公共服务中心，赋能业务数据化和智能化，敏捷响应客户的个性化需求。数据中台主要抽象公共数据服务，涉及大量的数据规整、流程梳理、工具建设、数据模型建设、服务抽象等具体工作，整体的操作灵活度适中。

前台主要是作战模块，灵活度较高。前台一般有多个业务板块，不同的业务板块尽管业务有差异，但一般有很多共性的需求，需要公共服务赋能。即使一个全新的业务场景，在极端情况下，所有的业务流程都无法复用，数据中台的很多功能也依然可以复用，如数据 ETL、数据圈选、数据分析等。

从数据资产和数据复用的角度来看，企业也应该在整体的数据战略中设计数据服务体系和业务服务流程。从企业整体资源配置和效益最大化的角度来看，业务中台人员需要从流程上进行梳理，抽象和归纳，从而产生公共的业务流程和服务需求，避免重复"造轮子"，同时可以产生海量可用的数据资产，这就是业务中台的核心价值。

如果数据中台直接服务于前台，那么会为了应对前台的临时需求而重复"造轮子"，留下很多垃圾数据。问题日积月累，最终会影响数据资产化的进程，也会影响数据价值的实现。笔者认为数据中台和业务中台是一对孪生兄弟，相辅相成，互相促进，各尽其职，携手支撑业务前台的敏捷需求，打造可复用的数据资产、数据能力和业务公共服务。

此外，数据中台建设和业务中台建设是一个不断积累的过程。对于新的前台业务板块，首先需要梳理业务流程，看看哪些现有的业务中台服务可以复用、哪些需要改造、哪些需要新建。如果需要新建业务流程，那么合理的方法论应该是，首先评估现有的数据中台如何更好地满足新的业务场景，然后判断哪些数据服务可以复用、哪些需要改造、哪些需要新建。此逻辑和方法，既可以高效地支撑新兴业务的需求，又可以避免重复"造轮子"，从而实现数据资产的良性增加。

2.5.7 在数据中台成型后，不需要烟囱式的临时技术团队

值得强调的是，建设数据中台并不意味着企业不能有敏捷的团队。为了开拓全新的业务，企业有的时候需要建设一支临时的、敏捷的业务或者技术团队。数据中台不仅不会拖累业务的发展，还可以为该业务带来以下两种价值：①公共模块的复用，快速支撑业务流程；②数据中台建设的标准化体系让新的业务有参照物，大大提升数据质量和可用性。

2.5.8 不着急建设数据中台，等业务成熟之后再说

笔者见过很多企业刚开始拼命做业务，忽视数据中台和数据体系的建设。等到业务日趋成熟，需要数据进一步提升业务价值时，它们发现数据维度不全，数据质量很差，大部分数据不可用，只能看着海量数据，却望洋兴叹，无从下手。这时虽然数据量很大，但是大部分数据是无效数据。它们最后不得不把一切归零，从头开始启动数据中台的建设。

数据中台建设是企业的数据战略、以客户为中心和大数据思维方式的集中体现。

（1）数据中台建设越早越好，越早建设越能发挥数据的价值，否则大概率会重复"造轮子"，造成资源极大浪费。

（2）数据中台建设是一个不断积累的过程，早启动，早积累，早产出。

（3）数据中台建设得越早，建设的复杂度越低，投入的资源越少。

2.5.9 建设数据中台可以一蹴而就

"建设数据中台可以一蹴而就"这句话存在以下两个误区。

一个误区是建设很容易，可以一蹴而就。前面提到数据中台的整体目标、建设路径、与业务中台的交互和融合等，涉及数据战略、组织架构、人才建设、数据基础设施、数据标准化、数据模型构建、数据平台、数据智能、数据服务体系和数据管理等内容。建设数据中台是一项体系性工程，耗时长，花费大，用人多，需要企业自上而下推动，需要企业勠力同心，才能实现数据中台的真正价值。因此，建设数据中台是一项复杂的工作，降低复杂度的方法有两个：一个是分阶段开展，另一个是遵循数据中台建设的客观规律和方法论。第3章会详细介绍数据中台建设的方法论。

另一个误区是建设数据中台只是一个阶段性的任务，在任务完成后就可以一劳永逸。实际上数据中台的建设是一项长期任务，遵循螺旋式建设、优化和迭代的规律，没有终点。数据中台需要不断地优化数据资产、迭代数据服务、提升平台性能，积累越丰厚，覆盖面越广，对业务的赋能作用就越大，越能发挥数据的价值。

2.6　行业对数据中台的4个认知阶段

除了组织变革，要让数据中台实现价值，对数据中台的认知和思维升级也尤为重要。从数据中台的建设进阶角度来看，不同的数据工作者的理解有所差异，大概分为以下4个阶段。

第一个阶段：数据模型实现数据资产化。

第二个阶段：数据平台实现数据高可用性。

第三个阶段：实现数据业务化和服务化。

第四个阶段：实现数据和业务智能化。

2.6.1　数据模型实现数据资产化

在这个阶段，构建数据模型，建立各种数据域、数据主题、数据集市和数据标签，使冰冷的源数据标准化，转换为业务相关的数据资产。比如，在保险场景中，根据保险交易和行为数据，构建客户主题、保单主题、渠道主题、服务主题、销售主题、理赔主题等主题数据模型，然后基于业务的需求进一步构建各种数据集市（如精算数据集市、风险管理数据集市等）。上述举措，把冰冷的数据变成可用的资产。业务部门可以灵活地使用这些数据资产，建设报表体系、经营分析体系和业务管理体系以支撑业务的精细化运营。

2.6.2　数据平台实现数据高可用性

传统的数据模型主要支撑离线计算，所有的数据资产基本上以 $T+1$ 时间粒度服务于业务。随着业务的发展，特别是数字化业务的发展，$T+1$ 时间粒度已不符合业务灵活、高效的需求。业务需要实时的数据支持，以满足客户动态的需求。数据平台的出现有效地支持数据高可用性和实时计算，特别是实时数据仓库、流式计算平台等数据平台的出现，大大地提升了数据资产的迭代效率和可用效率。业务部门可以随时通过数据平台洞察客户需求的变化并实现快速响应。

2.6.3　实现数据业务化和服务化

数据平台解决了数据的实时性和高可用性问题。下一个制约客户体验的关键因素之一是数据资产的可复用性和业务流程的通畅性。如果对每个客户的新需求都要重新"造轮子"，那么平台层面的高效也难以抵消整个服务流程和体系的低效。

为了进一步提高效率，要着重解决数据资产的业务化和可复用问题。数据服务化是解决问题的思路之一。数据资产只有融入了业务的血液，才可能萌发并培育对业务的认知和洞察能力。同样，业务和数据的融合加快了数据驱动业务流程的迭代。从数据驱动业务的角度重构业务流程和数据模型，最终可以实现业务流程的涅槃升级。最后，通过对公共模块进行抽象和封装，可以实现数据服务化。这一系列关键举措有助于实现数据资产的高可复用性。

2.6.4　实现数据和业务智能化

随着数字化发展深入人心，客户对企业服务的高要求主要体现在以下两点。

（1）客户对服务的响应期望越来越高。当客户遇到问题时，分钟级别的反馈已经满足不了客户的需求，他们希望秒级甚至更加实时的反馈和解决方案。堆积人力的方式显然力不从心，成本也不可控。

（2）客户对服务的智慧程度要求越来越高。在大部分场景中，都由客户主动提出问题，企业的服务系统被动接受，然后寻找解决方案。整个流程缺乏对客户需求的感知和洞察，缺乏智慧和主动感知的有效解决方案，服务的效率还有很大提升空间。

数据和业务智能是解决上述两个问题的"特效药"。业务中台的终极目标是通过数据和算法的赋能，让所有的业务服务都可以实现事前智能感知客户的需求，并智能响应客户的需求。

2.7　数据中台服务化发展阶段

数据能力服务化是数据中台建设的重要目标，也是实现数据中台规模化支撑业务发展的重要形式。建设数据服务能力体系一般分为 3 个阶段，分别是实现服务手工可配置、实现服务智能组合和自适应、实现服务的智慧生态。

2.7.1　实现服务手工可配置

第一阶段的目标是实现数据中台服务的可配置化，即通过手工配置将原子数据服务组合成高阶的数据服务，以满足业务中台的更复杂场景的数据服务需求。手工配置服务一般有以下两种方式：一种是在静态配置页面中实现服务的配置，另一种是利用可视化的方式，即通过"拖、拉、拽"实现服务的组装和流程化。

第二种方式明显更简单，且能更直观地展示服务组合的流程。整体而言，该阶段可以达到如下效果，即通过服务的可配置实现数据服务流程的自动化。目前，主流行业（比如，互联网、通信、银行、保险等）的大部分数据中台的服务化水平属于手工配置阶段。

2.7.2　实现服务智能组合和自适应

随着数据量增加，数据中台的智慧能力会得到提高。在人工初始化原子服务之后，下一个阶段的目标是基于业务的需求，通过数据和算法实现原子服务的智能组合，而非人工组合。同时，还要求服务的组合具有自适应性。如果业务需求发生变化，那么系统可以实现自适应，通过升级服务的内容和流程，智能地满足业务的需求。在未来 5~10 年，随着数据量极大增加、算力极大增强、算法极大丰富和优化，服务的自适应性将有可能成为现实。

2.7.3 实现服务的智慧生态

实现服务的自动组装并不是数据中台服务化的终极目标。可以想象，未来整个中台相当于一个智能生态。这个智能生态具有极高的智慧，可以提前感知一切变化，并通过数据和算法的赋能智能应对变化。只要业务有需求，原子服务、分子服务或者更复杂的服务就都可以智能生成和组合，并高效赋能业务。在这个阶段，服务的初始生成、组合和迭代都是智能的，不需要人工参与。

3

数据中台建设方法论

3.1 数字化战略

3.1.1 数字化战略的价值

很多企业在成立之初把精力主要花费在业务拓展上，由于思维所限或基于成本考量，未将企业数据化、智能化战略和价值梳理清楚。随着业务高速发展，很多企业逐渐发现自身的增长遇到了瓶颈，经营成本显著增加，效率开始逐渐降低，难以进一步实现规模化增长。在这个背景下，很多企业开始反思自身的数字化战略，开始思考如何突破困境才能赶超对手，提高网络协同效应，获得指数型增长。

以华为为例，在华为数字化变革之前，随着华为营收的高速增长，人员的数量急速增加，效率明显降低。营收虽然高速增长，但是企业的成本快速增加，这让企业的利润增长缓慢甚至出现负增长。这说明企业的组织架构、管理能力和数据化水平无法有效地支撑企业的指数型增长。为了解决该问题，从 1998 年开始，华为持续多年花费重金邀请全球著名咨询企业开展企业管理优化和数字化变革相关咨询项目，涉及流程优化、质量控制、生产管理、客户关系管理、组织管理、人才培养、财务管理、数字化转型等方面内容，核心目标是提高企业规模化的效能和组织效率。华为取得的成果非常显著，从 2014 年后，其营收依然保持高速增长，而人员数量的增速明显低于营收的增速。这使得企业整体成本可控，有更多的利润投入研发和数字化建设中，发展处于良性循环。

数字化战略的最大价值在于让企业的获客、增长、运营和服务等核心模块依托于技术和平台，依托于数字化体系，实现了规模化效应。只要平台能力跟得上，组织管理跟得上，企业的增长就没有边际。在 DT 时代，笔者企业的数字化战略的核心就是对客户价值、数据价值驱动的"前台–中台–后台"能力的抽象和平台化建设，尤其是对中台能力的标准化、数字化、平台化、服务化的抽象和建设。

（1）中台能力的标准化意味着可复制。

（2）中台能力的数字化意味着数据是血液，数据的汇集、流动、聚合意味着数据价值的整合和实现。

（3）中台能力的平台化意味着共享和效率。

（4）中台能力的服务化意味着互动、共享和规模化。

对于不同的企业来说，虽然行业背景有差异，发展阶段不相同，但是只要相信数字化的力量，全局谋划并制定数字化战略，数字化转型之路就成功了 30%。后面的 70%还需要依托相匹配的组织架构和强有力的执行与落地能力。

3.1.2　战略和执行双轮驱动

根据商业领导力模型（Business Leadership Model，BLM）理论，企业要想获得成功，战略和执行双轮驱动是充分条件。两者都要抓、两者都要硬是行为准则。华为于 2005 年从 IBM 引入了该方法论，将其作为统一思想、统一战略的方法论和利器。BLM 框架如图 3-1 所示，BLM 方法论的核心目标是指导企业战略的制定和执行的落地。战略的制定和执行的落地有 3 个工具作为支撑，分别是市场洞察、创新思维和根因分析。这 3 个工具能让双轮有效地运转起来。战略驱动主要包含战略意图、组织设计和行动设计。执行驱动主要涉及文化建设、组织和人才建设、行动执行 3 部分内容。

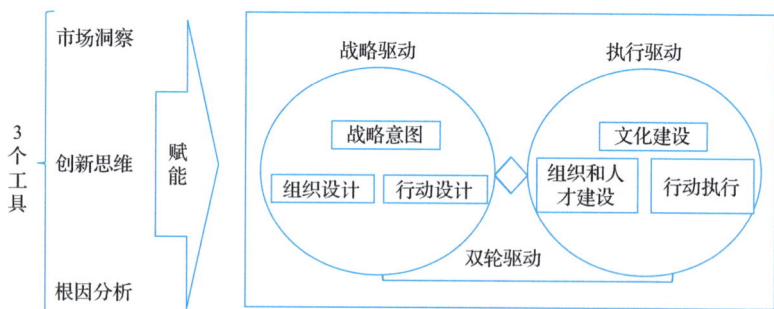

图 3-1　BLM 框架

1. 战略驱动

战略意图是战略思考的起点。要想确定战略意图，确定清晰的战略远景、明确的战略目标是战略规划的第一步。战略意图是企业中长期的战略方向和目标，持续时间一般超过 3 年。比如，企业要实现"让世界没有难卖的保险"这个战略意图，就需要将这个战略意图进行分解，首先得到每一年具体的战略目标，然后进一步将每年的战略目标进行拆解，得到每个季度甚至每个月的具体目标和行动计划。

战略思考要和业务紧密结合，利用创新的思维方式，获得更多的灵感，设计全新的、合理的业务行动蓝图，促进企业的发展和战略意图的实现。业务行动蓝图的合理设计是战略意图成功的重要前提。业务行动蓝图设计需要做到"知己知彼，知古知今"，如果现有的能力项无法支撑战略意图，那么需要在设计的业务行动蓝图中补齐所缺的能力。

生产关系如果和生产力不相匹配，就会极大地制约生产力的发展。如果组织和战略意图不匹配，那么企业将很难获得长远的发展。因此，好的战略意图需要匹配好的组织架构。兵马未动，粮草先行，企业变革，组织先行。比如，在 DT 时代，很多企业倡导"敏捷作战前台-科技和数据驱动的平台化中台-支持服务中心的后台"的三层组织架构形式。

2. 执行驱动

好的战略意味着有好的战略意图、好的组织设计、好的行动设计。企业有一流的战略并不意味着成功。"宁要三流的战略、一流的执行，不要一流的战略、三流的执行"的说法，充分说明执行和战略的辩证关系，以及执行力的关键。

好的执行必须做到根据确定的战略意图、战略目标、组织设计和业务行动蓝图的设计，确定任务的分解和规划，并让上下勠力同心，携手完成规划。好的执行离不开企业文化的建设和熏陶。文化建设的好处是让企业上下对齐，步调一致，勠力同心，迎难而上。

在生产关系不匹配生产力之后，企业要按照战略部署确定组织变革目标。在执行层面，企业需要有效地推进组织和人才建设的落地，让组织驱动成为企业创新的核心动力，让人才成为企业战略目标实现的推动者和实现者。

在有了得力的组织和优秀的人才队伍之后，下一步要根据企业规划的行动设计，进行任务分解并制定项目行事历，通过强大的执行力有序地推动企业蓝图的实现和落地。在落地执行过程中难免会出现错误或者偏差。当出现偏差时，企业应该尽快找到根本原因，快速纠偏，快速迭代，保障整个项目有序和高质量完成。

3. 3个工具

战略的制定和执行的落地有 3 个工具作为支撑：第一个是市场洞察，第二个是创新思维，第三个是根因分析。

市场洞察是战略规划的重要手段之一，只有知己知彼，才能百战不殆。通过市场洞察，企业可以有效地了解市场机遇和挑战，洞悉行业发展趋势，清楚竞争对手的过去、现在和未来。这些信息将有助于企业加强战略思考的深度，制定出领先行业的战略意图。

创新思维也是战略规划的重要手段。创新是突破禁锢，打破思维束缚的利器。企业只有具有创新精神，应用市场洞察的方法论，知己知彼，知古知今，用新的思维深入思考未来，谋划战略，规划目标，才有可能产出具有"未来特质"和"实现指数型增长"的一流战略。

根因分析是指导企业弥补差距的重要举措。在发现差距后，企业应该正视差距，研究差距，找到造成差距的根本原因。评判是不是根因的方法：解决了所谓的根因，差距能否缩小。如果差距能缩小，这就是根因。如果差距无法缩小，那么这可能只是一个浮于表面的原因，而非根因，企业还需要进一步挖掘和寻找根因。

在寻找根因的过程中，企业由于对全貌缺乏深入的洞察和剖析，十分容易把浮于表面的原因当作根因。比如，当业绩目标没有达到预期，寻找根因时，企业很容易把企业资源和关系建设不够、品牌差、产品不给力等客观原因作为根因，而忽略了主观因素，比如销售能力不足、不够勤奋、管理不足、流程不清晰等。在这时，企业需要寻根问底，坚持"打破砂锅问到底"的精神，不断对每个表象进行深究和提问，直到挖掘到最根本的原因。比如，企业资源和关系建设不够是一个表象，可以继续提问：

为什么企业资源和关系建设不够？——回答：因为企业投入少，且没有想清楚。

进一步提问：为什么企业投入少？为什么没有想清楚？——回答：企业缺乏战略关注，缺乏人才。

可以继续针对上述问题进行提问，直到找到满意的答案。

3.1.3　数据中台战略制定

数据中台战略是数字化战略的延续和具体的表现形式。要既快又好地实现数字化战略，关键举措之一是数据中台战略的制定和成功落地。

中台的先行者是芬兰的手游企业 Supercell，其通过强大的中台能力的抽象、封装及"特种部门形式的敏捷小前台"式的组织架构形式支撑前台不同手游的快速开发、上线和迭代。

中台的集大成者是阿里巴巴，其"大中台，小前台"战略引领了行业中台的建设和变革。从战略角度来看，数据中台建设主要包含 3 个方面的内容：企业组织架构变革、成立企业中台转型部门和大数据思维变革。在确定这 3 个方面的战略内容之后，剩下的就是偏执行层的工作，比如具体工作的规划、进度跟踪和复盘等。

1. 企业组织架构变革

建议企业的整体组织遵循"大中台、小前台"的组织形式，中台组织遵循双中台驱动，即业务中台和数据中台驱动。建议前台按照特种部门模式，构建尖兵组织。图 3-2 是典型的组织架构形式。

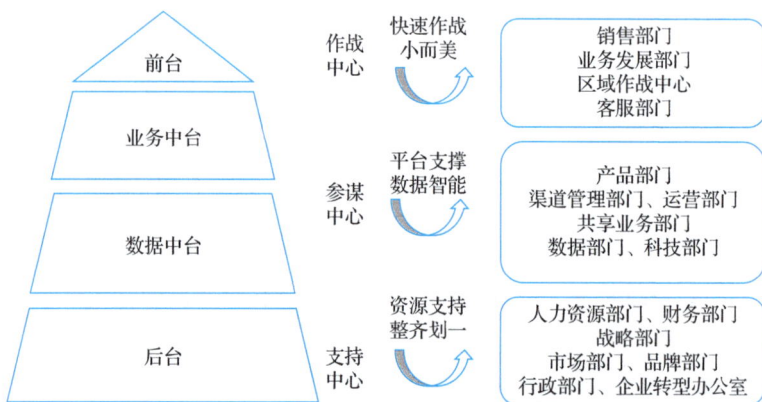

图 3-2　前台-中台-后台架构示例

前台是作战中心，直接和客户进行接触，距离客户最近，负责业务和客户服务。销售部门、业务发展部门、区域作战中心和客服部门一般隶属于前台。中台主要将内部的各种核心能力进行抽象和封装，形成对外的公共服务能力，并为业务发展提供数据智能和平台支撑。产品部门、渠道管理部门、运营部门、共享业务部门、数据部门、科技部门一般隶属于中台。后台是支持中心，支持企业内部团队的发展和文化建设，形成对企业内部的公共服务能力。人力资源部门、财务部门、战略部门、市场部门、品牌部门、行政部门、企业转型办公室（专门负责企业的重大战略落地）等一般隶属于后台。

2. 成立企业中台转型部门

在确定了企业组织架构后，下一步建议企业成立专门的中台转型部门，由一把手牵头推动转型和中台战略的落地。中台建设是一把手工程，需要企业自上而下推动。中台转型部门的人员组成如图 3-3 所示。

中台转型部门的成员组织架构主要分为以下 3 层。

第一层是企业一把手（一般为 CEO）和前台、中台、后台各个部门的分管副总裁（Vice President，VP）。

第二层是各个部门的负责人。

第三层是具体负责落地的责任人。

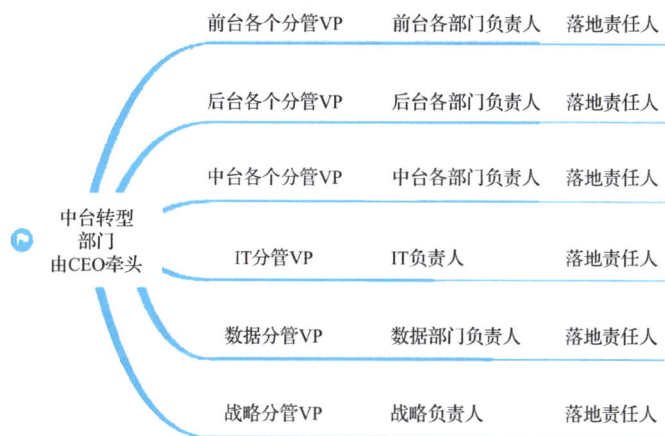

中台转型部门由CEO牵头	前台各个分管VP	前台各部门负责人	落地责任人
	后台各个分管VP	后台各部门负责人	落地责任人
	中台各个分管VP	中台各部门负责人	落地责任人
	IT分管VP	IT负责人	落地责任人
	数据分管VP	数据部门负责人	落地责任人
	战略分管VP	战略负责人	落地责任人

图 3-3　中台转型部门的组织示例

在中台转型部门成立后，下一个重要举措是进行全公司的文化建设，统一思想，升级思维，实现全员大数据思维方式变革。

3. 大数据思维变革

自上而下推动数据中台建设固然重要，但是如果只依靠行政命令，数据中台的落地效果就会大打折扣。数据中台的最终落地效果与各层员工的能力、思维方式和支持力度密切相关，其中大数据思维变革尤其重要。大数据思维非 100%依赖先天产生，可以通过后天的文化和思想建设培养而成。让全公司各层员工培养并最终拥有大数据思维是数据中台落地成功的战略举措之一。在 2.1.3 节中，笔者明确提出从思维方式角度来看，数据中台是一种数据优先的大数据思维方式。与传统的方法相比，大数据思维可以起到事半功倍的效果。

如何让各层员工主动拥抱大数据思维？根据笔者的经验，企业可以从以下 3 个方面着手。

（1）加强理论建设，通过系统化的文化、思维、方法论建设和学习，让各层员工清楚数据价值，培养员工用数据解决问题和用数据驱动业务的思维方式，并让员工掌握看数据、用数据、分析数据、依靠数据进行决策的技能和技巧。

（2）理论联系实际，自上而下推动各个部门进行数据项目的申报和落地，并将其作为创新积分纳入 KPI（关键绩效指标）考核。

（3）实践出真知，支持各个部门合理的大数据实践，让其享受大数据的成果。

3.2 数据中台的整体框架

数据中台是以客户为中心、业务数据化和智能化发展的必然产物。数据中台的合理建设有助于提升数据向资产转化、数据规模化应用的能力，有效地实现数据的价值，支持业务数据化和智能化的需求，敏捷响应客户的个性化需求。建设数据中台的第一步是合理规划数据中台的架构，如图 3-4 所示。

数据中台

数据开发和运维平台	数据管理平台
数据爬虫	数据标准管理
数据同步	元数据管理
数据迁移	主数据管理
数据开发	数据质量管理
数据ETL	数据生命周期管理
监控工具	数据安全管理
调度工具	
数据运维	

数据服务平台

服务生成	服务组合	服务迭代	服务授权	服务管理

数据智能平台

数据分析	推荐/匹配	预测/分类/排序	决策
感知	理解	学习	生成/创新

统一ID和标签平台

客户标签	产品标签	服务标签	设备标签	内容标签	渠道标签

统一数据模型平台

数据标准化	数据仓库	数据集市	数据湖

数据接入和汇聚平台

内部数据	外部数据

统一数据基础设施平台

数据计算平台	数据存储平台	数据查询平台

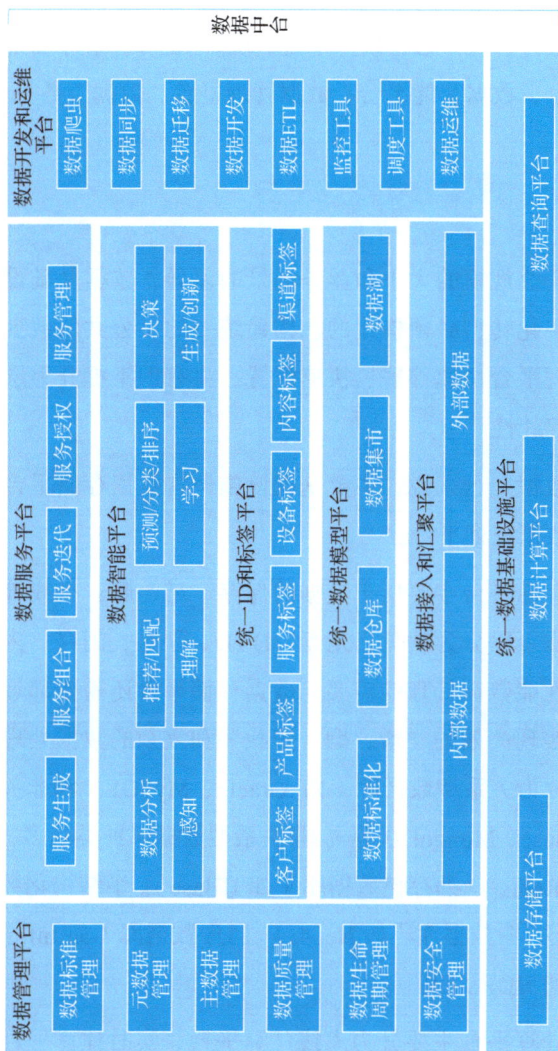

图 3-4　数据中台架构

数据中台的逻辑框架主要分为统一数据基础设施平台、数据接入和汇聚平台、统一数据模型平台、统一 ID 和标签平台、数据开发和运维平台、数据智能平台、数据管理平台、数据服务平台。

3.2.1　统一数据基础设施平台

无论企业规模的大小和业务场景的差异，数据基础设施平台都是企业数字化转型必须构建的。构建统一的、公共的数据基础设施平台，实现平台快速部署、快速配置，将有助于提升上层数据应用的效率和健壮性。

对于数据中台来说，主要基础设施包含数据存储平台、数据计算平台和数据查询平台。

数据存储平台主要用于数据的保存、增、删、查找等需求。数据存储介质可以分为软盘、光盘、DVD、硬盘、闪存、内存等。为了适应高性能数据处理的需要，数据存储平台还需要部署相关的数据库才能实现高效的"增、删、查找"和复杂的数据处理功能。数据库一般分为关系型数据库（如 Oracle、MySQL）和非关系型数据库（如 HBase、MongoDB 等）。非关系型数据库种类众多，如内存数据库（如 Redis）、列存储数据库（如 HBase）、半结构化数据库（如 MongoDB）、图数据库（如 Neo4j）、时序数据库（如 InfluxDB）、文件系统（如 HDFS）等。

数据计算平台主要分为离线计算平台、实时计算平台和流式计算平台，主要用于对复杂逻辑的计算。常见的离线计算平台有 Hive 和 Spark。常见的实时计算平台有 Flink。常见的流式计算平台有 Storm 和 Spark Streaming。

数据查询平台主要用于数据标签的高性能查询，如实时获取客户的位置标签，然后精准推荐客户感兴趣的商品以提升客户的购物体验。常用的数据查询引擎有 Impala、Elasticsearch、Soir 等。

3.2.2　数据接入和汇聚平台

数据接入和汇聚平台是数据中台的起点，用于接入各个数据源的数据，然后通过统一的标准化体系实现数据的统一集中存储和汇聚，为上层的数据模型夯实数据基础。不同的数据源意味着不同的数据存储介质、不同的网络结构和传输效率、不同的系统延时、不同的数据标准和不同的数据类型。这些差异带来的接入和汇聚复杂度是数据接入和汇聚平台必须要直面的问题。

另外，完成数据迁移而不影响原有的业务也是一个难题。以集团性企业为例，不同的子企业数据中心的物理位置不同，既要接入全域数据，完成数据迁移，又要保障原有的业务有条不紊的运行是一项艰巨的任务。

数据接入和汇聚平台需要配套的工具以便高效地解决上述问题，这些工具主要由数据开发和运维平台赋能，比如数据爬虫、数据同步、数据迁移等。以数据同步为例，在大数据时代，常见的数据同步工具有 Sqoop 和 DataX，它们可以有效地实现异构数据（如来源于 MySQL、DB2、MongoDB 等）同步并存储到 Hive 数据库中。以数据迁移为例，在全域数据接入和数据迁移之前应详细梳理原有的业务流程，再确定数据迁移后可能影响的节点，最后逐步完成改造和切换。

3.2.3　统一数据模型平台

数据中台的核心组件之一是统一数据模型平台。统一数据模型平台的主要作用是化"腐朽"为升级，挥舞着魔法棒就可以让原始杂乱无章的数据变换为标准化、血缘关系清晰的数据资产，保障了数据的标准化和统一规范，沉淀了业务共同的数据维度和指标，实现了数据分层建模。

数据的标准化和统一规范保障了结构化构建维度、标签和指标体系，有效地保证了数据无二义性。在数据实现标准化后，下一步就是实现数据的建模，将数据有序地组织起来，实现数据资产可用。常见的数据建模方法有维度建模、实体建模和范式建模。数据建模一般将数据资产进行分层，如源数据层、中间层、汇总层、标签层和应用层。数据分层的好处主要有以下两个：一个是让数据的血缘关系和结构清晰；另一个是减少重复开发。

3.2.4　统一 ID 和标签平台

统一 ID 和标签平台是统一数据模型平台的延展，主要解决以下两个问题。

（1）各种业务实体 ID 的不统一问题，如客户 ID、渠道 ID、设备 ID 等不统一，造成数据支离破碎。

（2）标签体系不完备的问题。要构建基于统一实体 ID 的标签体系。

如果数据中台无法有效地解决实体 ID 统一的问题,就会产生"数据孤岛"现象,数据价值就会大打折扣。在确定业务实体 ID 统一后,就需要围绕该业务实体,构建数据集市,实现基于该业务实体的数据资产的价值。以客户为例,一般用以下维度构建客户指标体系:基础信息、家庭信息、金融投资信息、交易信息、社交信息、互联网行为、征信情况等。

3.2.5　数据开发和运维平台

数据开发和运维平台主要是一个工具抽象和建设平台,用于构建系列工具提高数据开发和运维的效率与自动化水平。常见的工具有数据爬虫、数据同步、数据迁移、数据开发、数据 ETL、监控工具、调度工具、数据运维等。

3.2.6　数据智能平台

数据中台提供很多常规的数据服务,如数据的查询、预警、报表服务、多维分析、经营分析、业务风险预警等。随着数据量的爆炸式增长、算力的提升、算法的发展,智能化逐渐成为这个时代业务发展的主要趋势。基于业务智能化的迫切需求,企业应将与数据智能相关的能力解耦并抽象出来,形成统一的支撑平台。这么做有以下两个好处:①分层更清晰,突出数据智能。②有利于能力的抽象、复用,提升智能服务的使用效率。

数据智能平台承接数据模型输出的数据标签,利用大数据和算法提供分析、分类、排序、聚类、预测、推荐、匹配、决策支持、感知、理解、互动、学习等智能，支持业务的智能化需求，如客户的需求洞察、偏好分析、风险分析、产品推荐、风险管理、线路规划、智能排班、智能客服、人机交互等。

3.2.7　数据管理平台

数据管理平台的核心能力是让企业有哪些数据资产、数据资产的存储情况、数据资产之间的关系和血缘均清晰可见，让数据资产符合质量管理规范，让数据资产的应用符合流程要求和安全规范，保障数据资产低冗余、高复用。数据管理平台主要管理的模块有数据标准管理、元数据管理、主数据管理、数据质量管理、数据生命周期管理和数据安全管理。

1. 数据标准管理

数据标准管理是制定数据中台各层数据接入、存储、处理、汇聚、分类、编码、交换、迁移、建模、应用的统一管理规则，实现数据应用全流程有法可依和整齐划一。日常应用得比较多的数据标准有指标的命名规范、表结构的设计和命名规范、数据字典规范、数据质量管理规范、元数据管理规范、主数据管理规范等。数据标准化的一般流程为标准调研、标准制定、标准审查、标准试点、标准发布、标准推广、标准迭代。

2. 元数据管理

元数据是指数据中台不同层级用于描述数据的所有属性的集合，如数据字典、表的上下游关系等。元数据管理的主要功能有数据血缘分析、下游影响分析、从源表到目标表的数据结构检查、指标一致性分析等。元数据管理的一般流程为梳理和调研、定义元数据、采集元数据、元数据管理和监控、元数据分析、元数据管理优化。

3. 主数据管理

主数据是用于描述企业核心业务实体的数据标签，如描述客户实体的所有数据标签为客户主数据。主数据是企业的核心数据资产，是数据由信息单元向资产单元转化的核心体现。优秀的主数据管理举措能有效地提高数据质量、降低运维成本、提高数据准确性和数据应用效率。主数据管理的一般流程为现状梳理和调研、识别主数据、建立组织保障、建设管理体系和规范、试用、推广和迭代。

4. 数据质量管理

数据质量管理是数据资产化的基本法，贯穿数据中台的全流程。数据质量管理的一般流程为现状梳理和调研、制定质量评价标准、确定治理规则、数据质量分析、建设质量监控和预警体系、优化和迭代。以数据质量评价标准为例，一般需要考虑数据唯一性、一致性、准确性、完整性、时效性等因素。

5. 数据生命周期管理

任何事物的发展都有生命周期，都要遵守"产生—发展—高峰—消退—消亡"的客观规律，数据资产也不例外。目前，行业对数据资产的生命周期管理没有明确的标准化定义和成熟的方法论可以参考。从数据资产管理的角度来看，数据的生命周期可以分为创建/接入、处理、存储、汇聚、使用、共享/复用、重构、归档、销毁。在不同的生命周期阶段，企业要匹配差异化的数据资产管理规范和策略，尽可能从业务角度抽象数据的关键标签，尽可能提高数据的复用价值，让数据的保质期更长。为什么要进行数据生命周期管理？数据生命周期管理主要有 4 个核心价值：①降低存储成本。②提高数据使用效率。③促进数据资产的复用。④促进数据模型的迭代，高效响应客户的动态需求。

6. 数据安全管理

数据资产的另一个基本准则是数据安全，数据安全也必须贯穿数据中台的全流程。没有数据安全的数据应用，是竹篮打水一场空。数据安全的范畴比较广泛，涉及数据中台的各个层级，如基础设施平台安全、数据接入安全、数据建模安全、数据应用安全、访问安全、数据开发和运营工具安全、数据服务安全、客户隐私保护、数据合规等。从数据资产应用的角度考量，数据安全着重强调数据的合规、分级、脱敏、授权、加密、安全审计、监控和预警，以及访问控制。

整体而言，虽然数据管理平台制定了各种准则、规范和条款，在一定程度上降低了数据开发和使用的灵活度，但是拉齐了对数据规范的认知，提高了数据的标准化程度，有效地规避了数据的二义性，提高了数据质量，大大提升了数据生产和服务的规模化效益。

3.2.8　数据服务平台

数据服务平台将公共数据功能抽象并封装为数据 API，实现了数据即服务（Data as a Service，DaaS），高效地响应了业务需求。数据服务平台实现了数据资产随时随地可调用和可复用，并且数据服务的使用全流程也通过在线化和数据化的方式实现，全流程可追踪和可回溯。与传统数据使用的做法相比，数据服务平台的价值主要有以下 4 个：①有效地解决数据烟囱问题。②实现数据高可用性、高复用性，提高数据的使用效率。③统一维护，降低运维成本。④统一实现数据服务的数据线上化和数据化，不留下任何"数据孤岛"，便于优化数据服务的体验。

3.3 数据中台的8大设计准则

数据中台对外部体现的是公共的数据服务能力，赋能业务快速、敏捷、智能响应客户的需求。数据中台对内体现的是工具化和模块化的能力，提升数据工作者的效率。数据中台的核心是实现数据价值最大化，始终围绕着业务需要什么数据、业务需要什么能力、业务需要什么工具和平台、业务需要什么服务等。笔者提炼了数据中台的 8 大设计准则，如图 3-5 所示。

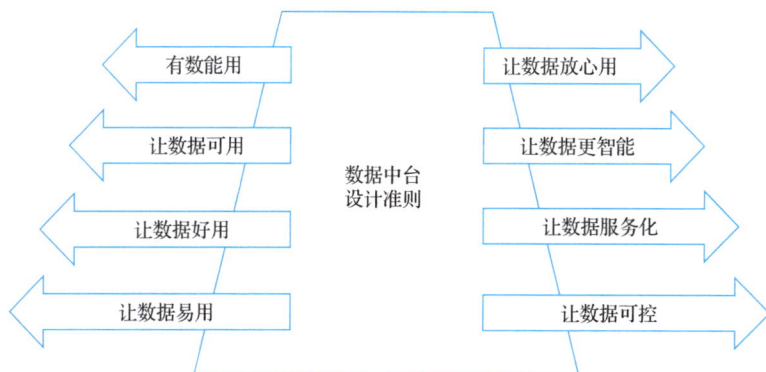

图 3-5　数据中台的 8 大设计准则

3.3.1　有数能用

有数能用重点解决数据的采集、获取、接入等问题，解决"数据孤岛"问题，让数据来源更加丰富，更加稳定，为数据中台源源不断地提供数据资源。"有数能用"的标准是尽可能获得更多的数据，支持对业务价值的挖掘。数据可以来自内部业务系统或外部平台。有数能用需要遵循以下原则。

（1）采集和接入的数据字段的长度、精度、类型、编码、格式等应符合要求。

（2）对采集和接入的数据应进行初步的数据检验，要保障数据质量，如空值率、数据重复情况、数据的完整情况、数据条数、乱码情况校验等。

（3）必须保留接入数据的元数据详尽信息，如数据字典、数据来源、接入方式等。

（4）数据接入的接口符合接口规范，如数据安全、数据隐私、传输延时等。

（5）满足接入数据及时性和稳定性的要求。

3.3.2　让数据可用

让数据可用着重解决的是数据标准化、数据清洗和规整，以及与数据质量相关的问题，统一数据标准，消除歧义，提高数据质量。

在数据接入后，要做到让数据可用，需要将异构、差异化的数据初步转化为符合企业数据使用规范的数据，然后将其存储在企业的数据平台上。让数据可用需要遵循以下原则。

（1）符合命名规范。

（2）符合企业对数据准确性、完整性、一致性、有效性、唯一性、及时性、稳定性等数据质量管理标准的要求。

（3）符合企业元数据管理规范的要求。

3.3.3 让数据好用

让数据好用解决的是数据模型抽象和数据平台效率等问题，让数据血缘关系清晰，支持离线和实时计算，让数据成为资产，且让数据能够复用、好用、实时可用。让数据好用主要涉及与数据模型相关的行为准则和规范，保障了数据模型清晰和好用。让数据好用需要遵循以下原则。

（1）符合字段、表、程序等命名规范。

（2）符合企业对数据准确性、完整性、一致性、有效性、唯一性、及时性、稳定性等数据质量管理标准的要求。

（3）遵循数据清洗、转化和数据校验规则。比如，身份证号处理、字段合并、空值处理、脏数据处理、重复数据处理等。

（4）数据分层逻辑清晰，屏蔽底层复杂业务逻辑，避免直接操作底层的事实表。

（5）遵循隐私数据加密处理和数据授权管理规则。

（6）减少数据获取时间，提高使用效率。

（7）提高数据仓库的使用效率。

3.3.4　让数据易用

让数据易用重点解决的是数据操作工具化、可视化等问题，提供便捷的开发环境，让数据更有穿透力、更直观地呈现数据价值，让数据很容易被人使用，降低数据使用门槛。让数据易用需要遵循以下原则。

（1）配套的数据开发、运维、管理工具齐全和好用。

（2）数据可视化工具齐全、好用。比如，BI 工具、自动取数工具、自助分析工具等。

（3）数据文档清晰、完备、易用。

3.3.5　让数据放心用

让数据放心用解决的是数据安全、客户隐私保护和数据合规等问题，让数据合规、安全、可靠，用起来没有后顾之忧，用起来安心、省心、放心。让数据放心用需要遵循以下原则。

（1）数据来源合法合规。

（2）符合数据安全和隐私保护规则。

（3）数据接口安全、可靠。

3.3.6　让数据更智能

让数据更智能解决的是数据价值分析、挖掘、提炼和萃取等问题，让业务更加智慧。让数据更智能需要遵循以下原则。

（1）做好智能的抽象、分类和封装，提高模型复用性。

（2）提高算法和模型的效率，降低延迟，提高使用效率。

（3）提高模型建设、评估、测试、应用、迭代流程的可视化能力和自动化水平。

3.3.7　让数据服务化

让数据服务化解决的是数据能力的抽象、封装、共享和服务化问题，实现数据服务线上化、模块化、产品化和共享化，支持基于客户需求的解耦和洞察，自动化组装数据服务来满足客户需求，实现从需求到响应的全流程自动化和智能化。让数据服务化需要遵循以下原则。

（1）满足数据服务接口规范。

（2）提高数据的抽象设计和聚合能力，增强数据服务的复用性。

（3）满足数据服务的双向性：主动推送和被调用。

（4）遵循数据服务高可用性和高稳定性原则。

3.3.8　让数据可控

让数据可控解决的是数据管理和数据监控体系的问题。数据是重要的资产。企业需要像对待其他虚拟资产一样，做好数据资产的管理和监控，让数据朝着高价值的方向流动。让数据可控需要遵循以下规范。

（1）数据标准化规范。

（2）数据质量管理规范。

（3）数据生命周期管理规范。

（4）数据安全管理规范。

3.4　数据中台行动攻略

在了解了数据中台的组织架构、设计框架和设计准则后，下一步就要开启数据中台落地之旅。与其他项目开展的流程一致，数据中台项目每个核心模块的开展也要遵循项目管理的方法论和流程。

3.4.1　"九看"方法论

数据中台建设是一项复杂的系统工程，整个项目费人、费时、费力。如何确保项目有条不紊地进行并最终实现预期的目标？需要有好用的方法论进行指导。笔者扩展了 BLM 模型"五看"方法论，结合自身的实践经验，总结出"九看"方法论（如图 3-6 所示），指导数据中台战略意图的制定和落地策略的强力执行。

图 3-6 "九看"方法论

第一步：看趋势

企业要通过行业调研，了解数据中台的前世今生，洞悉其发展趋势，找到行业标杆，找到行业发展机会，对数据中台未来的发展方向做出预判，迅速制定发展策略，迎难而上。看趋势有很多成熟的分析工具可供参考，如 PEST 分析模型、波特五力分析模型和 SWOT 分析法。数据中台未来的发展趋势是更加自动化和智能化，提高效率。数据中台的现状是有很多流程还需依赖人工操作（如数据 ETL、数据分析和数据建模等），未来的目标是基于海量数据，主动、智能地指导业务功能进行迭代以满足客户动态的需求。目前，数据中台建设的行业标杆是阿里巴巴，企业可以向阿里巴巴学习数据中台建设的战略意图、行动计划和方法论。然后，企业可以根据自身的发展情况进行合理的修正和迭代，为己所用。

第二步：看客户

企业要以客户为中心，了解客户的痛点，充分调研客户的需求，挖掘并洞察客户的需求。痛点就代表着需求，越痛需求越大，机会越大。常用的用户需求分析工具有马斯洛需求模型、KANO模型、Censydiam用户动机分析模型、场景分析模型等。数据中台面向的主要客户有业务部门和企业的客户。以场景分析方法为例，企业需要考虑不同类型的客户在不同的时间、不同的场景下差异化的行为方式、动机和目标。以购物场景为例，企业将客户分为不同的消费等级（如普通客户、白银客户、黄金客户、白金客户），然后按照性别再做一次分类，一共有8个客户群体。企业要分析这些客户的差异化需求，需要考量这些客户群体在不同时段（如工作日、节假日）的不同时间范围（如早上、中午、下午、晚上）、不同场景下（如商场、单位、医院、运动馆、外地等）的需求差异、期望目标及行为。比如，普通客户工作日的中午在单位最刚性的需求是点外卖食品，而白金客户可能需要的是财富管理服务。面对这些差异化需求，成功的数据中台应该能提供洞察能力，挖掘并预判客户差异化的需求，然后事前主动、及时地推送相关的商品给客户，让客户获得惊喜。

第三步：看对手

企业要调研市场上的竞品情况，充分了解对手的过去、现状和未来的发展轨迹，分析对手的优势和劣势，找到行业的机会和挑战，取长补短，达到目标。看对手常用的方法是SWOT分析法。企业要通过对竞争对手进行SWOT分析，调研竞争对手通过数据中台的建设带来的收益和遇到的问题，找到市场带来的机会和挑战，确定自身的竞争优势和劣势，最后决定是否建设数据中台、什么时候建设数据中台、如何建设数据中台、通过何种组织支持数据中台的建设、培养何种人才进行支持等。

第四步：看机会

机会稍纵即逝，企业需要仔细分析，找到机会，立刻行动，抓住机遇，赶超行业。对行业的深入分析，对机会的精准识别，并最终能保证抓住机会，这些都需要企业构建强大的能力矩阵。对机会的分析可以使用 SWOT 分析法、PEST 分析模型等。企业要把握大势，然后往下拆并构建核心能力，获得升级。

数据的价值早已凸显，且各行各业已达成对数据智能共同的认知。这个大势无人可挡，优秀的企业只有顺势而为才有机会获得成功。数据中台的建设是实现数据价值的必由之路，越早建设价值越大。各个行业的企业应该抓住这个机会，插上数据智能的翅膀，飞得更高、更远。

第五步：看自己

看自己，既要看到优势，又要看到劣势。看自己的核心原则是继续发扬和扩大优势，逐步减少劣势。看自己的分析方法有很多，如 SWOT 分析法、波特五力分析模型、关键成功/失败因素分析方法等。企业要详尽调查自身数据资产、业务流程、数字化和智能化的现状，找到和行业标杆的差距。如果遇到机会，那么能否抓住机会？如果抓不住，那么是因为哪些能力有缺失？如何快速补齐缺失的能力，成为行业标杆？

第六步：看差距

在了解自己后，企业需要以行业优秀者为参考，找到自己的差距。差距一般包含以下两个方面的内容：一个是机会差距。企业要详细分析与竞争对手相比，错过了哪些市场机会导致发展的差距，查漏补缺，加强战略规划和能力建设，以便未来能够精准识别机会并有效抓住机会。另一个是业绩差距。企业要看自己的业绩和目标业绩的差距，找到影响业绩差距的关键因素，逐一解决。

第七步：看根因

企业要面对差距，挖掘根因。只有找到根因，才有可能弥补差距。鱼骨图分析法是常用的找根因的方法。常见的根因有能力不匹配、管理不到位、战略不清晰、缺乏执行力、组织不匹配等。

第八步：看行动

在找到根因后，企业还需要做到知行合一，强化执行力建设。企业要依靠强大的执行力解决问题，获得成功。同时，企业需要制定规章制度、奖惩举措，并对执行过程进行有效监控和监督，保障执行的全流程可控。

第九步：看复盘

项目不会总一帆风顺，问题和偏差难以避免，不思考、不总结、不复盘难有进步。企业要及时复盘，洞悉产生偏差的原因，只有及时纠偏，才能有效地保障项目进度并提升项目完成质量。

当具体项目应用"九看"方法论落地时，企业需要应用很多成熟的分析工具，如 PEST 分析模型、波特五力分析模型、SWOT 分析法、罗兰贝格 7 步法、蓝海战略方法、GE 矩阵、逻辑树方法、SPACE

矩阵、波士顿分析法、鱼骨图分析法、5W2H 分析法、产业链分析法、行业生命周期分析法等，可以灵活运用。

笔者提出的"九看"方法论，有助于企业全面分析市场的机会和挑战、企业的优势和劣势，同时可以指导企业分析自身和行业标杆的优势和劣势，以及和标杆企业的差距和根因。该方法论也支持企业构建强大的执行力，并做到项目落地和复盘。整体而言，该方法论有助于企业有效地制定数据中台建设战略意图和战略目标，构建执行力所需要的能力矩阵，高质量地完成数据中台建设的阶段性目标，并获得预期的数据智能赋能业务的成果。

3.4.2 数据中台 MVP 建设路径

在明确了数据中台战略意图和行动规划后，企业就需要确定数据中台的建设路径和重大里程碑。数据中台建设是一项复杂的系统工程，整个项目费人、费时、费力。另外，数据中台的建设没有终点，需要不断地优化和迭代。从方法论上讲，为了打好这场持久战，企业首先需要从数据中台的最小化可行产品（Minimum Viable Product，MVP）入手，先把框架搭建起来，然后逐步向框架中填充扎实的内容，初步形成业务认可的数据中台，最后通过反复的迭代反向驱动业务升级。为了降低建设的难度，笔者根据多年数据平台建设和数据应用落地的经验，将数据中台的建设过程分解为 7 个阶段，如图 3-7 所示。

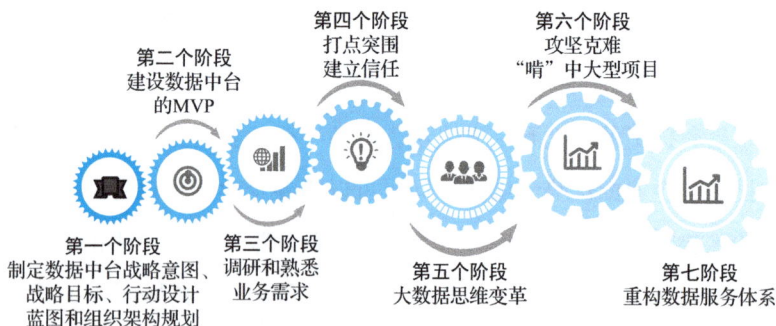

图 3-7　数据中台建设 7 个阶段

第一个阶段：应用"九看"方法论，自上而下制定数据中台战略意图、战略目标、行动设计蓝图，并确定相匹配的组织架构规划。具体可以参考 3.1.3 节的结论。

第二个阶段：遵循高效的原则，要想让数据中台快速产生价值，企业首先需要建设数据中台的 MVP。数据中台的 MVP 建设主要包含以下 4 个内容。

（1）标准化体系建设。

（2）最小基础设施建设：包含数据 ETL、数据仓库、数据计算平台和数据分析等工具。

（3）组织建设。

（4）最小人才梯队建设。

这 4 个内容能有效地保障数据中台成为一个高效可用的数据平台。

第三个阶段：调研和熟悉业务需求。在 MVP 建设完成后，数据中台团队需要了解业务的需求和痛点，梳理业务流程，与业务部门打成一片。这个阶段的主要目标有两个：一个是熟悉业务、梳理业务流程，找到业务的痛点。另一个是数据中台团队成员要与业务人员打成一片，为数据项目以后在业务部门高效落地打下群众基础。

第四个阶段：数据中台团队践行打点突围，在企业广泛建立信任。根据业务的痛点，数据中台团队启动几个中小数据项目并让其快速产生价值，宣导大数据思维方式，锻炼队伍，强化信任。数据中台的建设周期长，投入大，有时候业务部门会觉得数据中台团队花费大，产出少。虽然数据中台战略有企业高层领导的支持，但是难免会产生一些信任危机，尤其是各个业务部门的质疑。数据中台团队由于前期一直在做打基础的工作，且周期较长，所以需要增强信心。为业务部门解决几个常见痛点，也有助于加强和业务部门的联系，深化信任，强化信心。

第五个阶段：企业要宣导大数据思维，构建数据文化，引发思维变革，夯实群众基础。数据项目与 IT 项目不同，IT 项目在上线后就可以投入使用。数据项目有时候投入也不一定有显著的成效，需要强化宣导，拉齐认知，建立广泛的群众基础。在上个阶段，数据中台团队通过几个中小数据项目，让业务部门产生了信任和对数据产生了兴趣。在这个阶段，数据中台团队需趁热打铁，联合相关部门，着重宣导大数据思维和企业的数据战略，以及大数据的价值和企业的数据中台建设规划，引发企业思维变革，为后面攻坚克难夯实群众基础。这个阶段的出色落地能有效地保障数据中台的业务化和业务中台的数据化。

第六个阶段：数据中台团队需要攻坚克难，开始"啃"中大型项目，实现数据价值，赢得满堂彩。在这个阶段，数据中台团队需要抓住几个业务的核心痛点，联合全公司的同事一起攻坚克难，实现数据的价值。在这个阶段应从更高的视野看数据的价值，不能短视，要认真审视第一个阶段数据规划的合理性，根据实际业务动态需求进行迭代更新，确定新的数据规划蓝图。在这个阶段的后期，通过前期中大项目的产出，数据中台团队已经获得了企业上下的认可。下一步应该是启动数据智能项目的好时机，要逐步将企业由数据化引领到智能化方向。数据智能项目投入大、周期长、对人员技术的要求更高，一旦成功，效果就十分显著。

第七个阶段：重新抽象公共数据服务，进一步提高效率。通过前面不同阶段的发展，数据中台团队对业务的理解逐渐深化，数据项目开始遍地开花。尽管在之前的设计过程中，已经充分考虑了数据服务的抽象，但是随着项目的深入发展，有些服务需要迭代更新，有些服务需要重构，有些服务需要新增。我们需要做的是，进一步优化数据服务体系，全面提高运行效率，响应业务的敏捷需求。

"九看"方法论应该贯穿于上述 7 个阶段。企业要利用该方法论，做好每个项目的详细规划，将每个细节在执行层面做到极致。在建设过程中出现偏差不可怕，要找到差距，挖掘根因，迅速解决问题，保障每个阶段的目标圆满完成。

3.5 数据中台技术选型

3.5.1 4 种选型方案

数据中台的建设在有了方法论指导后，下一步就需要确定数据中台的应用框架和技术选型，构建数据中台的基础设施。数据中台基础设施的选型有以下 4 个方案。

第一个方案是使用商业的云解决方案，如采购阿里云、华为云、腾讯云的相关组件和服务。该方案的优点是快速部署、快速使用、性能稳定，缺点是花费较高、数据需要"上云"。

第二个方案是使用商业的本地化解决方案。该方案的优点是本地化部署，数据存储在本地。由于是成熟的解决方案，一旦部署，就可以快速使用，性能比较稳定。其缺点是花费高、扩展性和兼容性有限。该方案可以进一步细分为两种方案：第一种是使用完全的本地化商业解决方案。第二种是使用混合云商业解决方案，该方案可以实现全节点代管和升级服务，不过需要高带宽的传输网络实时地将运维日志数据上传到公有云上。

第三个方案是使用开源解决方案，实现本地化部署。该方案的优点是免费、自由度高。其缺点是需要自己部署，需要一定的时间周期，还需要专业的团队负责维护和调优。由于完全使用原生态的开源框架，稳定性有待打磨。

第四个方案是使用混合解决方案，底层使用商业解决方案，应用层使用开源框架。比如,基础设施层(IAAS)使用商业解决方案,平台层(PAAS)使用开源框架。

不同的数据中台技术选型如表 3-1 所示。企业可以根据自身的情况和不同方案的优缺点选择合适的选型方案。金融行业一般对数据本地化要求较高,可以考虑选择第二个和第三个方案。在实际选型时,很多企业采用混合解决方案。比如,底层基础设施、虚拟化和容器使用商业解决方案,数据中台和应用层采用开源框架。

表 3-1　不同的数据中台技术选型

特性	公有云	私有云	混合云	开源本地化	混合方案
实施周期	短	中	中	长	中
实施难度	低	低	中	高	中高
人员要求	低	低	低	高	中高
扩展性	高	中	中	高	高
升级难度	低	高	中	中	中
费用	中高	高	中高	低	中低
稳定性	高	高	高	中高	中高
数据上云	是	否	是	否	否
带宽要求	中	中	高	中	中

3.5.2　开源解决方案

商业的解决方案有很多,开源框架种类繁多,每一个模块都有很多开源的套件。以查询引擎为例,可以使用的开源工具有 MySQL、Redis、Impala、MongoDB、PgSQL 等。读者可以根据实际业务需要,选择合适的开源套件。

可供选择的解决方案太多，笔者根据自身的建设经验重点推荐开源解决方案，框架图如图 3-8 所示。企业的数据应用主要有离线计算和实时计算。建议离线计算优先选择 Hive 和 Spark。Spark 是基于内存的。实时计算目前主流的选择是 Flink 框架。

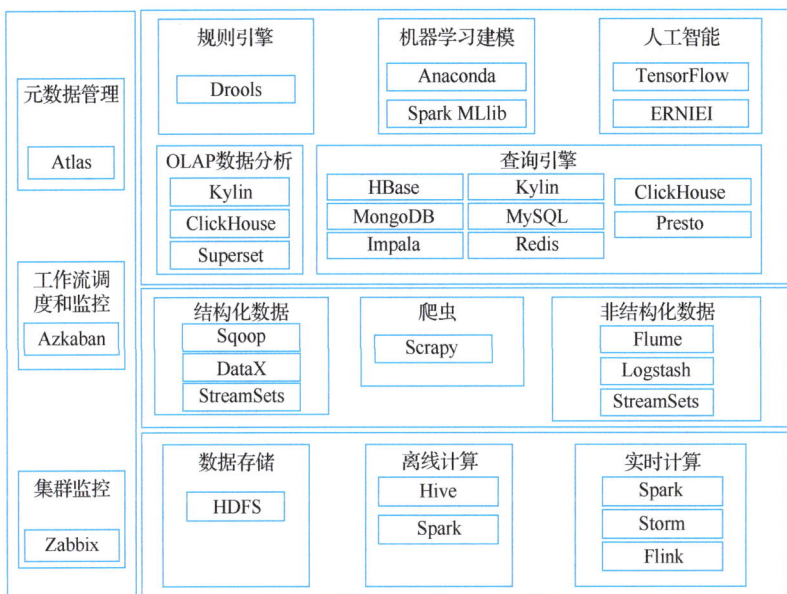

元数据管理	规则引擎		机器学习建模		人工智能	

	Drools		Anaconda		TensorFlow	
Atlas			Spark MLlib		ERNIEI	

	OLAP数据分析	查询引擎				
	Kylin	HBase	Kylin	ClickHouse		
工作流调度和监控	ClickHouse	MongoDB	MySQL	Presto		
	Superset	Impala	Redis			

Azkaban	结构化数据	爬虫	非结构化数据			
	Sqoop	Scrapy	Flume			
	DataX		Logstash			
	StreamSets		StreamSets			

集群监控	数据存储	离线计算	实时计算			
	HDFS	Hive	Spark			
Zabbix		Spark	Storm			
			Flink			

图 3-8　开源解决方案框架图示例

1. 数据存储

目前，互联网行业大数据的主流存储框架是基于 Hadoop 的分布式文件系统 HDFS。由于其具有高容错性和适合批处理数据的特点，适合部署在低廉的 PC 服务器上存储海量的数据，数据存储的性价比较高。

2. 离线计算

在 HDFS 的基础上，Hadoop 生态又开发了离线数据仓库计算引擎 Hive。Hive 基于 MapReduce 技术支持分布式批处理计算，同时支持以 SQL 操作的方式对存储在 HDFS 上的数据进行"类数据库"的操作、计算和统计分析。Hive 适合海量数据的批处理操作场景，操作简单，容错性和扩展性好，缺点是高延迟、查询和计算都比较慢，因此 Hive 被广泛应用在离线计算场景中，尤其是对海量数据的批处理操作和分析场景中。

因为基于 MapReduce 技术涉及磁盘间高频的 I/O 操作，所以 Hive 的计算效率较低，时效很长。为了提高计算的效率，Hive 社区增加了新的计算引擎，即 Spark。与 MapReduce 相比，Spark 的 RDD 计算引擎基于内存进行计算，计算和查询效率显著提升。

目前，主流的离线计算框架采用 Hive 和 Spark 结合的方式。在 100 个节点以下时，可以选用 Hive 作为数据仓库、Spark 作为计算引擎。另外，对于海量数据场景（如节点数需要几百个甚至上千个时），Hive 的优势是稳定性和容错性好，可以用于处理海量数据的复杂计算。Spark 的优势是计算速度快，缺点是容易出现内存泄漏和不足，从而导致计算缓慢或者任务失败。在海量数据场景中，出于稳定的要求，Spark 一般用于处理数据仓库上层的查询、计算和分析操作，而底层的操作由 Hive 完成。笔者重点推荐使用 Hive 和 Spark 工具。

3. 实时计算

开源的实时计算框架比较多，如 Spark、Storm 和 Flink 等。与 Storm 相比，Spark 的优势是用一个统一的框架和引擎支持批处理、流计算、查询、机器学习等功能。由于 Spark 的微批处理的设计机制，在处理流数据的时候，效率比 Storm 要低。

Flink 比 Spark 诞生得晚，因此有很多新的设计思路和特色，如数据流模型、反压机制、内存自管理、异步节点检查机制和有状态处理机制等。Flink 和 Spark 一样，也提供查询、机器学习、图计算等功能，但是 Spark 在 SQL 语句丰富程度、API 功能完备和简单易用方面比 Flink 更优秀。而 Flink 在数据流的实时处理能力、界面设计和操作友好性、平台化管理、任务分析能力等方面要优于 Spark。

整体而言，Spark 体系更加成熟，易用性较好、社区文档和案例更加丰富，如果对于数据延迟要求是秒级，那么 Spark 更容易上手且能满足性能要求。Flink 是后起之秀，特别是 Flink 1.10 之后的版本，强化流批一体数据仓库，高度兼容 Hive，其实时处理能力和设计理念要优于 Spark，成为实时数据仓库计算引擎的热门选择。因此笔者重点推荐使用 Spark 和 Flink 工具。

4. 查询引擎

为了提高数据交互性查询的效率，在大数据时代根据不同的业务要求诞生了很多新的查询引擎，常见的查询引擎有 HBase、Redis、MongoDB 等。按照大类划分，查询引擎可以分为 SQL 交互式查询引擎和 NoSQL 交互式查询引擎。HBase、Redis、MongoDB 都属于 NoSQL 交互式查询引擎。

1）SQL 交互式查询引擎

常用的 SQL 交互式查询引擎有 Impala、Presto、ClickHouse、Kylin 等。Impala 和 Presto 基于 MPP 架构，通过分布式查询引擎提高查询效率。ClickHouse、Kylin 是目前主流的联机分析处理（Online Analytical Processing，OLAP）计算和查询引擎。

Kylin 通过预计算机制，提前将客户经常查询的维度和指标设计好并进行预处理操作，以数据立方体模型（Cube）形式缓存，以便加快聚合操作和查询的速度，特别适合对海量数据的 OLAP 场景。由于需要提前将数据预处理好，Kylin 需要消耗额外的空间，且无法高效支持随机的计算和查询。

ClickHouse 适合海量数据的大宽表（维度和指标较多的表）的灵活和随机的查询、过滤和聚合计算，写入和查询性能很好，而多表关联操作性能一般，尤其是多个数据量较大的表（即大表）关联的情况。其劣势是不擅长高频的修改和删除操作，在多用户高并发场景中性能一般。

Presto 由 Facebook 开源，支持基于内存的并行计算，支持多个外部数据源和跨数据源的级联查询，在对单表的简单查询和多表关联方面性能较好，擅长进行实时的数据分析。在处理海量数据时，Presto 对内存容量要求高，多个大表关联容易出现内存溢出。

Impala 由 Cloudera 推出，是一个 SQL on Hadoop 的查询工具，也基于内存进行并行计算，目标是提供 HDFS、HBase 数据源复杂的高性能交互式查询。Impala 的单表和多表关联查询性能和 Presto 相近，支持窗口函数、增量统计、多用户高并发查询，但是数据源的丰富程度不如 Presto。Impala 对内存容量要求高，多个大表关联容易出现内存不足。

目前，ClickHouse 和 Kylin 的热度很高，很多"互联网大厂"都开始采用这两个计算和查询框架作为 OLAP 的主流框架。一般而言，预先设计好维度和指标，然后进行聚合计算和查询的场景适合使用 Kylin，而对于随机（ad_hoc）查询更适合使用 ClickHouse。在实际应用中，根据不同的应用场景，一般会部署多种引擎，比如 ClickHouse 和 Kylin。

2）NoSQL 交互式查询引擎

HBase 是基于 key-value 原理的列式查询引擎，适用于频繁进行插入操作且查询字段较多的场景，如统计每分钟每个商品的点击次数、收藏次数、购买次数等。HBase 的列式扩展能力较强，理论上硬盘有多大，HBase 的存储能力就有多大。HBase 不适用于大量更改（update）操作的场景。HBase 的主要缺点是 update 操作性能较低。

Redis 是内存数据库。Redis 的原理是基于内存进行计算和查询。Redis 的存储容量与内存容量有关，支持的数据类型比较丰富，有一定的持久化能力，适用于高频 update 操作的场景，读写的速度都非常快。其缺点是内存容量有限，价格较高，一般用于存储非常有价值且需要高频读写的数据。比如，实时统计全站客户累计点击次数、收藏次数、购买次数等用于数据看板（dashboard）的展示。

MongoDB 主要以 JSON（JavaScript Object Notation）数据串格式存储数据，适用于表结构变化大的海量数据查询和聚合计算的场景，这是其区别于其他数据库的重要特色。比如，构建客户大宽表，客户的有关字段经常发生改变或增删，在这种场景中很适合用 MongoDB 存储并高效读取客户的单一维度信息或聚合信息。但是其写入操作和多表关联复杂操作性能一般，很少用于复杂的多表关联的计算场景。在实际应用中，一般会综合部署上述 NoSQL 引擎，满足不同的应用场景。

5. 数据采集工具

开源的数据采集工具很多，如 Sqoop、DataX、Scrapy、Flume、Logstash 和 StreamSets 等。Sqoop 和 DataX 主要用于采集结构化数据，Flume 和 Logstash 主要用于采集非结构化数据。StreamSets 同时支持结构化和非结构化数据的采集。

在结构化数据采集方面，与 DataX 相比，Sqoop 的综合性能更好，社区更活跃，插件更丰富，使用更广泛。

Logstash 更轻量，使用更简单，插件丰富，对技术要求不高，运维比较简单。Flume 框架更复杂，偏重于数据传输过程中的安全，不会出现丢包的情况，整体配置更复杂，入门难度较高，运维难度更高。StreamSets 通过可视化界面的拖、拽等操作实现数据的采集和传输，支持多种数据源，组件丰富，功能强大，简单易用，且内置监控组件，可以实时监控数据传输情况。由于 StreamSets 的这些优势，目前它在数据采集领域大有一统江湖的趋势。笔者重点推荐使用 StreamSets。

有时候还需要从第三方平台获取一些公共数据，数据爬虫工具 Scrapy 可以支持从网上爬取数据。

6. 数据仓库

在数据平台选择好后，下一步的重要工作是实现企业的数据资产化，满足前端业务对数据应用的需求。数据资产化的关键举措是对企业的原始数据进行清洗和规整，将其转化为价值数据，然后从中抽象出主数据，进一步构建不同主题的数据标签体系。这些关键举措离不开数据仓库的标准化、存储、计算和建模体系化的支撑。目前，主流的数据仓库分为离线数据仓库和实时数据仓库，两者的典型区别是数据服务时间粒度。传统的离线数据仓库一般的数据服务时间粒度是天，实时数据仓库的数据服务时间粒度是分钟，甚至秒。从数据仓库存储和计算框架开源解决方案来看，目前行业的离线数据仓库普遍采用 Hive+Spark 的综合方案，而实时数据仓库当前的主流方案之一是 HDFS+Flink+Kafka。目前，大部分企业在建设数据仓库时，综合考量性能、健壮性、投入产出比和运维复杂度，主要策略是以离线数据仓库的批处理计算为主，以实时数据仓库为辅助。

7. 可视化自助数据分析

数据分析是实现数据价值的关键举措之一。透过错综复杂的数据关系发现价值点是一项费力、费时的工作。好的工具能够使这项工作事半功倍。为了提高数据分析的效率，行业涌现了多种解决方案，集中体现在自助取数、自助分析、多维分析、分析可视化这几个方面，目标是实现可视化自助数据分析。可视化自助数据分析的核心功能是支持多数据源接入、权限管理、高性能计算和可视化多维分析。目前，自助 OLAP 开源主要使用的计算引擎有 Impala、Presto、ClickHouse 和 Kylin。在查询引擎部分，已经介绍过这几种计算引擎的特点，在此不再赘述。开源可视化解决方案主要有 Superset、Redash 和 Metabase。Superset 出自 Airbnp，目前是 Apache 的开源项目，功能比较强大，网上的参考案例较多。Redash 是一个轻量级的应用，部署简单，短小精悍，能满足日常分析需求。Metabase 的功能丰富程度介于 Superset 和 Redash 之间，网上的参考案例较少。在实际应用中，笔者重点推荐 ClickHouse+Kylin+Superset 的统一解决方案。预计算的 OLAP 使用 Kylin 引擎，及时查询的计算使用 ClickHouse。

8. 规则引擎

规则引擎是常用的实现数据价值的基础工具之一，常用的应用场景有风险管理、动态定价、精准营销、监控预警等。笔者过去一直使用开源工具 Drools 结合二次开发搭建规则引擎，其优点是语法规则简单、支持动态规则配置、社区热度高、网上落地案例丰富、功能丰富且不断升级迭代，缺点是相对较重、应用门槛较高、聚合计算效率低等。对于实时规则应用场景，建议使用流式计算引擎计算复杂的聚合规则，而简单的规则计算使用 Drools 内核。

9. 机器学习引擎

要从错综复杂的数据中挖掘出核心价值离不开算法的支持。智能化的真谛是使用机器学习算法、AI 算法和其他算法不同程度地实现用机器替代人工。目前，各种开源的算法包特别多，当建模数据行数在千万级别时，笔者常用 Anaconda 包和 XGBoost 包。当建模数据行数在亿级别时，笔者常用 Spark MLlib。笔者使用的 AI 算法框架是 TensorFlow。在自然语言处理方面，笔者常用的是百度的 ERNIE 框架，该框架在多个公开中文数据集下的性能比 Google 的 BERT 框架略好。

10. 元数据管理

笔者一直使用的元数据管理的开源工具是 Apache Atlas。Atlas 和 Hadoop 无缝连接，能有效地支持元数据管理、数据资产分类、元数据搜索、血缘关系可视化和数据治理。Atlas 支持对元数据添加标签，然后通过标签对数据资产进行分门别类的管理，并基于标签进行统一权限控制和数据资产的安全管理。同时，Atlas 还可以捕获各种元数据信息（如数据的产生、表的建立和执行、数据交互、数据 ETL 执行、数据存储、数据安全访问、数据的使用等），并支持查看元数据和血缘的可视化，便于及时发现数据的变化，快速定位数据问题。数据具有时效性，Atlas 支持数据全生命周期管理（如在过了数据时效后，临时表被自动删除）。Atlas 还支持和多个外部平台（如 Hive、SAS 等）的元数据互联互通。我们可以将这些平台的元数据导入 Atlas 中，然后应用 Atlas 进行元数据管理和数据治理。

11. 工作流调度和监控

目前，数据应用百花齐放，系统后台需要对这些数据应用的工作流进行合理调度和监控，确保数据应用的及时性和稳定性。当任务运行失败时，系统要能及时发现并实时通知相关数据运维人员。这些功能是对工作流调度和监控工具的基本要求。目前，行业常用的开源工作流调度和监控工具主要是 Oozie 和 Azkaban。笔者一直使用 Azkaban。两者的工作原理的最大区别是前者的工作流运行靠捕捉和监控更加细粒度的 MapReduce 批处理任务执行级别信息，而后者的工作流运行仅仅靠捕捉和监控较粗粒度的操作进程级别的信息。这会导致在任务出现失败或者断电后，Azkaban 需要重新执行工作流，而 Oozie 可以基于失败的工作流重新执行。不过 Azkaban 的这个功能可以通过二次开发进行优化。Azkaban 的优势是有完善的权限控制，支持对工作流的读写进行权限控制。

整体而言，Oozie 的功能更加丰富，比如支持 Web、Rest API、

Java API 操作工作流，支持工作流的状态持久化存储、基于时间的定时任务调度及丰富的数据源等，但是其配置更复杂，开放性较弱，二次开发难度高，使用门槛更高。Azkaban 是一个轻量级的应用，聚焦批量工作量的调度和监控，简单易用，更开放，支持二次开发。

总之，通过上述介绍的开源工具的部署、应用和整合，企业可以低成本且快速地搭建一套大数据平台，支持数据资产化，实现高性能的数据分析和数据应用，高效地支持业务的数字化和智能化转型。

3.6　总结

数据中台的建设是一项复杂的系统工程。企业需要自上而下进行战略推动，需要有匹配的组织架构和人才规划，也需要对全员进行动员，推进全员大数据思维变革。由于数据中台的复杂性，其设计、建设和落地应用并非一蹴而就。企业需要有足够的战略耐心、完备的战略规划和明确的战略意图。你在建设数据中台的过程中，可以参考本章介绍的各种方法论和工具（比如，数据中台的战略规划、框架、8 大设计准则、"九看"方法论、MVP 建设路径、技术选型等），需要一步一个脚印，稳扎稳打，完成数据中台建设的目标。

4

统一数据模型：
让数据资产化

从不同的数据源中采集的原始数据非常无序且杂乱无章,要实现数据价值,就需要按照某种标准对这些数据进行清洗和处理,得到干净和无二义的数据。在数据净化后,底层呈现的仍然是明细数据,即明细净化数据。这些数据仍不能直接满足数据应用场景的需求。在很多应用场景中,要么需要这些明细数据的统计信息,要么需要关联多个明细数据之后的新字段,要么需要这些字段的统计信息等。这些干净的明细数据需要进一步汇聚、规整、处理和转化,才能实现数据资产化,进一步实现数据的价值。本章详细介绍让数据实现资产化的技术手段和方法论。

4.1 数据标准化体系的价值

标准一般分为国家标准、行业标准、地方标准和企业标准。目前,对于数据标准来说,大部分是企业自己定义的标准,还缺乏完善、统一的国家标准和行业标准。数据标准化体系建设的内容很广泛,主要包含基础信息(比如,定义、编码、命名、赋值标准等)、元数据、数据字典、拆分、分类和分级、知识库、安全和隐私、数据生命周期等。加强数据标准化顶层设计,让数据有标准可以参考,是实现数据共享开放和价值的前提。

4.1.1 数据标准化体系是数字化战略的基础

"是先获取业务数据再建设标准化体系,还是先建设标准化体系再获取业务数据"的争论由来已久,更深层次的问题是对数字化的认知和定位。很多学者把数据标准化体系建设列为数据治理的重要工作之一。笔者认为数据标准化应该是数字化战略的重要组成模块，是数字化战略的基础模块之一，而数据治理只是提高数据质量的一个重要举措，是数据管理的组成之一。数据标准化是数据治理的基础和前提，为数据治理提供了理论支撑，同时让数据治理有更好的数据基础。此外，如果企业在信息化之初就提前做好数据标准化工作，拉齐了对数据的认知，就将大大地降低数据治理的工作量、复杂程度，并提高数据治理的效率。

在信息化时代，大部分企业都很落后，还没有对数据资产产生足够重视，该问题还不显严重。企业先大力发展业务，让各个前台团队有自己的信息化团队支持，小步慢跑，把业务摆在首位，等业务发展到一定程度，再开始建设数据标准化体系，整合数据，治理数据，实现数据资产化。在这个时代，大部分企业的信息化进程符合诺兰信息系统模型，即先获取业务数据再建设标准化体系，前期低投入初步完成线上化，中期加大投入完成信息化，后期对系统和架构进行数据驱动的重构，完成数字化转型。图 4-1 所示为诺兰信息系统模型的 6 个发展阶段[1]。

笔者拜访和深入接触过很多企业，95%以上的企业都在经受"'数据孤岛'问题严重、数据质量差、治理难度大、治理周期长、数据价值实现慢"的煎熬，这严重制约了企业的数字化进程。继续寻根溯源会发现，这些企业在成立之初没有明确的数字化战略，也没有

---

[1] DAMA International. DAMA 数据管理知识体系指南. 马欢，刘晨，等译. 北京：清华大学出版社，2012.

建立数据标准化体系，在业务发展到一定规模需要依托大数据产生增量价值的时候，发现数据脏、乱、差，历史积累的大部分数据的可用性不高。然后，它们痛定思痛，开始组建专业团队建立数据标准化体系，重视数据治理工作，尽管亡羊补牢犹未晚，但是大大地增加了事情的复杂度，极大地延长了时间周期，没有抓住数据资产化的战略机遇，让企业数字化和智能化发展严重滞后，损失不可谓小矣。当竞争对手已用上了飞机、大炮时，这边还在用步枪，这种巨大的差距需要大量的资金、人力、时间和意志力的投入才可能弥补。市场竞争激烈，机会转瞬即逝，市场能否馈赠弥补的时机是未知的。笔者认为数字化落后的企业呈现出很多共性：企业发展了若干年，没有成为行业的龙头，也不是行业的引领者，数字化建设中规中矩，对行业的认知程度不高，前期趋于低斜率的线性增长趋势即企业增长缓慢，后期发展停滞不前，人效不高。

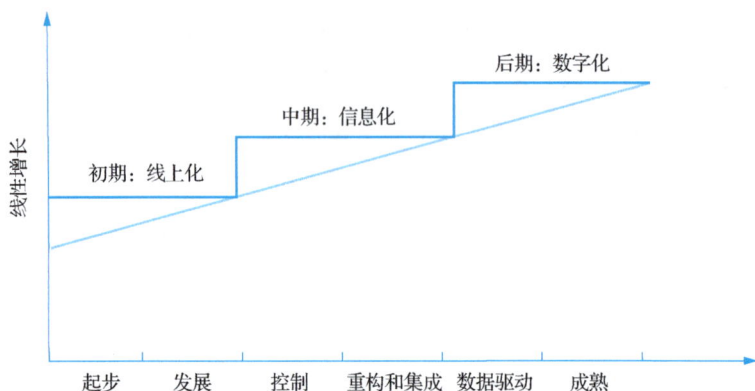

图 4-1　诺兰信息系统模型的 6 个发展阶段

在数字化和智能化时代，数据资产的价值开始凸显。企业都在争分夺秒地利用数据产生价值，利用数据智能提高自动化水平、服务体验和业务价值，在数据资产建设上晚十步足以落千里。诺兰信息系统模型已经不适用于 DT 时代创新型和指数型增长企业的发展。创新型和指数型增长企业在成立之初就是数据和科技驱动的，在起步阶段就确定了数据资产战略，在后续高速发展过程中不断地迭代、深度数字化，后期逐步实现智能化，并无限接近效能和服务体验的最佳点，如图 4-2 所示。

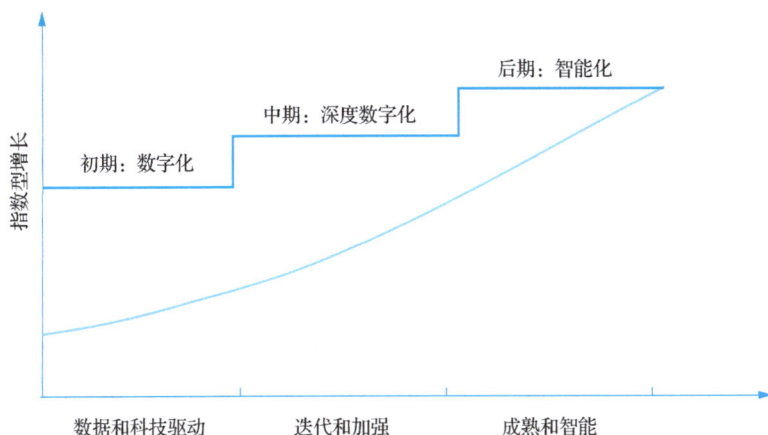

图 4-2　创新型和指数型增长企业的 3 个发展阶段

在 DT 时代，企业根据发展定位呈现出不同的选择。志在引领行业发展，成为行业龙头的企业从成立之初就在数字化方向做好了规划，期望企业的增长依托于数字化技术，实现指数型增长。这些企业会优先选择新的数字化建设模型。希望"活着"或在非充分竞争领域中有所为的企业，在信息化建设上可能会偏向于跟随和中规中矩，大概率会优先选择诺兰信息系统模型。模型本身没有优劣，企业可以根据自身的定位选择最合适的信息化建设模型。但是在 DT 时代，特别是高度竞争的创新型行业，在起点上落后则意味着选型的失败，当竞争对手通过数字化优势获得了指数型增长时，你还在信息化建设的初期或陷入数据质量差和"数据孤岛"的"池沼"，这个时候亡羊补牢大概率将于事无补。

因此，在 DT 时代，为了成为指数型和创新型企业，企业在成立之初就应该制定数字化战略，让企业的发展搭上科技的快车，让数据和科技驱动业务的发展，实现数字化协同效应。而数据标准化体系是企业数字化战略的基础和重要组成部分，是数据资产化的前提条件，是企业数字化建设必须着手构建的体系之一。

4.1.2　数据管理是事前远见，数据治理是事后亡羊补牢

在 DT 时代，笔者更喜欢用数据管理而非数据治理的概念。只有得病才需要治疗，为何不提前预防，化疾病于无形，减轻病人的痛苦呢？数据治理更多的是对缺乏数据战略导致的数据乱象的改变和优化，是一种事后亡羊补牢的无奈之举。数据管理是数据战略的一部分，代表事前的远见。企业要在成立之初就做好数据规划，通过一系列标准化和精细化的管理举措让数据更有价值。

"扁鹊三兄弟"的故事是数据管理和数据治理理念差异的最佳呈现。扁鹊大哥的治病理念是预防疾病的发生，不治已病治未病。扁鹊二哥的治病理念是及早就医，莫让小病变大病。扁鹊的特长是治疗膏肓之病。数据管理的核心是不治已病治未病，数据治理的价值是治疗已病或大病。

一个优秀的企业要让数据产生价值，实现数据资产化，必须有扁鹊大哥的洞察和远见，从开始就树立正确的数据价值理念，建立顶层数据规划，建设数据标准化体系，培养数据管理价值观，并遵从数据管理的框架一步步实现数据战略，从而不再受困于各种数据乱象，让数据和科技成为驱动企业高速增长的引擎。

4.2　数据资产管理体系介绍

4.2.1　6个常用的数据资产管理体系

关于数据资产管理体系建设，国内外学者和组织提出了很多理论框架或体系，应用得比较广泛的主要有国际数据管理协会提出的DMA 模型、北美企业数据管理协会发布的数据管理能力评价模型（Data Management Capability Association Model，DMCAM）、能力成熟度模型集成（Capability Maturity Model Integration，CMMI）研究院提出的数据管理成熟度（Data Management Maturity，DMM）模型、IBM 数据管理专家委员会提出的数据治理成熟度模型、中国电子技术标准化研究院牵头制定的数据管理能力成熟度评价模型（Data Management Capability Maturity Assessment Model，DMCMAM）和中国信息通信研究院牵头提出的数据资产管理模型（Data Capital Management Model，DCMM）。

1. DMA模型

DMA 模型包含 10 个组成模块和 39 个二级分类细项，整体以数据治理模块为核心，其他 9 个模块为数据架构管理、数据开发建模和设计、数据库存储和操作管理、数据安全管理、主数据管理、数据仓库和商务智能管理、文件和内容管理、元数据管理、数据质量管理。

2. 数据管理能力评价模型

数据管理能力评价模型在金融和保险行业影响甚广，主要包含 8 个知识模块和 36 个二级能力细项。数据管理能力评价模型的 8 个知识模块分别是数据管理战略、数据管理业务案例、组织和流程保障、数据治理、数据架构、技术架构、数据质量管理、数据生命周期。

3. 数据管理成熟度模型

数据管理成熟度模型涵盖了数据管理的 5 个方面（数据管理策略、数据质量管理、数据库存储和操作管理、平台和数据架构管理、数据治理）和 25 个二级能力细项。

4. 数据治理成熟度模型

IBM 数据管理专家委员会提炼出数据治理的心得和方法论，提出了企业级的数据治理标准，即数据治理成熟度模型。该模型主要包含 11 个部分，分别是数据风险管理、数据资产评估和量化、组织结构与文化、数据管理、规范和政策、数据质量管理、信息生命周期管理、数据安全与隐私、数据架构、元数据、数据治理过程日志与报告。

5. 数据管理能力成熟度评价模型

数据管理能力成熟度评价模型是中国国家级标准。该模型定义了 8 个核心能力域（数据战略、数据治理、数据架构、数据应用、数据安全、数据质量、数据标准和数据生命周期），进一步细分为 28

个二级能力细项，并通过组织、制度、流程和技术 4 个维度对 8 个核心能力域进行评价。其中，数据标准主要由业务术语、主数据、元数据、数据指标的标准体系组成。

6. 数据资产管理模型

数据资产管理模型主要由保障职能和管理职能两部分组成。保障职能包含 5 个部分（战略规划、组织架构、制度体系、审计机制、培训宣贯）。管理职能包含 8 个模块，分别是数据标准化、数据模型、元数据、主数据、数据质量、数据安全、数据价值管理、数据共享管理。

整体而言，数据管理能力成熟度评价模型和数据资产管理模型强调以数据应用和数据价值实现为目标，重点强调自上而下制定数据战略和数据标准化体系，数据战略和数据标准化体系是基础，其他模块为数据战略和数据标准化体系服务。其他几个模型强调以数据治理为中心，偏重于在出现数据问题之后帮助企业纠偏并治理数据，整体偏重于技术层面的要求和落地举措。在实际工作中，企业可以综合利用这些模型的优点和特点，取长补短，最优规划和部署数据管理工作。

4.2.2　制定数据管理战略

在之前的章节中详细介绍了数据中台战略制定的方法论及战略如何为数据中台建设提供组织、文化、人才保障。关于数据管理战略，企业可以参考数据中台战略的方法论，更加详尽的内容也可以参考数据资产管理模型中关于数据资产管理保障措施部分，本书不做详细阐述。

根据战略双轮驱动的方法论，数据管理战略包含战略内容和执行内容，战略内容包含战略意图、组织设计和行动设计，如图 4-3 所示。

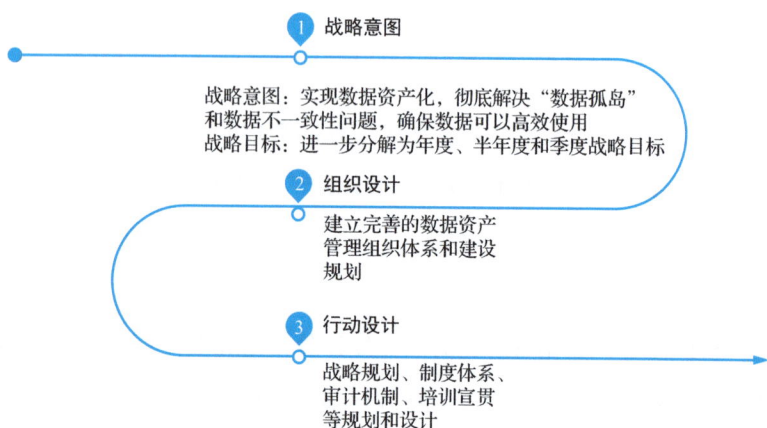

图 4-3　数据管理战略示意图

数据管理战略的执行部分包含标准化体系建设、规范和制度建设、文化建设、组织和人才建设、行动执行。

4.3　高效数据建模，让数据好用起来

4.3.1　统一数据模型的意义

如果说数据标准化体系建设是实现数据资产化的基础，那么统一数据模型建设是实现数据资产化的最有效的关键举措。在说明统一数据模型的价值之前，先介绍目前数据资产化的一些困境。

困境一：遍地是烟囱式开发，资源浪费严重，数据准确性难保障

数据团队分散，无统一组织和规划，对业务数据缺乏顶层的设计和抽象，基本符合根据采集的业务数据进行烟囱式开发的模式。数据工作者忙于各种数据提取（简称取数）和临时数据需求，没有精力规划全局的模型。从短期来看，对于个别取数需求，能实现快速响应。但是从整体来看，效率低下，重复工作多，指标准确性没有保障，存储和计算资源浪费严重。

困境二：企业数据混乱，没有沉淀，没有积累，数据使用低效

企业的数据混乱，血缘关系、数据处理流混乱。一旦出现数据问题，企业就难以有效溯源。取数有很多不同的路径，不同的人会创建不同的表、关联不同的表，指标准确性没有保障，取数时效也缺乏有效保障。企业缺乏沉淀和积累，缺乏统一的数据模型，即使对于常用的指标，每个人的理解也存在差异，取数逻辑也各异，数据查询和使用低效。

困境三：数据量大而非"价值数据"，数据价值实现难

很多企业采集了大量的数据，空有数据量，但是数据指标缺乏统一标准，数据质量缺乏保障，数据血缘关系不清晰，难以实现数据的合力和价值。

数据标准化和统一数据模型的建设能有效地解决以上3个困境，让数据插上翅膀，展翅飞翔。设想一下，有一个混乱无序的图书馆，还有一个分门别类、规整有序的图书馆。你现在要找一本书，在哪个图书馆的效率更高？统一数据模型的作用就是让混乱无序的图书馆变成分门别类、规整有序的图书馆，从而提高数据的使用效率。

简单而言，统一数据模型通过对数据进行抽象和分层，构建多层数据模型，并实现统一的指标体系，让每一层数据模型之间的血缘关系清晰可见，把常用的数据指标放到应用层，把明细数据放到底层，屏蔽了底层的数据细节，大大地降低了数据的重复开发，极大地提高了数据的使用效率和易用性。

4.3.2 统一数据模型具体做什么

统一数据模型的主要目标是构建一套完整的面向主题的数据仓库模型，实现数据的汇聚、集成、分层和持久化，高效支持企业的各种大数据应用场景（比如，数据报表、数据查询、数据分析、数据建模等）的高质量数据需求。统一数据模型主要包含以下工作。

1. 实现数据的汇聚和集成，满足业务发展的差异化数据需求

数据仓库将各种数据源的数据定期抽取并存储起来，然后进行清洗、转化、集成等操作，将数据汇聚在一起。因此数据仓库是企业所有数据的大集成，能满足业务发展的各种维度和粒度的数据需求。

2. 实现数据分层和建模，提高数据使用效率

为了提高数据复用性和数据的使用效率，且更好地屏蔽底层的数据细节，数据仓库对数据进行了分层设计和建模。一般而言，数据仓库可以分为以下 4 层：贴源层（ODS 层）、明细层（DWD 层）、数据汇总层（DWS 层）和数据应用层（APP 层）。

数据工作者把从业务层中抽取的原始数据放到 ODS 层，然后对原始数据进行格式转化和标准化，解决数据格式、数据质量和完整度等问题，形成了 DWD 层。之后，数据工作者对 DWD 层数据进行聚合计算得到 DWS 层。最后基于实际的业务应用的需求（比如，数

据报表、数据分析、数据建模等）对 DWD 层的表进行聚合或合并等操作构建了面向应用的数据大宽表，从而形成了 APP 层。

分层设计的好处是可以做到数据结构清晰、数据指标统一、血缘关系清晰、快速定位数据异常、减少重复开发、屏蔽异常的原始数据和 DWD 层的细节。

3. 数据持久化存储，有效地反映历史数据变化

数据仓库的 ODS 层源源不断地从业务系统中抽取数据。数据一旦被写入就不能被更改，只要不人工删除，数据就会一直持久化存储在数据仓库中。DWD 层保存经过清洗和转化之后的 ODS 层明细数据。在业务系统中经常出现人工不规范的数据更正或篡改，导致出现各种数据质量问题。有时候故障也会导致业务数据的丢失。而 ODS 层和 DWD 层持久化存储的好处是保证不受业务系统数据错乱的干扰，也不用担心数据的丢失问题，可以持续提供最真实的业务数据支持业务部门的数据需求。另外，由于数据的持久化存储，数据仓库不仅记录时点数，还记录历史数据，能有效地反映历史数据的变化过程，便于数据的追溯和趋势分析。

4.3.3 如何建设统一数据模型

目前，有很多成熟的方法论用于指导如何构建统一数据模型。统一数据模型的核心技术分为两个部分：数据仓库建模方法和数据模型分层框架。

1. 数据仓库建模方法

目前，主流的建模方法有范式建模和维度建模，其中范式建模

又衍生出了 Data Vault 建模和 Anchor 建模。范式建模常用实体-关系工具进行建模。

1）范式建模

范式模型是由数据仓库之父比尔·恩门（Bill Inmon）依托于数据库第三范式设计理论提出的，是一个面向主题的企业级抽象模型。我们需要熟知企业的业务，从企业的复杂业务中抽象出核心的主题，然后明确主题中主要的实体、关系、行为、事件和属性，从而构建一系列符合第三范式的实体表和事实表，满足业务分析和洞察的需求。以保险的订单为例，订单是保险的核心主题之一，该主题又包含很多实体和行为。比如，保险的主要参与方（投保人实体、被保险人实体、受益人实体等）、出单机构实体、标的实体、保单实体、批单实体等。这些实体本身有基本的属性，同时基于每个实体会产生很多行为和事件（如订单批改、订单退保等），从而产生基于行为和事件的事实表。

第三范式对范式模型有如下要求。

（1）属性值的唯一性，消除二义。比如，性别只有男和女。

（2）每张表中的非主键属性必须完全依赖于该表的主键，且只有一个主键。比如，在订单表中，主键是订单号，其他属性依赖于订单号。

（3）在每张表中，非主键属性只能依赖于主键，而不能依赖于表中的其他属性，否则应该单独创建一张表，将该依赖关系归到新表的关系中。比如，在订单表中，存在其他非依赖关系的字段，诸如投保人 ID、投保人姓名、投保人身份证号、投保人家庭住址等信息。投保人的信息依赖的是投保人 ID，而非订单号主键。基于第三范式的要求，投保人的信息应该从订单表中移除出来单独建立投保人属性表，把投保人 ID 作为该新表的主键。

整体而言，第三范式限制的优点是消除了数据不一致性、数据冗余度低，缺点是造成表非常多，很多指标的获取都需要对不同的表进行关联聚合操作，效率较低。另外，范式建模需要进行主题和实体抽象，对建模人员的要求很高，建模人员需要对业务和数据非常熟悉，项目实施难度大、周期长。如果业务形态发生变化，模型构建的主题、实体和关系能否适应新的业务形态也是巨大的考验。传统金融行业由于业务比较稳定，使用范式建模比较多，典型的是 Teradata 提出的 FS-LDM 模型。其被广泛用于保险、银行和证券行业，其十大主题分别是参与主体、产品、协议、事件、资产、财务、机构、地域、营销活动和渠道。但是随着移动互联网的兴起，互联网业务越来越繁荣，新的业务模式开始诞生，为了快速响应动态的业务和变化的客户需求，我们需要更加敏捷的数据体系和模型，传统的范式建模的方式在敏捷和快速变化的场景中遭受着极大挑战。这个时候，很多企业尤其是业务动态变化的互联网企业开始引入维度建模的方法，并将其与范式建模相融合，以满足业务的动态和敏捷需求。

2）维度建模

1996 年，拉尔夫·金博尔（Ralph Kimball）和玛吉·罗斯（Margy Ross）①提出了维度建模的概念和方法论。维度模型和范式模型有以

---

① Ralph Kimball, Margy Ross. 数据仓库工具箱：维度建模的完全指南. 2 版. 谭明金译. 北京：电子工业出版社，2003.

下两个显著的差别：①目标不同。维度建模的设计目标是敏捷、高效地响应业务的分析需求。②范式要求不同。维度建模的数据表设计不必严格遵守范式要求，尤其是第三范式的要求。简而言之，维度建模是为快速分析和高效决策而生的，在适当的时候为了达到高效和敏捷的要求，可以牺牲一定的规范性。

维度建模的基本要素包含事实表和维度表。事实表主要用于对分析主题的度量，一般用于记录和度量行为或事件（如记录和度量购买行为、报警事件等）。每发生一次购买行为或报警事件，事实表就会相应地增加一条数据。维度表记录对分析主题的描述信息（如客户的年龄、性别、地域等）。

举例说明：张三在 2020 年 12 月 20 日购买了一份长期重疾险，保险方为×××公司，出单机构为该公司某分公司下属的某支公司，缴费方式为期缴，缴费年限为 25 年，保额为 80 万元，每年的缴费金额为 5000 元，投保人为张三，被保险人为张三，受益人为张三的夫人李丽。该保单的起保日期为 2020 年 12 月 24 日。分析该示例，事实表是对一次购买行为的度量，该表包含订单的主键、订单的度量（比如，金额 5000 元）和一些维度表的主键 ID（比如，投保人 ID、商品 ID、具体的出单机构 ID 等）。这些 ID 能分别对应维度表中的一条记录。事实表的度量一般是数据，如缴费金额为 5000 元、缴费年限为 25 年。维度表包含对客户、商品、时间、出单机构等的描述信息。每个维度表包含某个主题维度的主键 ID 和描述性维度（比如，性别、年龄、地域、时间等）。维度表的主键 ID 可以作为与之关联的事实表的外键。

另外，由于事实表记录的是分析主题的度量，其记录行数会显著增加。事实表的行数一般很多，列数较少。维度表一般行数有限，行数增速较慢，而维度比较丰富。

维度建模主要用 3 种建模方式实现维度表和事实表的融合，分别是星型建模、雪花建模和星座建模。

（1）**星型建模**。星型建模具有以下特征：①一个事实表可以与多个维度表进行关联，多个维度表之间围绕事实表呈现星型展开。②维度表之间不可关联。图 4-4 为星型建模示意图，5 个维度表围绕一个事实表展开，并通过事实表的外键与相应的维度表进行关联。

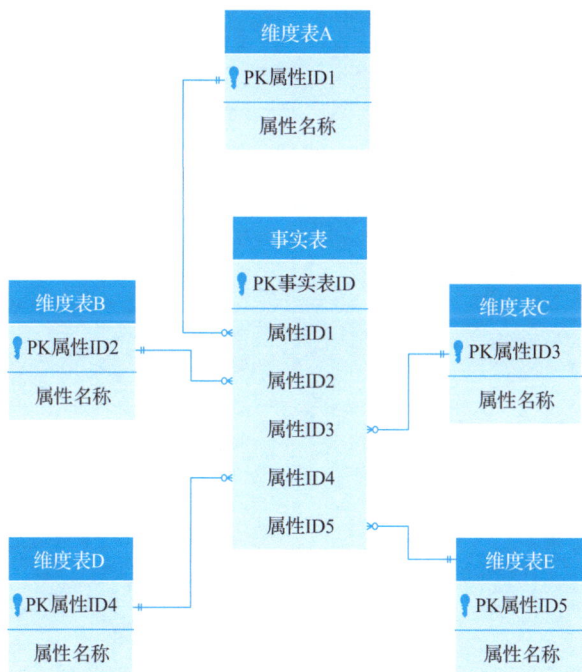

图 4-4　星型建模示意图

（2）**雪花建模**。雪花建模与星型建模的主要差异在于当维度太多时，为了达到范式要求，雪花建模允许将维度表拆解为多个子维度表，通过外键进行关联。图 4-5 为雪花建模示意图。在星型建模的基础上，维度表 A 被拆解为 F 和 G 两个维度表。事实表要想获得维度表 F 和维度表 G 中的维度，就需要通过维度表 A 分别与维度表 F 和维度表 G 产生关联。

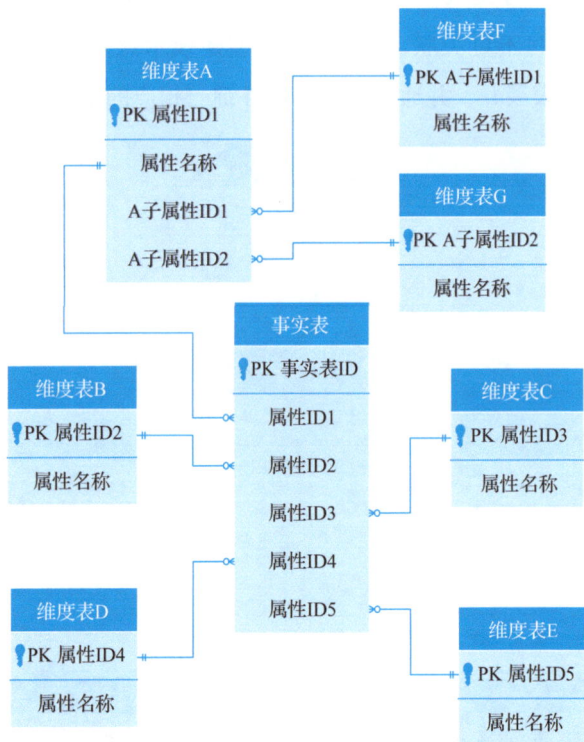

图 4-5　雪花建模示意图

（3）**星座建模**。星座建模打破了多个维度表围绕单个事实表的形式，允许出现多个事实表和多个维度表。从实际业务出发，维度空间中的事实表不止一个，维度表同样可以被多个事实表共用。这么做的好处是避免了大量的数据冗余，提高了数据一致性，同时减少了表之间的关联次数，提高了计算的效率。图 4-6 为星座建模示意图。除了自身独特的维度表，事实表 A 和事实表 B 共用维度表 D 和维度表 E。

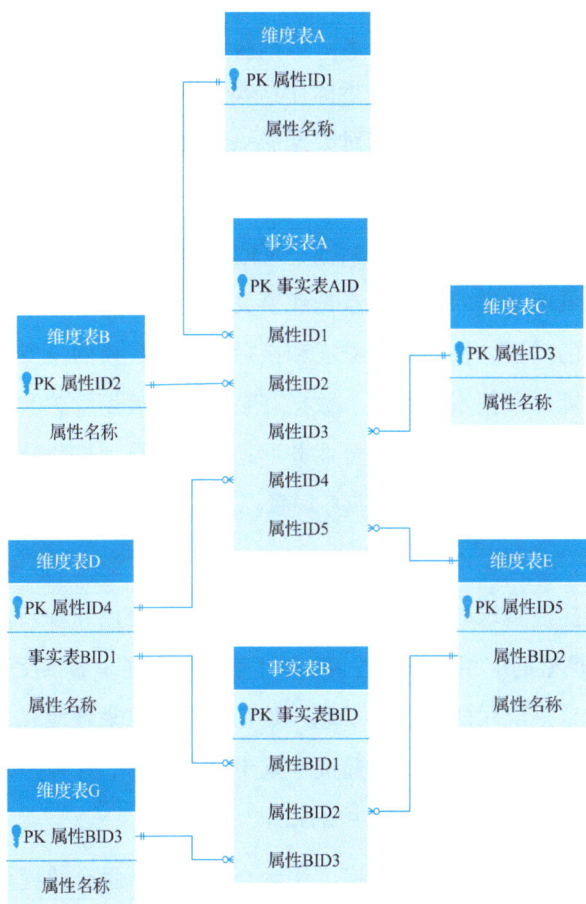

图 4-6　星座建模示意图

3）两种建模方法的比较

范式建模和维度建模都是数据仓库经典的建模方法。范式建模的核心优点是建模方法遵循第三范式，数据冗余度低，且能有效保证模型的数据一致性。范式建模的缺点是启动周期长，建模要求高，需要精通业务细节，并从业务中抽象出核心的主题和关系，灵活度不高。另外，由于范式的要求，范式建模无法实现退维操作，有时候需要做大量的关联操作，指标计算效率不高。整体而言，范式建模更适合稳定的业务场景和对数据的一致性要求特别高的情况，如银行、保险等金融场景。

维度建模的核心特点是牺牲一定的数据一致性，提升指标的计算效率。维度建模的核心优点是建模灵活度高，高效、敏捷响应分析和决策的需要，快速获得维度和指标。维度建模的主要缺点是存在一定程度的数据不一致性、数据冗余度高、后期维护和管理成本高。因此，维度建模更加适合业务形态可变、快速迭代且对敏捷性要求较高的场景，如互联网业务场景。

目前，在实际应用中，维度建模越来越被广泛应用，尤其是在一些对敏捷性要求较高的互联网"大厂"中被使用和普及。整体而言，维度模型的应用越来越普遍。除了表4-1中列举的维度建模的特点，其被普遍应用的一个主要原因是存储设备越来越便宜，与响应效率的提升相比，增加的存储成本是十分有限的。这也是维度模型目前被应用得越来越广泛的主要原因之一。

此外，逐渐出现两种建模方法融合的趋势。融合建模借鉴彼此的优势，详尽梳理出业务的核心主题，围绕各个主题和关系构建相应的事实表和维度表，在满足核心指标敏捷响应业务需求的前提下，尽可能满足范式的要求，提高数据的一致性，降低后期数据模型的管理和维护压力。范式建模、维度建模和融合建模的特点比较见表 4-1。

表 4-1　范式建模、维度建模和融合建模的特点比较

特点	范式建模	维度建模	融合建模
数据一致性	高	低	中
数据冗余度	低	高	中
项目投产周期	长	短	中
对建模团队的要求	高	中	中
后期运维难度	低	高	中
模型敏捷度	低	高	中
行业的应用情况	在金融行业中较多	在互联网行业中较多	在互联网行业中较多
组成要素	主题、实体和关系	维度表、事实表	主题、实体、关系、维度表、事实表
适合的业务场景	稳定	迭代快	迭代快

2. 数据模型分层框架

在确定了建模方法后，下一步就是明确数据模型分层框架。统一数据模型经过多年的发展，基于业务需求的差异，目前已经产生了很多分层框架，最典型的是 7 层分层框架，如图 4-7 所示。

1）ODS 层

这一层的逻辑很简单，将业务数据抽取出来存放到数据仓库，不做任何数据清洗和预处理操作，让数据保持和业务数据完全一致。由于 ODS 层几乎集合了企业所有的数据，因此该层需要注意数据安

全，特别是客户的姓名、身份证号、手机号等要素数据。从数据安全角度考虑，ODS 层的数据权限一般需要有严格的管控要求，只让少数人有权限读取和操作 ODS 层的数据，并做到数据留痕。很多企业有专门的团队负责 ODS 层，并进行严格的数据安全管控。

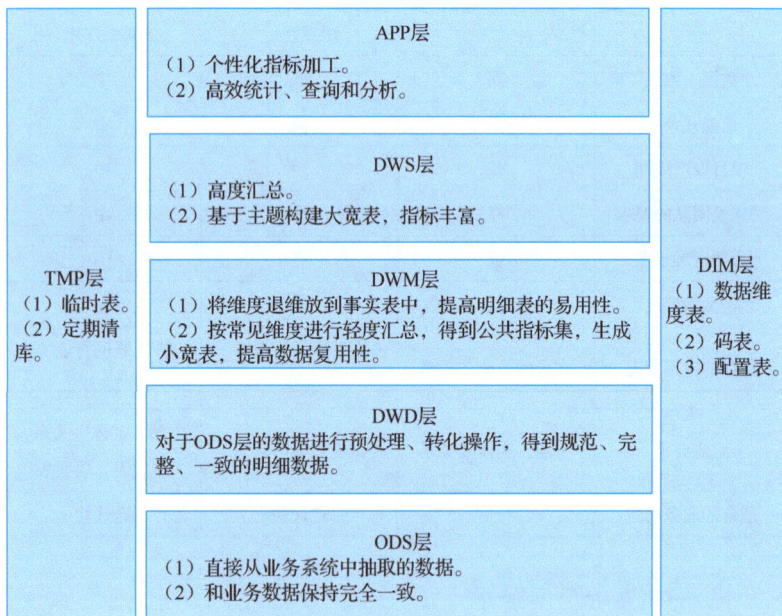

	APP层 （1）个性化指标加工。 （2）高效统计、查询和分析。	
TMP层 （1）临时表。 （2）定期清库。	DWS层 （1）高度汇总。 （2）基于主题构建大宽表，指标丰富。	DIM层 （1）数据维度表。 （2）码表。 （3）配置表。
	DWM层 （1）将维度退维放到事实表中，提高明细表的易用性。 （2）按常见维度进行轻度汇总，得到公共指标集，生成小宽表，提高数据复用性。	
	DWD层 对于ODS层的数据进行预处理、转化操作，得到规范、完整、一致的明细数据。	
	ODS层 （1）直接从业务系统中抽取的数据。 （2）和业务数据保持完全一致。	

图 4-7　数据模型分层框架

2）DWD 层

ODS 层一般会存在很多脏数据或者异常数据，它们会影响数据价值的实现。DWD 层的主要工作是对 ODS 层的数据进行一系列的数据预处理和转化操作，得到规范、完整、一致的明细数据。常见的数据预处理操作包括异常值处理、缺失字段处理、格式转化、乱码处理、错误数据处理、数据规范化、数据变换、数据分箱、数据加密、字段衍生等。比如，年龄为负值、日期格式的统一、中文乱码的处理等。此外，需要对 DWD 层关键的隐私数据进行加密处理，如客户的身份证号和手机号。

3）DWM 层

由于 DWD 层基于主题的明细表特别多，如果需要计算某个指标，那么可能需要关联多张明细表，效率较低。现在的存储介质较为便宜，而实际应用对查询和计算效率要求较高，有时候为了提高 DWM 层数据的易用性和 DWS 层数据的处理效率，可以适当地将常用的维度进行退维，适当地增加数据冗余度，利用空间换时间，将维度退维放到事实表中，提高对事实表进行过滤和查询的效率。以保险交易场景为例，可以将出单机构维度、投保角色退维到保险交易事实表中。在退维前要得到出单机构的信息、保单投保人和被保险人的相关信息，需要将保险交易事实表和保险角色表、出单机构表进行关联。在退维后，将这些保单常用的信息直接退维到保单交易事实表中，可以大大地提高数据使用效率，如图 4-8 所示。

另外，为了提高 DWS 层的聚合操作效率，在 DWM 层会对主题做一些轻度的汇总，也可能会跨主题进行关联，抽取公共指标集，生成一些小的宽表。这样，在 DWS 层只需要基于主题连接几个小宽表即可获得大宽表，大大地提高指标计算效率。

4）DWS 层

DWS 层基于主题进行高度汇总，抽象业务需求，获得基于主题的大宽表。大宽表包含丰富的指标和多个时间维度。比如，在保险行业，可以汇总出标的、投保人、被保险人、客户、渠道、订单、

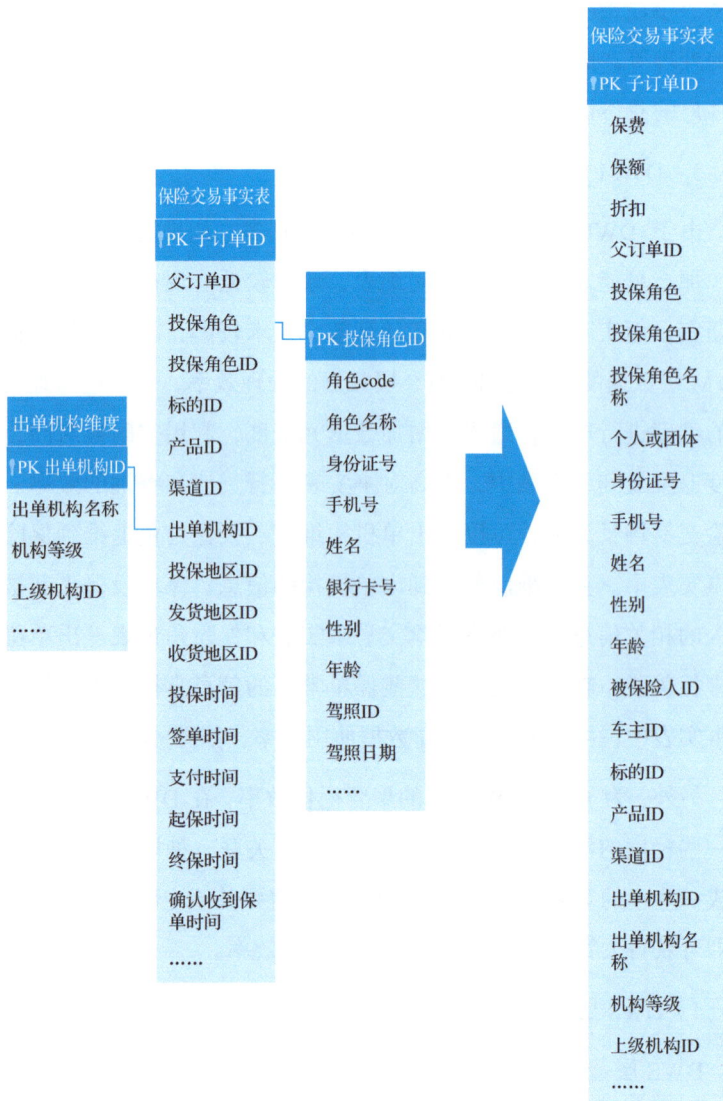

图 4-8　保险交易事实表退维示意图

产品、协议、机构等主题大宽表。这些大宽表可以高效地支持数据分析、数据查询和数据挖掘等功能。

这一层也包含大量的抽象操作，基于对业务的理解将后续可能需要处理的维度抽象出来，便于后续查询使用。

5）APP 层

这一层基于业务的需求驱动，根据业务的需求确定维度和指标，主要用于加工业务需要的个性化指标以满足数据应用和专题分析的需求。常用的是基于不同的时间粒度进行聚合生成事实表和汇总表，主要用于 BI 展示和 OLAP。

6）DIM 层

DIM 层主要存储数据仓库公用的数据维度表、码表和配置表。比如，用户信息表、产品信息表、机构码表、渠道维度配置表等。

7）TMP 层

在数据建模过程中，为了让程序更加简洁和清晰，需要构建大量的临时表。为了加强临时表的管理，可以把这些临时表放到 TMP 层进行统一管理。该层主要用于存储数据仓库的临时表和临时数据。可以为这些表设置一定的生命周期，定期自动进行删除以释放存储资源。

4.4　对维度建模进一步探索

理解维度建模的最佳路径是通过案例了解模型的原理和建模步骤。本节将通过一个保险的案例介绍维度建模的方法。

4.4.1 维度建模设计过程

根据拉尔夫·金博尔对维度建模的阐述，维度建模设计主要分为以下 4 个步骤：梳理业务流程、定义事实表的粒度、确定事实表的维度、确定事实表的度量。在此基础上，笔者增加了退维的步骤，将维度建模的流程分为 5 步，如图 4-9 所示。

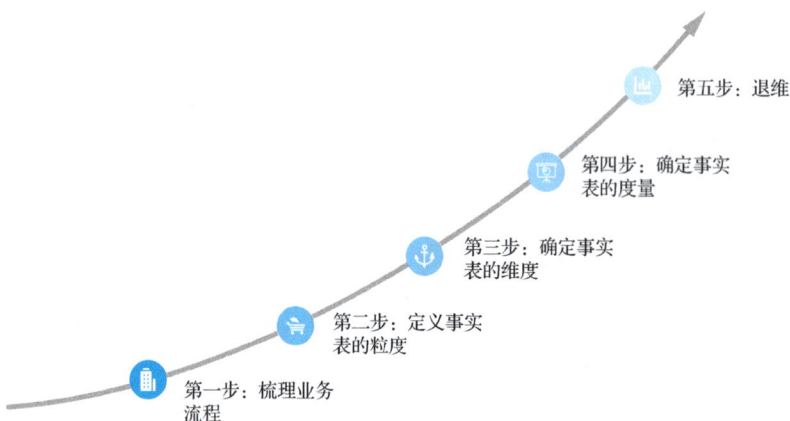

第五步：退维

第四步：确定事实表的度量

第三步：确定事实表的维度

第二步：定义事实表的粒度

第一步：梳理业务流程

图 4-9　维度建模 5 步法

1. 梳理业务流程

我们要梳理业务流程，确定关键节点，明确核心实体、事件和关系。以保险承保流程为例，业务流程主要包含产品开发、用户投保、生成订单、生成保单、支付、开票、发送保单、结算、批改、退保等关键节点。对于这部分工作，我们需要和业务专家一起详细调研业务的需求，梳理出业务的主要流程和关键节点，然后基于每个关键节点，明确主要的实体、事件和关系。以用户投保节点为例，主要包含的实体有客户（投保人、被保险人、受益人等）、出单保险公司、投保页面填写的内容等，事件主要是客户填写投保页面的内容，关系有投保人、被保险人、受益人、客户和保险公司的关系等。

2. 定义事实表的粒度

在确定了业务流程和关键节点后，我们就需要根据每个关键节点确定事实表的粒度。事实表的粒度是指对事实表内容的描述和度量的粒度，简而言之，就是如何描述事实表的一行数据。以生成订单环节为例，其中的一个核心事实表是订单。订单事实表的单行数据可以是每一次投保行为，也可以是每一次有效的投保行为（即生成了保单号）等。在熟悉业务的基础上，我们要和业务专家一起先预确定事实表的粒度，然后再和他们一起核对，最终明确不同事实表的粒度。

3. 确定事实表的维度

确定事实表的内容和粒度是比较复杂的环节。维度的确定相对简单，且维度是可以扩展的。维度是对事实表单行内容的描述性信息，常见的内容描述维度有时间、产品、地域、供给侧、客户、事件类型（如是否促销、是否续保）等。

在确定了维度后，业务部门可以基于不同维度对事实表进行多维分析。需要基于订单事实表进行以下维度的多维分析：统计不同时间粒度、不同地域、不同客户类型、不同品类的订单量。

4. 确定事实表的度量

我们要根据对业务需求的理解，梳理出事实表的度量。在事实表的度量确定过程中，我们首先需要明确所需要的度量的类型，然后根据不同的类型确定所需要的具体的度量。度量有很多类型，如固定的、可加的、不可加的、需要复杂计算得到的。相对固定的度量有成本、价格、佣金率等。需要进行复杂计算才能得到的度量有利润率、保险的综合成本率等。可加的度量意味着当事实表和维度表关联时，该度量可以进行累加求和。而对于不可加的度量，无法进行多维累加求和计算，否则会出现指标计算错误。

以订单为例，常见的度量为成本、佣金率、销售单价、销售数量和销售金额等。其中，成本、销售数量和销售金额是可加的，这些度量支持多维累加求和（如统计全国的销售数量和销售金额），而销售单价和佣金率是不可加的，因此无法通过多维累加求和的方式计算全国的销售单价和佣金率。

5. 退维

在确定订单事实表的维度时，维度包含了客户维度、产品维度、渠道维度、机构维度等。拉尔夫·金博尔的维度建模理论建议在事实表中只保存这些维度表的外键。这样做的好处是结构比较清晰、冗余度较低、节省存储成本。

但是存储介质较为便宜，而实际应用对查询和计算效率要求较高，笔者建议可以适当地将常用的维度进行退维，将其放到事实表中，这样就避免了过多的关联操作，有效地提高了对事实表的查询和分析效率。

4.4.2 维度建模示例

在参考维度建模的设计流程，针对不同业务流程的关键节点确定了事实表和维度表后，我们就可以通过关联事实表和维度表支持业务的多维分析与深度决策的需求。维度表提供了动态分析的标签（比如，年、月、出单保险公司、产品类别等），订单数量、订单额

（单位为元）等计算指标则来自事实表，以图 4-10 为例，通过维度表和事实表的融合，我们最终可以实现多维分析。

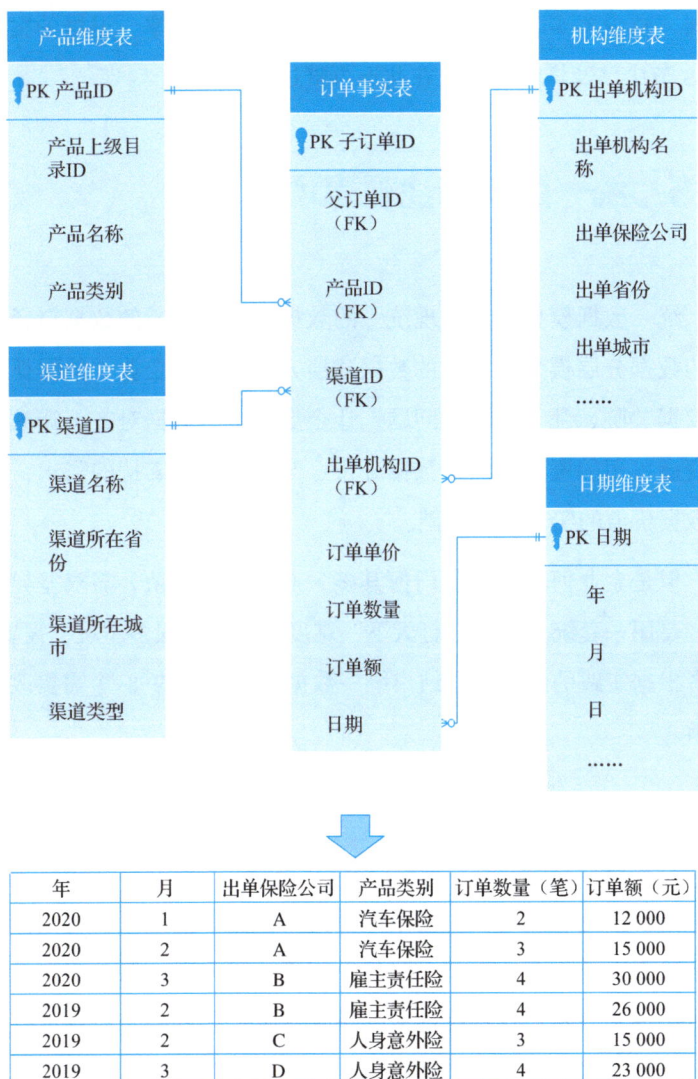

图 4-10　维度表和事实表的融合示例

年	月	出单保险公司	产品类别	订单数量（笔）	订单额（元）
2020	1	A	汽车保险	2	12 000
2020	2	A	汽车保险	3	15 000
2020	3	B	雇主责任险	4	30 000
2019	2	B	雇主责任险	4	26 000
2019	2	C	人身意外险	3	15 000
2019	3	D	人身意外险	4	23 000

另外，有时候为了提高指标计算的效率，我们还需要进行退维操作。比如，把产品、渠道维度退化到订单事实表中，利用空间换时间，减少事实表和维度表的关联操作，提高效率。退维的案例在4.3.3 节中已经详细阐述，在此不再赘述。

4.5　统一建模的注意事项

统一数据模型通过实现统一的数据标准、统一的数据口径、统一的数据分层模型、统一的数据建模方法来解决企业"数据孤岛"和数据"脏、乱、差"的问题，让企业上下的数据对齐，让数据真正变成可用的资产，满足数据分析、洞察和决策支持的需求，为前端数据价值的实现夯实基础。

但是企业何其大，部门何其多，业务何其复杂，需求差异何其大。要用一套统一模型"打天下"难度很大，有很多"坑"需要填。笔者根据实践的经验，总结出统一数据模型落地的 8 个需要改善的事项。

4.5.1　数据标准化只停留在数据部门

很多企业设置了专门的数据部门，数据部门的标准化工作从整体上来看有条不紊地进行，虽然不完善、不完美，但是至少已有标准可供参考，不过这些标准只停留在数据部门内部，或者没有在上游的开发部门执行，或者数据部门和开发部门没有对齐数据标准，或者开发部门没有相关的数据标准。这会导致哪些问题呢？据统计，约 2/3 的数据质量问题和数据批处理故障由前端开发部门缺乏统一的数据标准导致。常见的问题有数据乱码、数据异常、数据库字段发生变更、不同的表有相同的字段且数据不一致、表的权限随意变更、账号随意变更等。

如何有效地解决这些问题呢？关键方法是让开发部门和数据部门对齐数据标准，并建立奖惩机制，让标准和规则能严格执行，同时还需要建立数据质量监控体系，以便在事前发现问题并及时解决问题。如果有标准却执行不到位，那么标准如同虚设。如果只强调执行却无奖惩制度，那么执行会大打折扣。如果有奖惩却无监控体系，出现问题事后解决，那么像无头苍蝇无方向感，效率不高，效果也不好。解决了这些问题，意味着夯实了统一数据模型的标准基础，大大地提升了数据来源的质量，让统一数据模型的建设和落地没有后顾之忧。

4.5.2　缺少元数据管理支持

元数据打通了各个数据系统，记录了数据全生命周期的完整历程，主要包含各个数据库表的详情信息（比如，行、列、分区、依赖关系、血缘关系、关联关系等）、统一数据模型定义、数据全生命周期信息和血缘关系、任务调度全流程信息等。缺少元数据管理工具，相当于企业数据资产管理缺少了数据表的视图、数据释义、数据溯源、清晰的血缘关系、调度流程记录、数据应用字典、操作指南。这不仅让企业无法进行数据的溯源和血缘关系分析，而且如果某个数据出现问题，那么企业无法快速、高效地定位数据问题。同时，这让企业无法有效地监控各个数据任务的调度过程，让任务的执行和运维没有保障。

4.5.3　监控体系缺失

虽然知道数据问题的存在，但是很多企业在理念上不够重视，甚至漠视，觉得出现数据问题是小概率事件，缺乏有效的数据质量监控体系，不能提前发现数据质量问题并进行有效预警。要想提高数据质量，就需要构建全面的数据质量监控体系，为企业的数据质量构建"防洪堤"。笔者建议监控体系最好分为以下两层。

第一层是业务数据层面。企业要提前感知数据源头的质量问题，不要让脏数据进入下一个环节。

第二层是数据仓库层面。

只有两层都有，并做好沟通和协同，监控体系才能发挥最大的价值。

4.5.4　事实表的设计注意事项

在事实表的设计过程中，存在以下注意事项。

（1）尽可能包含所有与业务过程相关的事实，且在事实表中，应该只选择与业务过程相关的事实，而非任意增加事实。

（2）在同一个事实表中，事实的粒度和度量单位应该保持一致。

（3）对每种不同的事实或者不同的度量粒度都需要设计相应的

事实表。

（4）不同的事实表的事实尽量不同名。

（5）不可加的事实无法进行多维累加求和，应该把不可加的事实分解为可加的事实。

4.5.5　维度爆炸

前面提到了维度建模的方法论，维度反映对事实表的描述信息。在维度建模的过程中，需要防止维度爆炸。何谓维度爆炸？即对事实表的维度缺乏合理的设计，任意扩展维度会导致维度太多，在多维分析的时候要获得某些维度的指标就需要关联过多的表，这使得计算和查询的效率大大降低。

在保险业务中，客户有很多角色。例如，投保人、被保险人、受益人等。如果为每个角色都设计一个维度，那么会造成维度比较多，业务复杂性增加。如果将这些维度设计成一个维度，通过新增一个角色来描述不同的角色，将这几个维度进行合理合并，那么可以解决维度过度的问题。

总之，维度不是越多越好，要合理设计维度表，让维度表更加精炼。

4.5.6　对维度过度退化

前面提到对维度缺乏设计，任意扩展会造成维度爆炸。另一个极端是对维度过度退化，将维度表过度退化到事实表中，如数据模型的各个层级的形式都是大宽表。对维度过度退化会造成以下问题：①造成事实表庞大和冗余。②违背范式规则，降低数据的一致性。③灵活性降低。

在实际应用中，退维操作大部分集中在 DWS 层的大宽表中，而在 DWM 层中一些不常用或者业务稳定的分析维度可以适度退化到事实表中。

4.5.7 缓慢变化维

维度的属性并不是静态的，有些维度会随时间发生变化，这种现象被称为缓慢变化维（Slowly Changing Dimension, SCD）。比如，客户保险在保状况（新客、续保客户、流失客户等）、客户风险评级、客户的理赔进展等维度会随着时间发生变化。

如何处理 SCD 问题呢？一般有以下 4 种方法。

方法一：保留原始值。比如，在信用评分场景中，可以用该方法保留客户的原始信用评分的值。

方法二：覆盖原始值。这样处理，易于实现，但是未保留历史数据。

方法三：增加新行。维度每次有变化就增加一行，通过外键和事实表关联，一般通过拉链法解决。

方法四：增加新的属性列。使用新列存储历史维度，使用最新的值覆盖原来的维度。其特点是保留了当前和最近一次维度的状态。

在实际场景中，根据业务的需求，后面 3 种方法应用得较多，尤其是方法三。

4.5.8　大表的抽取

在数据仓库的数据模型设计过程中，我们经常会遇到大表的数据抽取问题。比如，用户表大约有 5 亿条记录、150 个字段，数据量超过 100GB。表中的部分字段会进行更新，如客户的联系方式、职业等。用户表的特征是行数有限，列数较多，列相对稳定。

又如，订单表大约有 50 亿条记录、50 个字段。表中的部分字段会进行更新，如订单状态等。订单表的特征是行数很多，列数较少，列相对稳定。

那么对于这种大表该如何取数？一般有以下 3 种方法。

方法一：每天只留最新的一份，如我们每天用 Sqoop 抽取最新的一份全量数据，将其放到 Hive 中。这种方法的优点是实现简单，缺点是数据量大、全量数据抽取时间长，且没有记录历史数据。

方法二：每天保留一份全量的切片数据快照。这种方法的优点是保留了历史数据，缺点是存储空间占用太大，如果每天都保留一份全量数据，那么将会导致存储爆炸。我们一般会选择保存周期为 3 个月的全量数据。

方法三：使用拉链表技术。拉链表在空间上做了一次取舍，既能获取最新的数据，也能保留历史的数据。当然，如果存储的历史数据周期很长，那么拉链表也会出现数据膨胀。为了提高效率，除了增加时间索引和优化查询引擎，一般会选择舍弃时间维度上较早的数据。

在实际应用中，如果业务数据量不大，那么使用方法二是最简单明了的，如果数据量很大，那么方法三是最高效的。

4.6 总结

要想让数据实现价值，那么要做到以下两点：①要建设数据标准化体系，实现数据的标准化，解决数据的二义性问题。②要构建统一的数据模型，让数据结构更加清晰，让数据更加易用。

构建统一数据模型在数据价值的实现中起到承上启下的作用。如果数据模型没有做好，那么不仅数据价值的实现比较低效，还会产生很多数据质量问题，从而影响数据的公信力。针对第一点，本章提出的数据资产管理框架可以有效地指导数据标准化和数据资产管理工作，为数据应用和数据价值实现提供一致、干净、丰富、可用和易用的数据资产，使得数据价值的实现更加规模化、更加高效。针对第二点，本章详细介绍了构建统一数据模型的方法论和数据模型的分层框架，并配合案例进行解释说明，同时阐述了数据建模过程中需要重点关注的事项。

5

数据计算平台：让数据"飞"起来

随着数据量的增加，计算的效率逐渐降低。要让数据"飞"起来，就需要更快、更稳定的计算平台和查询引擎。另外，传统的数据应用大部分基于离线数据，但随着平台计算效率的显著提高，实时数据的应用逐渐成为可能。此外，算法的计算复杂度也显著提高，如深度学习算法的计算复杂度远高于传统的算法（如逻辑回归和支持向量机）。基于这些需求，本章重点介绍数据计算平台如何有效地支持数据"飞"起来。

5.1　计算平台的应用场景

要让数据"飞"起来，就需要有强大的数据获取和计算能力。传统的离线计算场景重点专注于离线批处理计算和探索性分析。DT时代对计算平台的要求更高，具体体现在更快的计算速度、更低的时延、更高的并发、更实时的计算能力。笔者总结了DT时代计算平台的7大应用场景，如图 5-1 所示。

批处理应用得最广，主要用于对时延要求不高的离线计算场景。常见的离线数据仓库主要采用的是批处理计算。

实时计算重点解决离线计算时延高的问题，通过消息队列对实时数据流进行缓存，然后通过流式计算引擎对数据流进行实时计算，之后将结果指标存放到高速的查询引擎中，从而达到秒级甚至毫秒级别的反馈。目前，行业类实时数据仓库主要采用的是流式计算引擎。

从海量的数据中快速找到符合条件（包含复杂的条件）的数据

是常见的大数据应用场景，实时查询、海量日志和信息检索就可以解决这个问题。比如，需要从海量的保单中找到投保人的年龄范围在 18～40 岁、近 2 年平均满期赔付率低于 60%的客户。

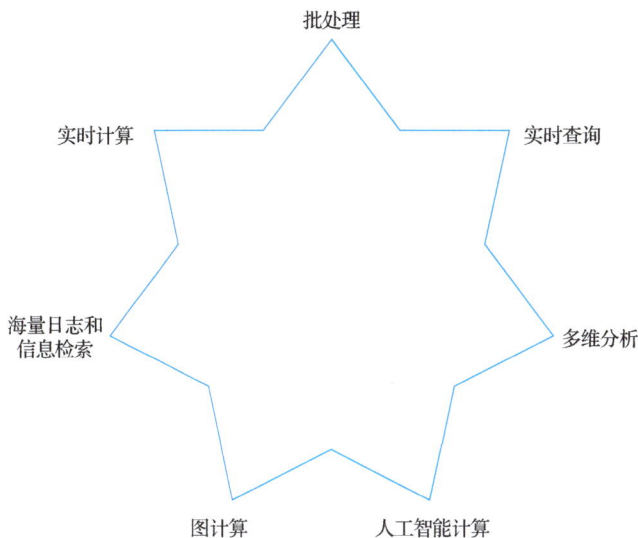

图 5-1　DT 时代计算平台的 7 大应用场景

多维分析也是常见的大数据应用场景。目前，很多企业已经实现了多维分析和取数自助化。通过探索性的自助分析，业务部门可以自助解决业务需要的数据和分析洞察的需求，解决临时取数的问题，提高数据应用和决策效率。自助多维分析主要有以下两种实现方式：一种是预计算方式，另一种是 ad_hoc 的计算方式。在后面的章节中会详细介绍这两种方式。

随着数据量和数据维度极大增加，数据之间的关系越来越复杂、越来越呈现网络化趋势。针对网络关系的应用场景（比如，搜索引擎、社交网络分析、反欺诈等），传统的计算模型效率不高。图计算框架专门解决复杂网络关系的算法计算问题，且搭配可视化工具，能够更清晰地呈现数据之间的复杂网络关系。

另一个复杂的计算平台应用场景是人工智能计算。众所周知，人工智能算法的计算复杂度高、迭代次数多、占用内存多、耗时长。其优点是算法的精度高、应用效果好。人工智能计算框架专门解决人工智能算法快速应用的问题，大幅度提升人工智能应用的便捷性和算法效率，让人工智能应用更加普及，能够"飞入寻常百姓家"。下面详细介绍上述 7 大应用场景。

5.2 应用场景一：批处理

5.2.1 批处理计算引擎介绍

2003 年，杰夫·迪恩（Jeff Dean）和桑贾伊·马沃特（Sanjay Ghemawat）通过一篇论文首次提出了 MapReduce（MR）计算逻辑，从此为大规模数据处理打开了一扇方便之门。批处理计算主要用于处理海量数据，对延时要求不高的场景。目前，最知名的批处理计算框架是 Hadoop 和 Spark 框架。

MR 引擎内核采用分而治之的哲学方法，将复杂的计算过程拆解进行分布式计算，最终获得计算结果。MR 的计算过程主要有 10 步，其示意图如图 5-2 所示。

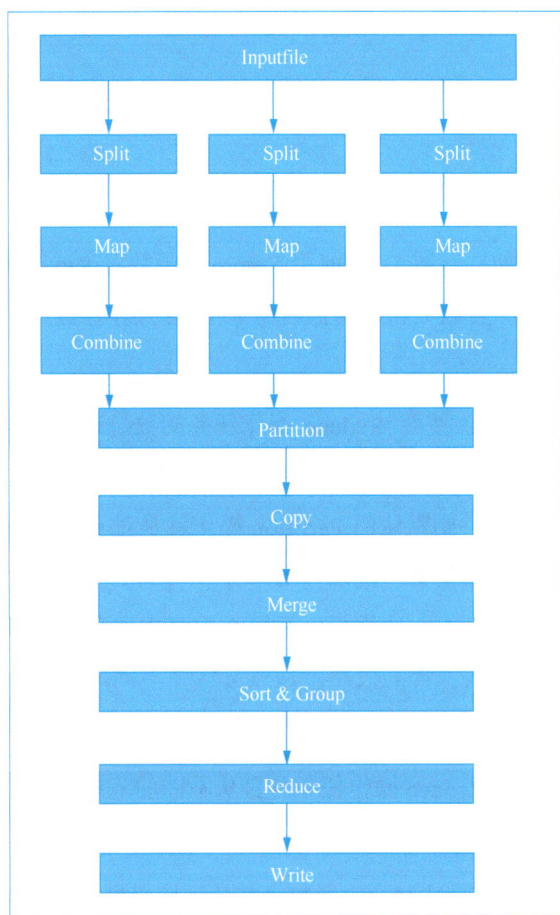

图 5-2 MR 的计算过程

（1）Inputfile。将 HDFS 文件转化为输入文件的格式（Inputfile Format）。

（2）Split。将输入的数据集拆分为多个子数据集（分片），每个分片的行数据都会由一个 Map 自定义函数（比如计数函数）进行

129

计算。

（3）Map。Map 函数把每个分片的行数据都转化为 Key-Value 对数据。

（4）Combine。对分片内相同的 Key 值通过 Combine 函数做自定义操作（比如，计数）。提前用 Combine 函数对 Key-Value 对数据进行算法操作，可以大大地降低后面 Reduce 操作任务的开销，提高效率。

（5）Partition。按照 Reduce 操作任务的数量进行分区，对每个 Combine 函数的输出文件进行分区操作。比如，用参数设置了 8 个 Reduce 操作任务，则默认的 Partition 操作就是对 Combine 函数输出的 Key 值进行哈希运算，然后对 8 取余，得到 8 个分区文件。分区文件一般要比内存小，这样可以直接在内存中对数据进行操作，减少系统读写的次数，提高效率。通过分区，不同的机器负责处理不同的数值范围，各尽其职，让效率最大化。

（6）Copy。Reduce 操作任务各自从不同的节点机器上取得新的 Key-Value 对数据。

（7）Merge。通过 Merge 函数合并从不同机器上取得的数据。

（8）Sort&Group。对合并后的数据进行排序操作，将 Key 值相同的数据排列在相邻位置。

（9）Reduce。通过 Reduce 操作任务执行自定义操作（比如，计数），产生新的 Key-Value 对数据作为输出结果。

（10）Write。将 Reduce 操作任务的输出结果按照需要的格式回写到磁盘中。

5.2.2 批处理计算引擎应用举例

最常见的海量数据批处理应用是计数和取前面 K 个数据（Top K）排序。下面以计数为例详细说明 MR 的计算过程，如图 5-3 所示。用一系列操作（Split、Map、Combine、Partition、Sort&Group、Reduce 等）完成对输入文件中单词的计数，然后用 Write 操作将计数结果写入 HDFS 文件中。

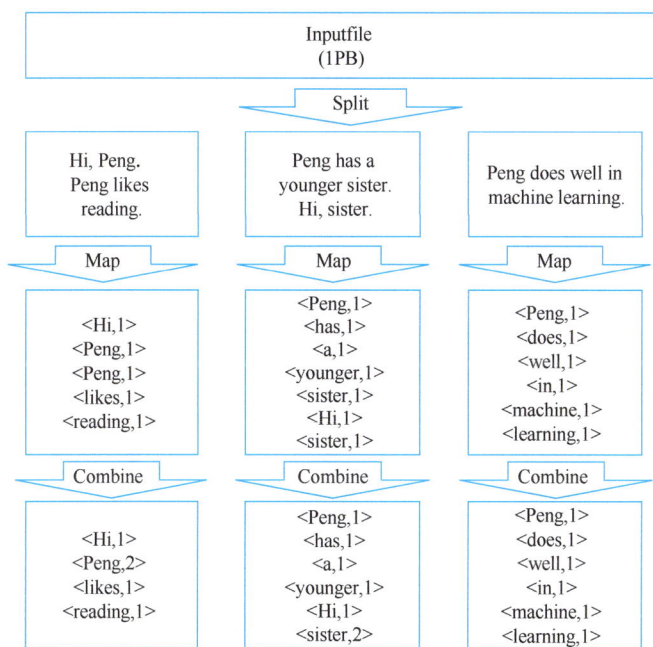

图 5-3　以计数为例详细说明 MR 的计算过程

131

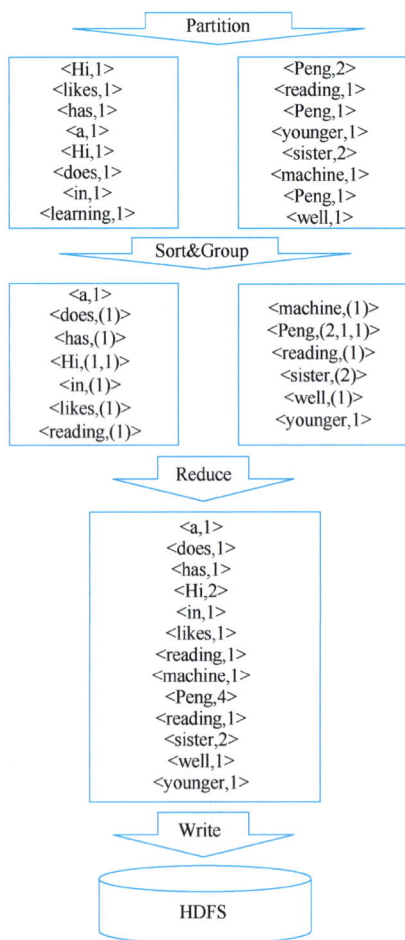

图 5-3 以计数为例详细说明 MR 的计算过程（续）

5.2.3 批处理计算总结

MR 采用分布式计算的原理，能有效地应用于海量数据非迭代类计算场景和关系网络复杂的计算场景，且计算稳定性较高，是目前大数据行业最常用的计算方式之一。基于 MR 延时较长的问题，行业学者和专家提出了其他优化的计算方法，通过引入内存计算的方式减少不必要的输入输出操作，如 Spark 的 Resiliennt Distributed Datasets（RDD）框架。

整体而言，与硬盘相比，内存的容量有限，且价格更贵，这注定了 MR 存在的必要性。另外，MR 引擎只是分布式计算引擎的一个代表，目前行业内很多优化的引擎大部分在 MR 引擎的基础上，引入了更多优化方法，提高了批处理计算的效率和稳定性，但底层的逻辑还是分布式计算逻辑。

5.3　应用场景二：实时计算

5.3.1　实时计算流程介绍

实时计算也是常见的计算场景。业务部门需要实时反馈某个商品被点击、浏览、收藏、购买、评价等数据，对时延的要求一般是秒级，甚至毫秒级。而批处理计算引擎一般需要几分钟或者几小时才能返回结果，显然无法满足该场景的计算需求。基于实时计算的需求，流式计算引擎应运而生。目前，应用得较多的流式计算引擎主要有 Spark、Storm 和 Flink。

典型的实时计算流程如图 5-4 所示，首先通过 Flume 实时采集数据，然后通过消息队列对采集的数据进行缓存，之后应用流式计算引擎实施计算，最后将计算的结果存储在高速的查询引擎中，以便后续高效地使用这些数据支持报表开发、多维分析或者数据挖掘等。

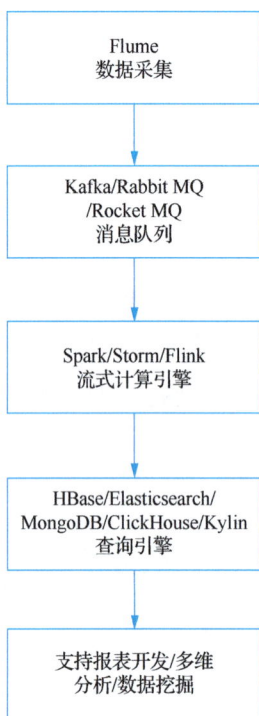

图 5-4 实时计算流程示意图

5.3.2 实时计算和离线计算如何高效共存

部分企业对实时计算和离线计算共存的需求十分迫切。大部分的报表和任务还是以离线计算为主，对实时要求较高的应用需要使用实时计算引擎。

最直观的想法是分别为离线计算和实时计算场景搭建计算平台，让两套平台共存。这就是常说的 Lambda 架构的处理方式，如图 5-5（1）所示。

一个企业如果维护两套独立的计算平台，那么成本较高，运维难度大，且两个平台的数据准确性和一致性难以保障。如何高效地解决两套计算引擎共存的问题？

Kappa 流批一体化架构和处理方式能有效地解决两者高效共存的问题，其架构示意图如图 5-5（2）所示。Kappa 架构的核心组件是消息队列、数据仓库、流批一体化计算引擎和高效的查询引擎。目前，最流行的流批一体化计算引擎是 Flink。

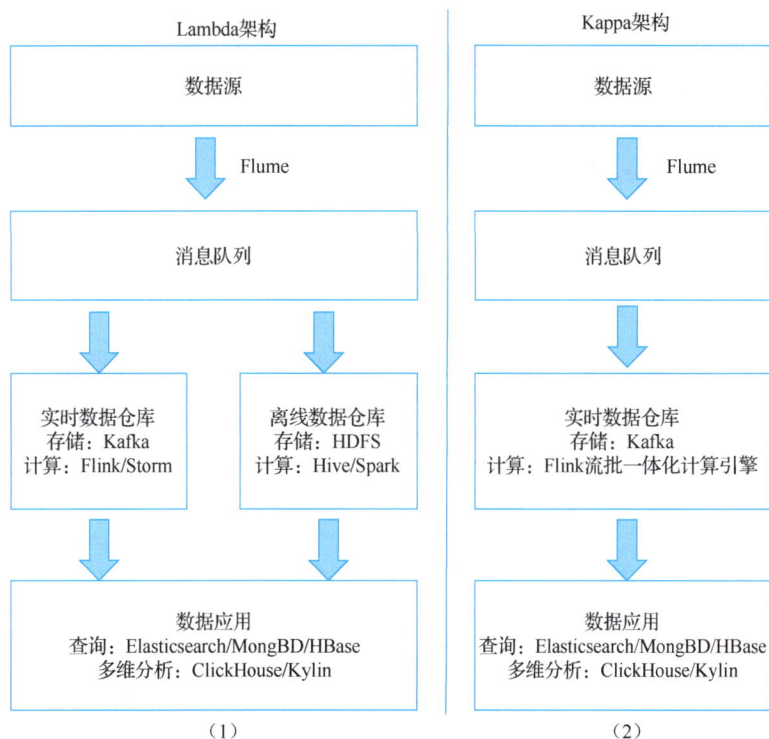

图 5-5　数据仓库 Lambda 和 Kappa 架构示意图

5.3.3 实时数据仓库

实时数据仓库与离线数据仓库最大的区别是通过使用消息队列、流批一体化计算引擎、查询引擎等工具让整个平台的计算和查询效率更高，以满足业务的实时需求。因此，实时数据仓库对计算能力要求更高。如果数据量短期陡然增加，那么要考虑实时数据仓库的性能和稳定性问题。相比之下，离线数据仓库对数据量的增加不太敏感，性能更加稳定。另外，从分层建模的角度来看，实时数据仓库的层级不宜太多，否则会增加响应的延时。

图 5-6 是笔者曾经使用的基于流批一体化计算引擎 Flink 的实时数据仓库的分层框架和技术选型。

图 5-6 实时数据仓库结构示意图

1. ODS层

从数据源中抽取贴源数据并将其存储在 Kafka 中，构成了实时数据仓库的 ODS 层。

2. DWD层

通过实时订阅 Kafka 中的流式业务数据，利用 Flink 计算引擎进行 ETL、清洗、聚合、多表关联等操作，得到实时的明细数据，并将其存储在 Kafka 中。

3. DWS层

通过 Flink 计算引擎对 DWD 层的明细数据进行聚合和汇总操作，得到 DWS 层。基于业务差异化的需求，DWS 层分为轻度汇总层和高度汇总层。轻度汇总层的主要用途是支持 APP 层的应用需求。高度汇总层的主要用途是满足业务对统计数据的高效查询需求，如实时大屏、数据产品等。

4. APP层

基于业务的差异化需求，轻度汇总层会采用不同的存储介质。比如，OLAP 需求一般存储在 ClickHouse 或者 Kylin 中。查询需求一般存储在 Elasticsearch、HBase 或 MongoDB 中。高度汇总层的数据量一般较小，为了满足高效的查询需求，数据一般存储在高速查询的介质中，如 MySQL 和 HBase 中。如果数据量更小，那么数据可以存储在内存数据库 Redis 中，以便进一步提高查询效率。

APP 层是数据应用层，基于下面各层的数据开发各种应用，如 BI、多维分析、及时查询、数据检索、定价、反欺诈等。

5. DIM层

DIM 层的主要存储引擎是 MySQL、Redis 和 HBase。在数据量比较小的情况下，可以使用内存数据库，效率更高。HBase 能有效地支持添加（Append）操作，查询结果以秒级别返回。对于维度多变的场景，可以有限地使用 HBase 存储。

5.3.4 流式计算实时统计 GMV 示例

实时大屏统计并展示业务关键指标是常见的数据应用，如实时展示不同时间粒度的成交总额（Gross Merchandise Volume，GMV）、独立访客（Unique Visitor，UV）、页面访问量（Page View，PV）等指标。当数据量极大时，离线计算无法满足计算时效的要求。下面通过实时数据仓库技术介绍几个实时指标的计算任务。

（1）统计每天不同险种的 GMV。

（2）统计每天的 GMV。

（3）每秒更新一次数据。

（4）实时大屏展示。

该示例的详细处理流程如图 5-7 所示。首先，通过 Flume 把订单事实表抽取到 Kafka 中，将其作为实时数据仓库的 ODS 层。然后，对 ODS 层的数据通过 Flink SQL 语句进行清洗和标准化等操作，生成 DWD 层，并将订单事实表存储在 Kafka 中。险种维度表存储在 MySQL 中。由于应用场景是实时大屏，为了提高效率，直接在 DWD 层进行计算。Kafka 实时消费 DWD 层业务数据，然后通过 Flink 计算引擎进行计算。

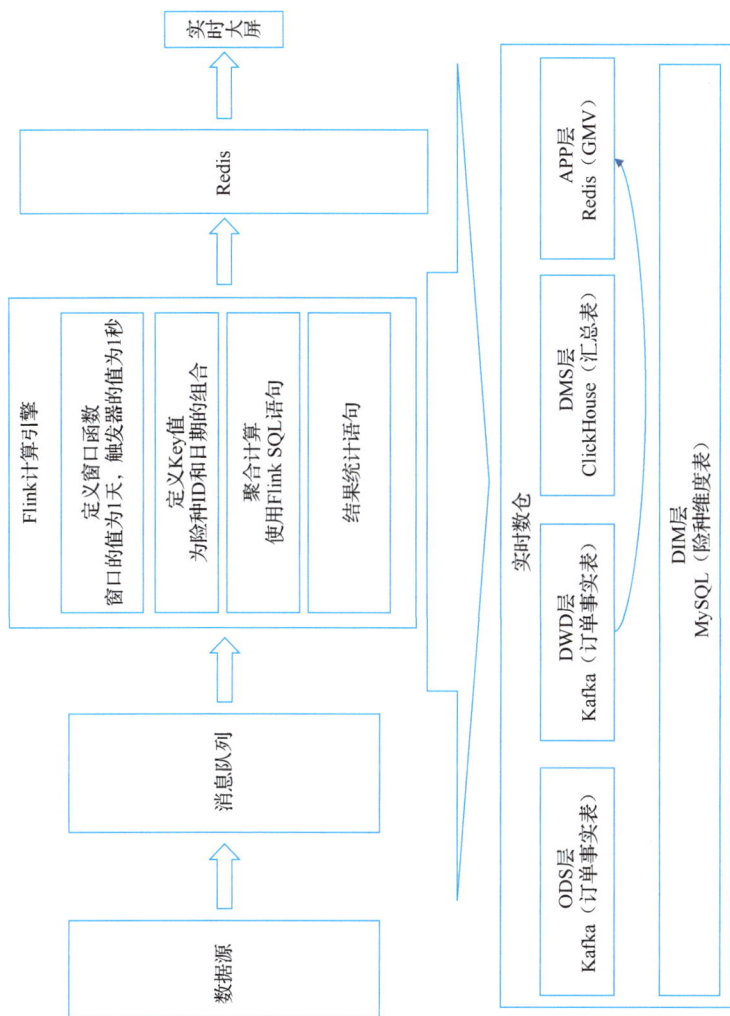

图 5-7　流式计算实时统计 GMV 示意图

139

由于保险的险种数量有限，且相对固定，可以定义 Key 值为险种 ID 和日期的组合。因为以天为单位实时统计指标，所以首先定义一个值为 1 天的窗口，设置值为 1 秒的触发器，使用 Flink SQL 语句进行指标的聚合计算，计算出不同险种的 GMV，然后累加求和获得当天的实时 GMV。最后，将计算的结果存储到 APP 层的 Redis 内存数据库中以支持实时大屏的数据查询需求。

5.4 应用场景三：实时查询

实时查询是数据中台的常见需求之一，其目标是秒级，甚至毫秒级返回待查询的结果。在 3.5.2 节中已经详细介绍过查询引擎的选型和性能，此处不再赘述。

5.5 应用场景四：海量日志和信息检索

5.5.1 检索方案介绍

海量日志和信息的高效全文复杂检索也是大数据应用的常见需求。检索数据量一般在 TB 级别。直接使用查询引擎（比如，Elasticsearch、HBase、ClickHouse 等）进行复杂的查询和检索更简单，且效率更高。笔者优先推荐使用 Elasticsearch，其次是 HBase，再次是两者的组合方案。

Elasticsearch 是常用的搜索引擎之一，使用简单，组件全，支持添加多索引，高效支持复杂检索和查询。Elasticsearch 的主要缺点是写入效率低、对机器要求高、占用内存大、性价比不高。HBase 的优点是在存储上支持横向扩展、存储价格低、便于存储海量数据，支持高效的 Append 操作，具有基于 row_key 的高效模糊与精准查询性能。HBase 的缺点是计算能力弱，对非 row_key 的复杂查询效率较低，如关键字和敏感词语搜索等。我们可以通过使用 HBase 多级索引，解决该非 row_key 索引检索问题，如通过 HBase+Elasticsearch 的组合方案。

如果检索数据量在 PB 级别，那么解决方案有很多。比如，HBase 多级索引、Elasticsearch、ClickHouse、HBase+Elasticsearch 等。当面临 PB 级别数据量的全文检索时，不管使用何种解决方案，计算都会比较复杂，平台的稳定性都会遇到极大挑战。因此这个时候还需要对系统的性能和解决方案进行调优。常见的优化举措有只取最近某段时间的数据或者尽可能去除不经常使用的字段以减少数据量、让数据存储更加平衡、引入负载均衡机制、将索引进行优化、对搜索算法进行优化等。

另外，每个查询引擎都有缺点。我们也可以考虑使用多个引擎相互结合的方案，取长补短，让结果更优。组合方案的缺点是方案更复杂，运维难度更大。在实际应用中，需要对成本、性能、复杂度、稳定性等方面进行综合考量，选择合适的方案。目前，行业内常用的方案是 HBase+Elasticsearch 组合多级索引的方案。其借助 HBase 存储和写的优势，将原始日志数据存放到 HBase 中，并设计合适的 row_key，然后根据业务需求，预判断需要检索的字段，获得待检索数据，将检索数据存储到 Elasticsearch 中，把两份数据通过

row_key 字段进行关联。在实际应用中，该方案先通过 Elasticsearch 查询检索数据，获得检索数据 row_key，然后通过 row_key 查询 HBase 中的原始日志数据，最终返回原始数据。

在实际的信息检索应用中，一般原始数据的信息含量低，按照正态分布，20%的数据是最常用的，20%的数据很少被用到，还有 60% 的数据偶尔被用到。在偶尔被用到的 60%的数据中，要根据业务规则进一步缩小范围，选择大概率被用到的数据，它们大约占 20%。这样一来，在检索的时候，一般也只会用到常见的 20%的数据和偶尔用到的 60%数据的 20%，最后的检索数据占比约为原始数据的 30%。基于该原则，结合 HBase 高性能存储和 Elasticsearch 复杂检索的优势，在 HBase 中存储原始 100%的数据，在 Elasticsearch 中存储 30%待检索的数据，从而实现了高效存储和高效检索。

5.5.2　日志检索方案示例

下面通过一个保险行业海量数据检索的案例详细介绍检索的方案，需求如下。

（1）每天的互联网保险日志数据大约为 10GB，由结构化字段和文本信息组成，全文检索数据范围为 2 年的数据，总数据量约为 7TB。

（2）要求检索的字段灵活，支持模糊查询。经过和业务部门沟通，检索字段约占总字段的 20%，如 IP 地址、智能设备的唯一 ID（EMEI 号）、身份证号等。

（3）大部分检索的内容是最近半年的日志数据。

（4）秒级返回检索数据。

由于整体数据量是 TB 级别的，给我们的第一感觉是直接使用 Elasticsearch 解决方案可以满足业务需求。但是由于检索字段大约只占总字段的 20%，如果直接使用 Elasticsearch，那么存储成本较高。如果不考虑存储和内存的投入，那么可以直接使用 Elasticsearch。在这里笔者使用 HBase+Elasticsearch 的组合方案解决该需求，方案流程如图 5-8 所示。

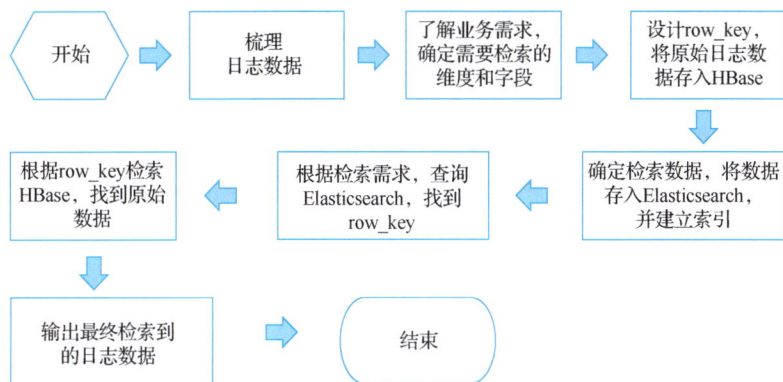

图 5-8　HBase+Elasticsearch 的组合方案流程

第一步：梳理日志数据，做到"知己知彼，百战不殆"。

第二步：了解业务需求，确定需要检索的维度和字段。下面是检索的示例字段：订单号、IP 地址、EMEI 号、Cookie、身份证号、支付方式、客户类型、险种、保费、地域、投保时间、保险公司、客户风险等级等。

第三步：设计 row_key，将原始日志数据存入 HBase。row_key 设计的好坏是 HBase 性能高低的关键，可以把订单号（Order_ID）

和时间戳（time_stamp）相结合作为 row_key。查询一般按照时间由近及远，可以使用反转的时间戳作为 row_key 的一部分（如设定一个 max_value），然后取 max_value 和 time_stamp 的差值。订单号一般也是有序的，为了防止出现热点现象，可以考虑采用加密或者反转的方式，如 reverse（订单号）。最终设计的 row_key 为[reverse（Order_ID）][max_value-time_stamp]。

第四步：确定检索数据，将数据存入 Elasticsearch，并建立索引。比如每行数据存储的顺序如下：row_key、订单号、IP 地址、EMEI 号、Cookie、身份证号、支付方式、客户类型、险种、保费、地域、投保时间、保险公司、客户风险等级等。

为了加快查询速度，设计者可以对多个字段建立索引，比如订单号、IP 地址等字段。

第五步：根据检索需求，查询 Elasticsearch，找到 row_key。比如，查询湖北地域车险的保费高于 1000 元的日志数据，首先通过 Elasticsearch 检索进行数据过滤，获得满足湖北地域车险的保费高于 1000 元的数据的 row_key list。

第六步：根据 row_key 检索 HBase，找到原始数据。根据 row_key list 中 row_key 的值，检索 HBase，获得原始日志数据。

第七步：输出最终检索到的日志数据。

5.6　应用场景五：多维分析

5.6.1　多维分析方案介绍

几乎所有的行业、领域和部门都有多维分析的需求，特别是自助分析，不用依托于其他部门提取数据，因此多维分析越来越成为大数据领域的标配应用。目前，支持多维分析的开源工具很多，主要有 Presto、Impala、ClickHouse 和 Kylin。

Presto 基于内存的并行计算，支持多个外部数据源和跨数据源的级联查询，在对单表的简单查询和多表关联方面性能较好，擅长进行实时的数据分析。

Impala 的单表和多表关联查询性能与 Presto 相近，且 Impala 包含支持窗口函数、增量统计、多用户高并发查询等性能，但是数据源支持丰富程度不如 Presto。Impala 和 Presto 基于内存计算，因此对内存容量要求高，如果控制不好，就容易出现内存溢出现象。

ClickHouse 基于 MPP 架构，支持分区的过滤和列级别的稀疏索引，适合海量数据的大宽表的灵活和随机查询、过滤与聚合计算，计算、写入和查询性能很好，且支持 SQL 语言。对于 ad_hoc 的多维分析场景，可以考虑使用 ClickHouse。

Kylin 是预计算模型，提前对海量数据进行聚合，然后构建索引来提升查询效率。Kylin 和 Hadoop 的融合度高且支持 SQL 语言。对于预先可以设计好维度和指标的场景，可以考虑使用 Kylin 支持多维分析。

5.6.2　基于 ClickHouse 实现多维分析示例

目前，笔者主要使用 ClickHouse+Redis+Tableau 实现可视化多维分析功能。ClickHouse 主要用于计算和查询。Redis 用于缓存数据，提高性能。Tableau 用于可视化 BI 展示。下面介绍一个保险客户流失分析的案例，如图 5-9 所示。

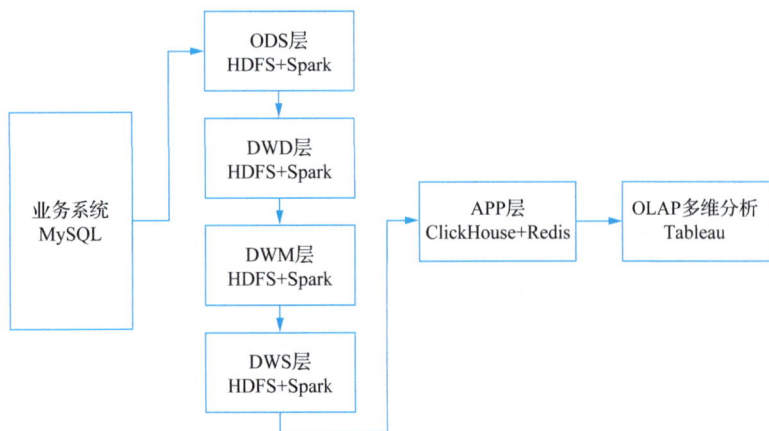

图 5-9　基于 ClickHouse 实现多维分析示意图

第一步：从业务系统（MySQL 数据库）中取数，将其放入数据仓库的 ODS 层。数据存储在 HDFS 中，使用的计算引擎是 Spark。

第二步：对 ODS 层的数据进行清洗和标准化等操作，生成 DWD 层。

146

第三步：明确客户流失主题相关汇总表主要的维度和指标，通过轻度汇总生成 DWM 层。数据存储在 HDFS 中，使用的计算引擎是 Spark。

第四步：确定客户流失主题大宽表维度、指标需要用到的事实表和维度表。

事实表主要包含订单事实表、批单事实表、续保事实表、报案事实表、立案事实表、查勘事实表、定损事实表和理赔事实表等。维度表主要包含客户维度表、保险公司维度表、机构维度表、地域结构维度表、时间维度表、标的维度表等。

在数据仓库 DWM 层进行客户流失主题大宽表加工，形成 DWS 层。数据存储在 HDFS 中，使用的计算引擎是 Spark。

大宽表是客户粒度的，主要包含客户的基本信息、订单情况、批改情况、续保情况、理赔情况、满意度调查、投诉情况、撤案情况、退保情况、交叉购买情况等维度和指标。

第五步：将大宽表和部分维度表数据导入 ClickHouse 中，作为 APP 层。查询引擎主要使用的架构是 ClickHouse+Redis。

利用 ClickHouse 的聚合和查询功能开始探索性分析。

计算的结果可以被放到 Redis 中缓存，以便提高查询效率。

第六步：和 Tableau 结合，构建 OLAP 模型，进行可视化展示。

5.7 应用场景六：图计算

5.7.1 图计算框架介绍

图计算的算法很早就有，如早期在搜索引擎中非常有名的 PageRank 算法。在现实的应用场景中（比如，社交网络分析、知识图谱、社群发现、最短路径、推荐引擎等应用场景），很多应用涉及复杂的关系网络的搜索、计算、排序等操作。因为传统的计算框架（比如，批处理计算框架、流式计算框架等）并非针对图计算场景所设计，所以显得计算效率低下。基于此，图计算框架诞生。

图是用于表示各个对象之间网络关系的一种数据结构。图计算的核心能力是高效存储复杂的网络关系并支持对复杂的关系进行计算（比如聚类、评级等）。目前，知名度比较高的图计算框架有 Google 的 Pregel、Facebook 的 Giraph、卡内基梅隆大学的 GraphLab、Apache 的 Spark GraphX 和腾讯的 Plato 等。

Pregel 推出得较早，主要采用的是基于点的图划分方法以实现并行计算。基于点的图划分方法对于度（网络中某个节点相关联的边的数量）非均匀的网络，易出现负载不均衡现象，导致网络崩溃。基于这个缺点，卡内基梅隆大学的 GraphLab 使用了基于边的图划分方法，将度非常多的点划分给多个计算节点，这样可以进行并行计算。

目前，在实际工程中，应用得较多的是 Facebook 的 Giraph 和腾讯的 Plato。这两个框架均是经过海量数据的挑战和冲击，从而抽象出来的高可用计算框架。

Spark GraphX 的最大问题还是内存消耗问题，容易造成内存溢出。

笔者只使用过腾讯的 Plato 和 Apache 的 Spark GraphX。经实验比较，Plato 的计算性能更优（以 LPA 算法为例，Plato 快约 30 倍）、内存消耗更少（Spark GraphX 的内存消耗约多 50 倍）。此外，Plato 还提供了多个图计算算法，能有效地支持常见的图网络分析场景。因此，Plato 更像一个图计算的工具集合，功能更丰富，性能更优，而 Spark GraphX 是一个图分析引擎。

5.7.2 图计算应用案例——团体反欺诈

在金融领域，反欺诈是重要的风险控制手段之一。反欺诈主要分为个体反欺诈和团体反欺诈。个体反欺诈主要使用专家经验和预测性模型来判断客户的风险。但是随着欺诈团体技术的升级（如利用科技和工具将 IP 地址、GPS 等重要信息篡改，异业组团欺诈等），个体反欺诈遭遇到了很多挑战。团体反欺诈通过网络关系分析技术，能有效地挖掘和洞察不同个体之间千丝万缕的联系，如合伙欺诈。因此，团体反欺诈可以作为个体反欺诈体系的重要补充，提升个体反欺诈的识别能力。

团体反欺诈中一个重要的欺诈模式是"近朱者赤，近墨者黑"，即通过与网络中黑灰名单的距离判断风险高低。图 5-10（彩图见书后）是基于社交网络分析（Social Network Analysis，SNA）进行车险团体欺诈的一个典型案例，即组团通过第三者车骗赔。图中最大的蓝色节点为某第三者车，红色节点代表相关联的出险客户，绿色节点代表车主高频修车的修理厂，黄色节点代表对车进行单次维修的修理厂。从图 5-10 中可以看出，很多出险客户都与该第三者车主有联系，且这些客户频繁前往 12 个汽车修理厂进行维修。另外，该车作为第三者车辆总体的理赔次数、涉及客户数、涉及修理厂数均比较多，因此，有理由判断该网络整体欺诈风险较高，有"车主-第三者车主-修理厂"团体欺诈的重大嫌疑。

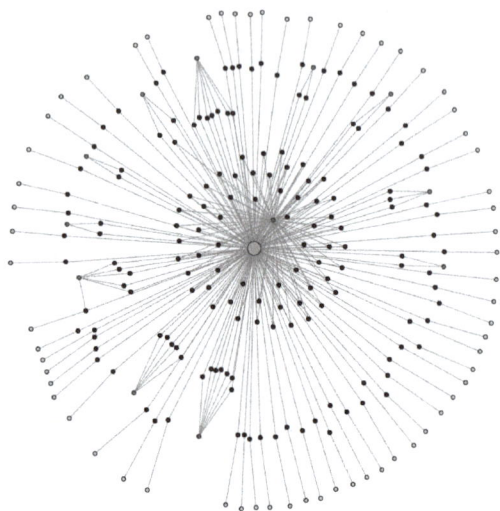

图 5-10　图计算应用案例——团体反欺诈示意图

5.8 应用场景七：人工智能计算

5.8.1 主流的人工智能计算框架介绍

人工智能的应用越来越普及，如语音质检、智能客服、导购机器人、对话机器人等。人工智能算法的计算过程十分复杂，包含很多迭代计算，计算量很大，这让人工智能的应用目前处于"雷声大、雨点小"的困境，普及率和覆盖率还很低。因而人工智能算法面临的最大挑战是计算效率低、算法运行时间过长。

为了解决这个问题，国内外知名研究机构或企业提出了很多人工智能计算框架，比较知名的有 Google 的 TensorFlow、Facebook 的 PyTorch、华为的 MindSpore、腾讯的 Angel 和百度的 PaddlePaddle 等。

其中，TensorFlow 和 PyTorch 是平台型的深度学习框架，功能更全面、更丰富，目前热度最高。TensorFlow 开发比较复杂，运行速度偏慢，胜在开源早，社区支持丰富，算法迭代速度快。与 TensorFlow 相比，PyTorch 代码更简洁，开发更简单，运行速度更快，目前热度大有赶超 TensorFlow 之势。

百度的 PaddlePaddle 是国内第一款开源的人工智能平台框架，功能强大、算法库全、预训练模型丰富，算法对中文支持好，易学易用，适合工业界拿来即用。另外，百度还推出了 X2Paddle 的深度学习模型转换工具，其支持将主流深度学习框架模型（包括 Caffe、TensorFlow、ONNX）转换至 PaddlePaddle 支持的模型，并且还提供了这三大主流框架间的 API 差异比较，以降低模型迁移学习的成本。

华为的 MindSpore 在 2019 年开源，主要亮点是支持计算机视觉、自然语言处理等复杂算法，简单易上手。腾讯的 Angel 的特长是处理高维稀疏特征，擅长推荐模型和关系网络模型的计算。

5.8.2 量子计算

图形处理器（GPU）的出现大大地提高了人工智能算法的计算效率。以 BERT 算法为例，在其他配置都相同的情况下，分别使用 GPU 和中央处理器（CPU）计算，GPU 的计算速度要快 1 ~ 2 个数量级。此外，随着智能处理单元（Intelligence Processing Unit，IPU）逐渐成熟，人工智能算法的计算速度大大加快，进一步促进了人工智能的发展，让人工智能的应用更普及、更高效。

如果说 IPU 是硬件方案设计和算法层面的局部优化，那么量子计算则是引领计算领域的工业大革命。2019 年，谷歌的科学家使用量子计算机进行了一项复杂计算的实验。按照理论测算，传统计算机完成同样的计算大约需要 1 万年的时间，而量子计算机只需要 200 秒。百度基于 PaddlePaddle 人工智能学习平台，于 2020 年开源了人工智能量子计算研究 Paddle Quantum 工具包，以帮助行业专家使用量子计算构建和训练模型。

由于量子计算可期的超级性能，目前国内外知名科研院所、机构和企业均开始投入巨资研究量子计算，如 MIT、谷歌、IBM、微软、腾讯、百度、阿里巴巴、中国科学院等。整体而言，量子计算还在起步阶段，可以期望在未来 10 年内会产生大量的量子计算驱动的算法，大数量级提升人工智能算法的运行效率。

5.8.3 人工智能平台应用案例——智能客服

目前，智能客服的应用已经比较广泛，可以部分替代人工。图 5-11 是我们企业自主研发的智能客服系统，用于辅助客户咨询与保险产品投保相关的问题。人工智能计算框架使用的是 TensorFlow，算法主要使用的是 ALBERT 算法。智能客服系统的定位为任务型、多轮对话的社区问答（Community Question and Answer，CQA）。

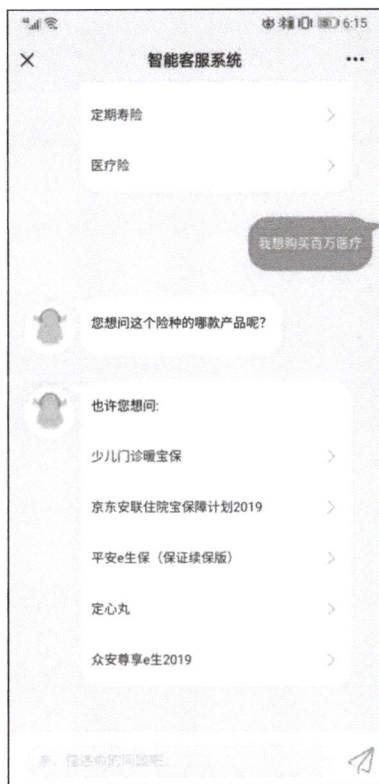

图 5-11　智能客服系统

（1）出于计算效率的考虑，未在该智能客服系统的第一个版本中加入意图识别功能。

（2）通过槽位填充的方法确定险种和保险产品。

（3）社区问答的匹配方式为 QQ 匹配。

（4）出于计算效率的考虑，QQ 匹配算法采用轻量级的 BERT 算法 ALBERT。

6

算法即服务：最大化实现数据价值

数据形态千差万别，内涵价值差异很大。让不同的数据有效地聚合在一起并挖掘和洞察数据之间的价值，从而赋能业务发展，是一项艰巨的任务。算法或模型是解决该问题的金钥匙，可以有效地挖掘和洞察数据之间隐含的各种复杂关系，并把让人容易理解的结果输出给客户，让数据实现最大的价值。比如，在二分类场景中，决策树模型通过复杂的计算，最终像变魔术一样将输入的复杂数据转化为容易理解的分类概率。

万千世界，数据博大纷杂，算法和模型是数据中台数据价值实现最关键的一环，唯有算法和模型才能实现数据的最大价值，才能让数据中台的投入变成一件有价值的事情。本章重点介绍算法和模型对数据中台的价值，并通过案例阐述算法的强大魔力。

6.1 算法的价值

算法的种类很多，如机器学习算法、人工智能算法、自动控制算法、优化算法等。算法一般可以使用数学公式进行表达，其核心功能是给予特定的输入，在限定的时间范围内对数学公式进行求解，然后给予期望的输出，即通过某些方法在特定的时间范围内完成公式的求解。数据模型的表述形式一般如下。

$$Y=F（X）$$

式中，F 为算法；X 为输入；Y 为输出。

当对公式进行求解时，算法的解有时候不是唯一的，有时候可能没有最优解，需要按照特定的方法搜寻次优解。算法的求解方法有很多，常见的方法有牛顿法、递归法、贪心算法、分治法、动态规划法、迭代法、回溯的方法、梯度下降法等。一般可以通过这些求解方法获得满意的答案。对这些方法详细论述不是本书的主要目的，在互联网上有很多材料。

在现实生活中，算法的应用无处不在，如搜索引擎、广告推荐、智能客服、路径规划、风险预警、智能驾驶、智能投资顾问等。算法的突出能力使得人们的生活越来越便捷，实现了"不出门能知天下事""运筹帷幄之中，决胜千里之外"。整体而言，算法实现了以下核心价值。

（1）模拟客观世界，实现现实世界的数字化和可视化，让人触手可及。算法的核心价值是对客观世界进行抽象和模拟，然后通过一系列的数学公式来进行描述。一个算法可以使用数学公式进行表达，并可以通过上述的求解方法来求解，就意味着可以实现全流程的程序化和自动化，这样才能最大化地发挥算法的价值，实现规模化发展。在现实应用中，对算法的自适应性要求很高。假设客观世界发生了变化，如果算法无法适应该变化，其价值就将大大降低。因此，当算法不再适用的时候，一般通过算法监控体系给予及时的反馈和预警，然后重新迭代算法以实现算法的自循环和自适应。比如，保险领域的巨灾模型，就是对客观世界自然灾害的模拟和预测。然后，我们可以根据巨灾模型，厘定费率，并确定相应的风险管理手段。

（2）提升决策能力。比如，人们经常使用的地图导航软件，通过其强大的路径规划能力辅助客户决策，提升客户的决策能力。又如，在反欺诈场景中，通过算法对高风险事件进行预警，提高对欺诈的识别能力。

（3）提升体验。算法的应用可以大幅提升服务全流程的自动化水平和效率，让客户获得前所未有的极致体验。比如，虚拟现实技术的使用可以大幅提升观影者的体验。智能保险顾问能大幅提升客户购买保险的交互体验和效率。

（4）降本增效。新技术应用的目标之一是降本增效。算法在很多场景中的运用能有效地降低成本并提升效率。比如，在物流行业，利用算法优化物流网络，能有效地提高物流效率，降本增效。

（5）提高沟通效率。很多即时通信类或聊天类软件，借助算法的力量实现了文字聊天、语音聊天、语音转文本、人机对话等功能。比如，Siri。

（6）拓宽边界，扩大外延，扩展能力。随着人工智能应用的普及，机器人可以替代人在很多恶劣环境中工作，比如深海考察机器人。

6.2 建模标准化流程

要达到可持续地实现算法价值的目的，就需要构建算法标准化流程和体系。标准化意味着可复制、可监控和可并行。图 6-1 是建模的标准化流程，主流程主要分为 8 个步骤，分别是业务理解、数据准备、数据预处理、特征工程、模型构建、模型评估、模型部署、模型监控和迭代。其中，数据预处理细分为数据校验和数据清洗，特征工程可分为特征衍生和特征选择。模型构建细分为单个模型构建和混合建模。在下面的章节中将会详细阐述建模标准化流程的各个环节。

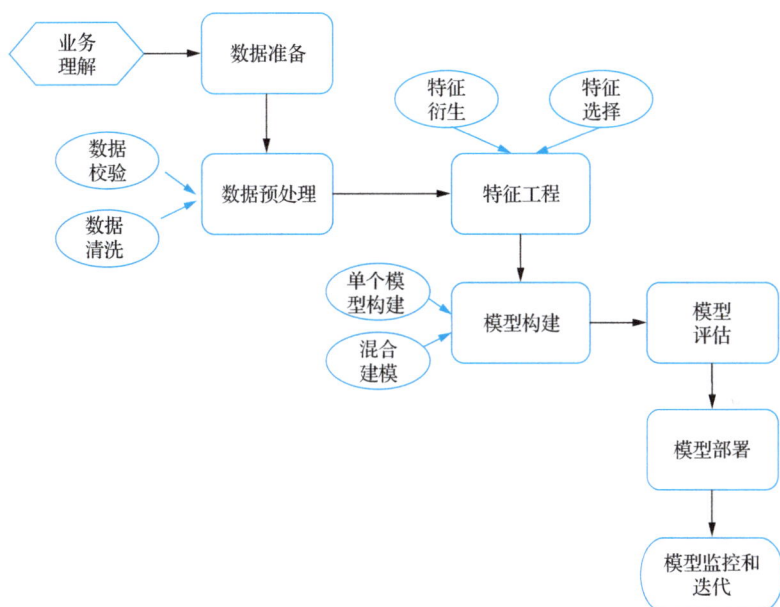

图 6-1 建模的标准化流程

6.2.1 业务理解贯穿始终

在业务理解环节中，我们要强调技术工作者需要深入业务，了解业务细节，掌握业务知识，与业务部门对齐需求，并充分理解业务部门的需求。在这个环节中，技术工作者需要与业务专家深入沟通，业务专家输入业务需求和业务知识，技术工作者输入技术和解决方案的思路，然后双方进行沟通和碰撞，最终产出可实现的业务需求和初步的解决方案，如图 6-2 所示。

图 6-2 业务理解示意图

以理赔反欺诈为例，业务专家输入理赔反欺诈相关的业务知识、案例和反欺诈的业务需求，技术工作者输入反欺诈在行业中的应用案例、反欺诈技术和解决方案的思路。双方基于各自的输入，对反欺诈主题和需求进行深入讨论，明确需求的边界、目标、可执行路径，并形成初步的方案设想。

业务理解的关键输出是清晰的业务需求和阶段性目标。如果在业务理解阶段未产出明晰的业务需求和精准的业务目标，就有可能导致整个建模工作从头再来，这将带来人力和物力极大的损失。

此外，模型的构建虽然以业务理解为起点，但是并不意味着后面的环节不再需要理解业务。实际情况应该是业务理解贯穿模型构建的全流程，每个环节都需要业务专家深度参与并和技术工作者进行共创，这样才能让算法达到预期的效果。

6.2.2 数据准备

1. 变量结构化构建方法

在需求确定清楚后，就要开始准备建模需要的数据。在数据准备之前，还需要明确算法需要的原始自变量 X 和因变量 Y。X 和 Y 的确定不是一项纯技术工作，技术工作者和业务专家需要进行共创，

产出候选的原始 X 和 Y。以银行场景的评分卡需求为例，Y 变量代表客户的评级，比如 Y 可以取值 0 和 1，其中 0 代表好客户，1 代表坏客户。坏客户一般被定义为有 1 到多次逾期行为的客户。X 为新申请贷款者的输入信息，技术工作者需要找到判断该客户风险的关键输入字段，如客户的基本信息、收入等级、职业、教育情况、金融行为、多投情况、第三方平台辅助信息等。

在确定自变量 X 的时候，应遵循粒度从粗到细的原则。以汽车保险定价为例，在确定建模指标的时候从最粗粒度开始，自变量 X 分为与保单相关、与人相关、与车相关、与环境相关、与交通相关、与行为相关，然后逐步细化粒度，这样使得自变量 X 的构建过程更加结构化和体系化，而非随性而为。汽车保险定价自变量 X 细化的示例如图 6-3 所示。

除了粒度从粗到细的指导原则，可以通过以下方法实现变量构建的结构化和自动化。在一般情况下，一个变量主要由 4 个要素组成，分别是变量的事实、变量参与主体的维度、时间窗口维度和对事实的度量。

（1）变量的事实。该要素主要描述变量的事实信息，如批改事实、投保事实、订单事实、物流事实等。这里的事实和维度建模的事实含义相同，结构化的事实构建方法论如下：首先，找出业务的核心主体，梳理关键的业务节点，确定各个节点的关键行为（即事实）。比如，在物流流程中有存储、运输、投递等关键节点，在每个关键节点又会产生很多行为。以投递节点为例，有送货、收货、退货、注销、退款等事实行为。

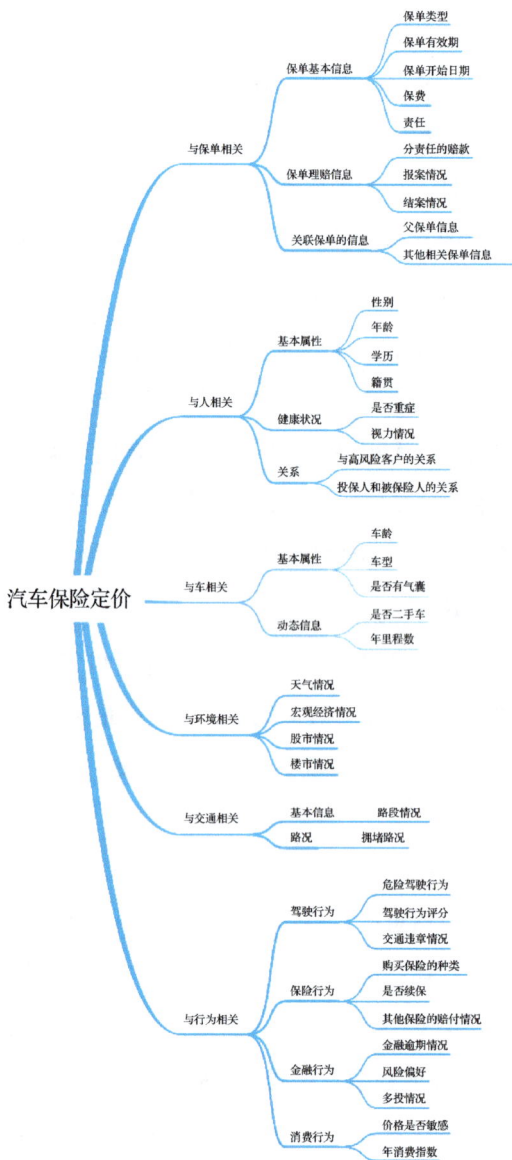

图 6-3　自变量 X 细化的示例

（2）变量参与主体的维度。该要素主要确定变量参与主体的维度信息。常见的变量参与主体的维度有保单、投保人、受益人、被保险人、标的、投资人、送货方、客户等。

（3）时间窗口维度。该要素描述变量的时间范围的维度。比如，当月、订单前 10 天、去年 3 月到 10 月等。

（4）对事实的度量。该要素描述事实的衡量指标，主要包含原始指标、统计指标和趋势类指标。原始指标有保费、赔款等。统计指标有次数、累计金额、满期赔付率、净利润、排名、频率、占比、平均数、中位数、最大值、最小值、标准差等。常见的趋势类指标有同比增长、环比增长、连续增长、震荡式波动等。

在确定了上述 4 个要素后，通过这 4 个要素的排列组合，理论上可以构建海量的候选变量。下面举例说明如何通过这 4 个要素的组合构建变量。

变量的事实：批改。

变量参与主体的维度：保单。

时间窗口维度：2020 年 3 月—5 月。

对事实的度量：总次数。

基于此，可以构建的变量为"某保单在 2020 年 3 月—5 月的总批改次数"。

如果这 4 个要素的任意一个发生更改，就会产生新的变量。比如，时间窗口维度由"2020 年 3 月—5 月"变更为"起保 30 天内"，则新构建的变量为"某保单起保后 30 天内的总批改次数"。又如，变量参与主体的维度由"保单"变更为"客户",则新构建的变量为"某客户在 2020 年 3 月—5 月的总批改次数"。

通过上述 4 个要素组合的方式构建变量,有一个特别值得关注的点是,需要校验新构建变量的合理性和二义性。比如,构建的变量为"某客户的保单起保后 30 天内的总批改次数"。显然,该指标存在二义性。其中,某客户保单表达不清晰、不明确,应该详细阐明主体的范围,即明确该客户的哪个保单。基于此,该变量应修正为"客户的某个车辆商业险保单起保后 30 天内所有保单的总批改次数"。这样才能明确表达变量的含义,有效剔除二义性。

总之,变量结构化构建方法应该关注以下 3 个内容:

第一,遵循变量的粒度从粗到细的原则,步步递进,结构清晰。

第二,通过变量的 4 个要素进行组合。

第三,应该校验变量的合理性和二义性。通过上述变量结构化构建方法,可以轻松地构建算法所需要的变量。

2. 明确变量口径

在确定了 X 和 Y 的 4 个要素后,还需要明确 X 和 Y 的详细口径和计算方法。以逾期率为例,有 M 1、M 3、M 6 等多个逾期率指标,因此应该明确每个字段的定义、口径和计算方法。在这些准备工作完成后,下一步工作将进入:数据开发工程师根据事前确定的定义、口径和计算方法从数据仓库中提取所需的 X 和 Y 的明细数据。

最后,在数据准备阶段,业务专家和技术工作者可能需要变更 X 的字段、定义、口径和计算方法。整个过程也可能需要反复几轮,最终才能明确数据需求。因此,在前期,技术工作者和业务专家根据需求进行共创显得至关重要。前期沟通和思考得越充分、越深入，数据指标需求发生变更的概率就越小。另外，版本控制也尤为重要，当项目流程已经进入指标开发阶段时，如果不是需求发生大的变化，那么需求变更应放到二期进行迭代，而不是整体推倒重来，这会影响项目的进度。

6.2.3 数据预处理

1. 数据校验

提取的原始数据可能存在各种数据质量问题（比如，数据异常、有缺失值、有二义性等），因此要进入生产环节首先需要校验数据的真实性和准确性。

为了保证所收集数据的准确性、节省项目时间、提高效益，一般需要从以下角度进行数据校验，如图 6-4 所示，主要包括命名合理性校验、清单和汇总值一致性校验、字段唯一性和一致性校验、缺失值校验、异常值校验、尺度一致性校验、格式一致性校验、数据重复性校验、数据合理性校验和数据完整性校验。

（1）命名合理性校验。主要对变量的命名是否符合命名规范进行校验，同时判断不同字段的命名是否容易产生歧义。比如，满期赔付率、终极赔付率、已决赔付率这 3 个赔付率的命名需要特别清晰易懂，否则容易产生混淆。

（2）清单和汇总值一致性校验。主要校验清单数值和清单中统计数值是否一致。比如，校验各险别的记录数及清单中的所有统计变量（保费、赔款）的一致性。

图 6-4　数据校验角度

（3）字段唯一性和一致性校验。校验数据表主键、外键等字段的唯一性，校验相同 ID 对应的其他信息的唯一性、一致性。比如，同一个客户 ID 对应的身份证号是否唯一、姓名是否一致等。

（4）缺失值校验。校验字段是否存在空值和空值的占比。一般当空值占比超过 90% 时，数据的可用性很低。

（5）异常值校验。校验字段是否存在异常值。最常用的异常值校验方法有 IQR（InterQuartile Range）法、Z-Score 模型和聚类的方法。

（6）尺度一致性检验。主要判断变量的尺度是否一致。比如，保费收入的尺度应该保持一致，而不能有的表的单位是元，有的表的单位是万元。

（7）格式一致性校验。主要对于日期变量而言，应该保持一致的日期表示格式。

（8）数据重复性校验。判断数据是否重复，如果重复，那么应该先进行去重操作。

（9）数据合理性校验。从业务角度判断各个字段取数的合理性。比如，年龄不能超过 200 岁等。有时候还需要使用交叉验证的方法验证数据合理性。比如，某辆汽车的新车购置价格是 100 万元，而车型显示是一个低端车型，这两个字段的值显然是矛盾的。

（10）数据完整性校验。从行的角度校验数据的完整性。比如，对于某个保单数据来说，从行的角度来看，大部分字段的值是缺失的，则说明该行数据不符合完整性的要求。

2. 数据清洗

数据校验的目的主要是发现有问题的数据，数据清洗的目的是解决有问题的数据。在完成数据校验之后，就可以获得一份高置信度的原始数据，下一步的工作就是进行数据清洗，重点解决数据校验阶段出现的问题。

（1）命名不合理处理。对命名不符合命名规范的进行重命名工作，解决二义性问题。

（2）清单和汇总值不一致处理。如果清单数值和清单中统计数值不一致，那么需要更正统计数值。

（3）字段不唯一处理：如果存在字段不唯一的情况，那么需要重新检查数据逻辑。

（4）字段不一致处理：相同 ID 对应的字段信息如果不一致，那么需要辨别数据的真伪，如果无法辨别，那么关于该 ID 的数据不可用。

（5）缺失值处理。去掉缺失值比例超过阈值的所有变量。而对于缺失值比例低于阈值的变量，一般采用中位数代替、预测、相关性填充、增加缺失标志等方法处理。

（6）异常值处理。对数值变量的异常值可以使用 IQR 法进行填充，同时增加一个异常标志字段。Q_1 和 Q_3 分别为某数值变量的第一和第三位数，$IQR = Q_3 - Q_1$。上限值的填充值一般为 $Q_3 + 1.5 \times IQR$。下限值的填充值一般为 $Q_1 - 1.5 \times IQR$。对于分类变量，需要结合业务逻辑进行判别。如果无法判别，那么可以删除该行数据。

（7）尺度不一致处理。将尺度修正为一致。

（8）格式不一致处理。将格式修正为一致。

（9）数据重复处理。如果存在重复数据，那么应该先进行去重操作，删除重复的数据。

（10）数据不合理处理。从业务逻辑角度进行判断，如果无法判断，那么删除该数据。

（11）数据不完整处理。一般的解决方法是删除不完整度超过70%的数据。

6.2.4　特征工程

在数据清洗后，下一步的工作是特征衍生和特征选择。特征衍生主要包含特征生成和特征变换。特征选择的目标是选择模型最终的输入特征。下面详细介绍特征衍生和特征选择。

1. 特征衍生

模型的效果与特征息息相关，好的特征能大幅提升模型的效果。

通过前面的工作已经初步形成了候选特征集合。但是候选特征大部分是单一特征，未充分考虑特征之间的交互性。基于此，还需要通过特征衍生的方法生成更多的交互特征。

特征衍生的主要方法如下。

（1）衍生宏观经济指标等指标。从各类经济报告中衍生出各种宏观经济指标。比如，衍生出房价指数、股市指数等。

（2）衍生主体标签属性等指标。通过外部分析报告对业务主题进行标签补充。比如，客户画像。

（3）标志位补充。比如，增加是否缺失值、是否异常值等标志位。

（4）根据值的排序情况进行分组，衍生新的变量。

（5）根据值的频率情况进行分组，衍生新的变量。

（6）增加聚类标签。

（7）组合特征。找出最显著的特征，然后进行交叉、相乘或者相除，衍生新的变量。

（8）把多个因子交叉分组，衍生新的变量。比如，把年龄和性别交叉分组。

（9）特征变换。对原始特征通过函数进行变换，生成新的变量。对于字符变量而言，常见的特征变换方法有 One-Hot 编码、字符编码、TF-IDF 编码和 PCA 变换等。对于数值变量而言，常见的特征变换方法有分箱变换、函数变换、WOE 变换和 PCA 变换等。以函数变换为例，常用的函数变换有归一化、三角函数变换、对数函数变换、

sqrt 函数变换和 Box-Cox 函数变换等。函数变换的目的之一是降低变量的方差波动。

（10）字符变量处理。有些字符变量的取值很多，如城市。对于这种字符变量一般有两种处理方式：一种方式是哑元化，如果有 N 个值，那么会产生 $N-1$ 个哑变量；另一种方式是对值进行分组，分组的基本原则是让组内差别小，让不同分组间差别大。

2. 特征选择

通过前面特征衍生的方法，可以构建大量的候选特征。然而不是每个候选特征都是可用的，如有些特征的重要性很低、有些特征之间的线性相关性很强等。基于此，下一步的重点工作是判别特征的可用性，然后从候选特征集中筛选出适合的特征集合。常见的特征选择方法如下。

（1）单变量分析。对单变量 X 与 Y 进行分析，判断它们是否相关。

（2）删除低方差特征。首先计算各个特征的方差，然后根据提前选定的阈值，选择方差大于阈值的特征或者剔除方差很小的变量。在实际应用中，一般选择剔除变量的阈值为 0.1，即去除方差低于 0.1 的特征。

正则化：通过增加 L1 或 L2 正则项，选择重要性较高的特征。增加 L1 正则项主要是增加权重向量 $\bar{\omega}$ 中各个元素 ω_i 的绝对值之和，其作用是使很多不重要的特征的权重 ω_i 为 0 或者取得很小的值，从而保证选择更加重要的特征。增加 L2 正则项主要是增加权重向量 $\bar{\omega}$ 中各个元素 ω_j 的平方和，通过增加 L2 约束使得每个特征的权重 ω_j

都较小且比较均匀，可以有效地避免扰动和过拟合。比如，可以有效地避免由于某个值的权重特别大而导致计算的 Y 值特别大的情况。总之，L1 正则化偏向于选择尽可能少的变量，而 L2 正则化偏向于保留变量但是让变量的权重都很小。在大数据应用场景中，L2 正则化的应用场景会比 L1 正则化更广泛，原因是尽可能保留更多的特征，通过大数据和算法挖掘特征之间的潜在关系，可以让模型的效果更优。

（3）变量重要性排序。通过使用决策树算法，将特征平均减少的不纯度作为特征选择的值，然后进行排序，得到变量的重要性排序，示意图如图 6-5 所示。

（4）模型精度值变换。把输入特征的值随时排序，重新计算该特征和因变量之间的预测能力指标 R 方值（R2_shuff），然后判断新的 R 方值和原始未打乱之前的 R 方值（R2）的变化率 R2_ratio，即 R2_ratio=（R2-R2_shuff）/R2。然后，对 R2_ratio 进行排序，变量的 R2_ratio 越小，说明变量的重要性越低。

（5）IV 排序。对哑变量计算 IV（信息价值），选择排名靠前的特征。IV 一般用于分类问题中变量的选择。在一个二分类问题中，某个自变量 X 的 IV 越高，说明该变量的重要性越高。

（6）计算线性相关性。计算特征间的线性相关性，去除相关性非常强的特征。

（7）业务专家选择。根据业务专家的经验选择高优先级的变量。

在实际工作中，一般会应用多种特征选择的方法进行综合评判，同时也会考虑业务专家的建议，最后筛选出合适的特征集。

图 6-5　变量重要性排序示意图

6.2.5 模型构建

1. 模型分类介绍

从大数据应用的角度来看，算法的分类标准很多，常见的分类有线性和非线性算法、监督学习和非监督学习算法，以及分类、聚类和回归算法。无论采用何种分类标准，算法的目标都不会改变，即模拟现实世界的各种现象，通过数据模型实现模拟过程的程序化和数字化。

（1）线性和非线性算法。无论自变量 X 和因变量 Y 构成的是一次方程还是多次方程，只要自变量 X 的参数是线性的，该算法就可以被定义为线性算法，否则是非线性算法。常见的线性算法有线性回归、逻辑回归。决策树、梯度提升树、聚类算法、神经网络等算法是常用的非线性算法。

（2）监督学习和非监督学习算法。监督学习是指训练集中既有自变量 X，又有因变量 Y，可以根据 X 和 Y 的数据构建学习算法。分类和预测算法是典型的监督学习算法。非监督学习是指只有自变量 X，而没有因变量 Y，需要根据 X 的特征将数据进行分组，将相似的数据分到一组，使得组内方差较小，组间方差较大。聚类算法、主成分分析（PCA）和 SNA 算法是典型的非监督学习算法。

（3）分类、聚类和回归算法。分类算法的因变量 Y 是分类变量，分类算法主要通过模型的构建预测因变量 Y 的分类情况，如预测客户是否欺诈。常见的分类算法有逻辑回归、朴素贝叶斯、支持向量机（SVM）、决策树等。聚类算法一般事前没有因变量 Y，将相似的数据分在一组，将不相似的数据分在另外一组，如对客户进行分群、对异常点进行归类等。常见的聚类算法有 K-means、层次聚类、基于密度聚类等。回归算法的因变量 Y 是连续变量，回归算法通过模型的构建预测因变量 Y 的值，如预测股票价格、客户的理赔金额。常见的回归算法有线性回归、回归树、神经网络等。

2. 单个模型

前面介绍了单个模型的各种分类，下面以一个具体的算法和应用场景为例。示例的算法是 PageRank 算法，其一般用于在关系网络中评价各个节点的重要性，其原理如下。

（1）初始化。若图网络具有 N 个节点，则节点的初始重要性权重使用矩阵 υ_0 来描述。其中，每个节点的初始重要性权重取值为 $1/N$。如图 6-6 所示，图中一共有 4 个节点，每个节点的初始重要性权重矩阵 $\upsilon_0 = \begin{bmatrix} 0.25 \\ 0.25 \\ 0.25 \\ 0.25 \end{bmatrix}$。

（2）计算转移矩阵 P。若图网络具有 N 个节点，则 P 是一个 $N \times N$ 的方阵；如果节点 j 有 k 条出链（j 指向其他的节点 i），那么对每一条出链指向的节点 i，有 P[i][j]=1/k，而其他节点的 P[i] [j]=0。如图 6-6 所示，P[A][B]=1/2，P[B][C]=1/2。

（3）计算调整矩阵 T。$T = \alpha P + (1-\alpha)E$，其中 α 为调整系数，可以自定义 α 的取值，一般取值为 0.85。E 为单位矩阵。E 是方阵，从左上角到右下角的对角线（称为主对角线）上的元素均为 1，除此以外的元素全都为 0。

（4）迭代计算 υ_t，$\upsilon_t = \upsilon_{t-1} \times T$，计算中止的条件为到达最大的迭

代次数或者收敛（即$|v_t - v_{t-1}|$低于某个预先设置的阈值 e。e 一般取一个特别小的值，比如 0.01）。

（5）计算得到图网络中节点的重要性权重矩阵 v_n，根据 v_n 中各个节点的权重值的大小决定这些节点的重要性高低。值越大则重要性越高。

举例说明，有 4 个节点 A、B、C、D，它们之间的关系网络如图 6-6 所示。

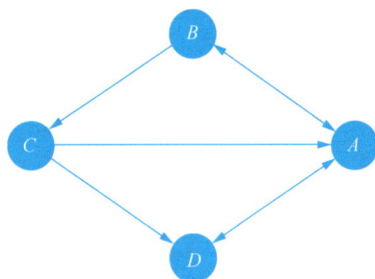

图 6-6　PageRank 算法示意图

通过下面的程序计算可以得到转移矩阵 P 和最终各个节点的重要性权重矩阵 v_n。由 v_n 矩阵中各个节点的值可以看出，第一个节点 A 的权重最大，即 A 节点在网络中的重要性最高。从图 6-6 中也可以看出，B、C、D 三个节点都指向 A 节点。D 节点的重要性仅次于 A 节点。A 节点和 C 节点都指向 D 节点。B 节点的重要性位于第三位。重要性最低的是 C 节点。A 节点最重要，类似于现实生活中的"大 V"。被 A 节点指向的节点大概率是知名的节点，如被某个"大 V"关注的网站，因为"大 V"的重要性高，被该"大 V"关注的网站大概率是知名的网站，因此该网站的重要性也相应较高。实现上述示例内容的关键代码如下所示：

```
import networkx as nx
import matplotlib.pyplot as plt
G = nx.DiGraph();

G.add_edges_from(

[('A','B'),('B','A'),('B','C'),('C','D'),('D','A'),
    ('A','D'),('C','A')])
pos = nx.circular_layout(G)
nx.draw(G,pos,with_labels=True,node_size=        =
2500,arrow=True,width=1.5)
plt.show()
dict = {"A" : 1/4, "B" : 1/4, "C" : 1/4, "D" : 1/4}
pr=nx.pagerank(G,nstart= dict,alpha=0.85)
x=0
for node, pageRankValue in pr.items():
    print("%s,%.4f" %(node,pageRankValue))
```

$$\boldsymbol{P} = \begin{bmatrix} 0 & \frac{1}{2} & 0 & \frac{1}{2} \\ \frac{1}{2} & 0 & \frac{1}{2} & 0 \\ \frac{1}{2} & 0 & 0 & \frac{1}{2} \\ 1 & 0 & 0 & 0 \end{bmatrix} \qquad \boldsymbol{\upsilon}_n = \begin{bmatrix} 0.4028 \\ 0.2087 \\ 0.1262 \\ 0.2623 \end{bmatrix}$$

PageRank 算法在挖掘关系网络场景中应用很广泛，早期被广泛应用于搜索引擎的网页排序和社交网站中的推荐排序。比如，通过 PageRank 算法可以有效地找到受欢迎的帅哥和靓女。在交友网站中，大部分社交活动是陌生人之间的社交活动，照片是吸引异性关注的关键信息之一。该算法的应用流程如下。

（1）使用用户之间的发信和收信数据构建社交网络。发信表示出链，收到信表示入链，从而构建一个网络图谱。

（2）应用 PageRank 算法对各个节点的重要性进行排序，即计算 v_n 分别找到男性和女性中排名靠前的用户，得到候选集。

（3）应用其他的特征（比如，发信量、留言量等）从候选集中筛选出最终的数据集。

（4）对数据集进行展示，就可以找到最受欢迎的帅哥和靓女。

3. 混合模型

由于算法原理的差异，不同的算法适用的应用场景有所差异。比如，线性算法的优点是简单、运行高效和解释性强，缺点是无法有效地模拟复杂的非线性关系，在很多场景中性能比较一般。而非线性算法的优点是效果比较好，能被广泛地应用于复杂的业务场景中，缺点是复杂度高、计算量大、缺乏解释能力。

随着算力的大幅提升，对于单个模型而言，算法的复杂度和大计算量不再是关键问题。算法工程师更加关注模型的效果、泛化能力和稳定性。混合建模能有效地保障模型的效果、泛化能力和稳定性，是目前大数据建模最常用的方法。混合建模的原理比较简单，即"采众家之长为我所用"，通过建设多个专家模型，然后采用某种算法（比如，投票或加权平均的方法）集成各个专家模型的结果，最终输出统一的结果。

混合建模对各个专家模型的要求有以下两个。

（1）各个专家模型的差异性越大越好。模型的差异性可以体现在使用不同类型的算法（比如，线性、非线性算法等）或同一个算法使用不同的参数（比如，树的深度、叶子节点的个数等）或同一个算法使用不同的数据集（比如，同一个模型选择不同的数据行或者不同的数据列）。

（2）各个专家模型的性能不要差别太大。如果各个专家模型的性能差异太大，那么容易干扰混合模型的决策，影响模型的效果，这就好比某个专家评委团中大部分专家才不配位，可想而知最后评审结果的质量。

目前，常见的混合建模方法有以下3种。

1）Bagging方法

Bagging方法的原理：在模型的训练过程中，通过数据集的差异，让同一个机器学习算法可以随机选择不同的数据行或者不同的数据列，从而构建出多个差异化的模型。图6-7是Bagging方法的常见流程。首先，对样本进行采样，获取 M 个数据集。然后，为每个数据集构建模型，共建立 M 个模型。最后，根据业务目标判断是否分类任务。如果是分类任务，那么一般使用 M 个模型投票的方法获得最终的结果。否则认为是回归任务，那么一般使用 M 个模型加权平均的方法获得结果。

2）Boosting方法

Boosting方法在模型的训练过程中主要通过修改训练数据的权重构建多个模型。在对训练数据建模过程中，通过降低预测正确的样本的权重，让模型专注于预测错误的样本，这样能有效地提升模型对预测错误样本的准确性。另外，降低预测效果较差的模型的权重，让效果好的模型相对具有更高的权重，也能提升整体效果。Boosting方法的主要流程如图6-8所示。首先，对数据集进行初始化，赋予每行相同的权重。然后，进入循环，在每次循环内，都对预测错误的数据适度地增加权重，以期在下次学习任务中重点关注。根据各个模型训练的效果，对分类效果好的模型适度增加权重。最后，根据目标是否分类任务对所有的模型进行集成。如果目标是分类任务，那么一般用投票的集成方法。如果目标不是分类任务，那么一般使用加权平均的方法。

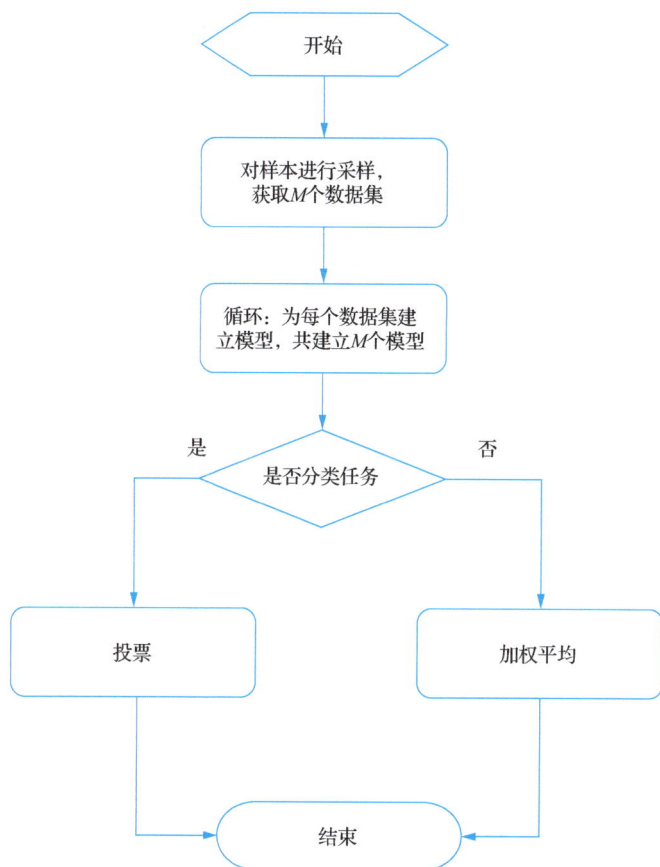

图 6-7　Bagging 方法用于分类的流程图

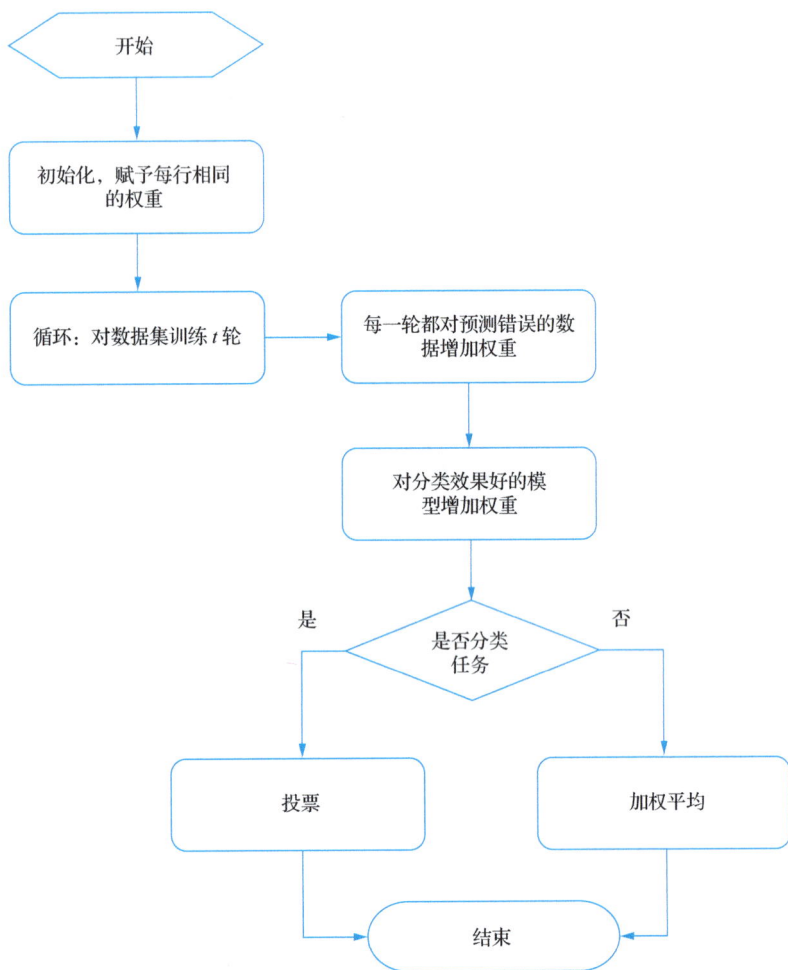

图 6-8　Boosting 方法流程图

3）Stacking 方法

简单而言，Stacking 方法就是把基础模型的结果作为新增的属性，将其和原始的特征合并在一起作为新模型的输入特征。Stacking

方法的流程如图 6-9 所示。

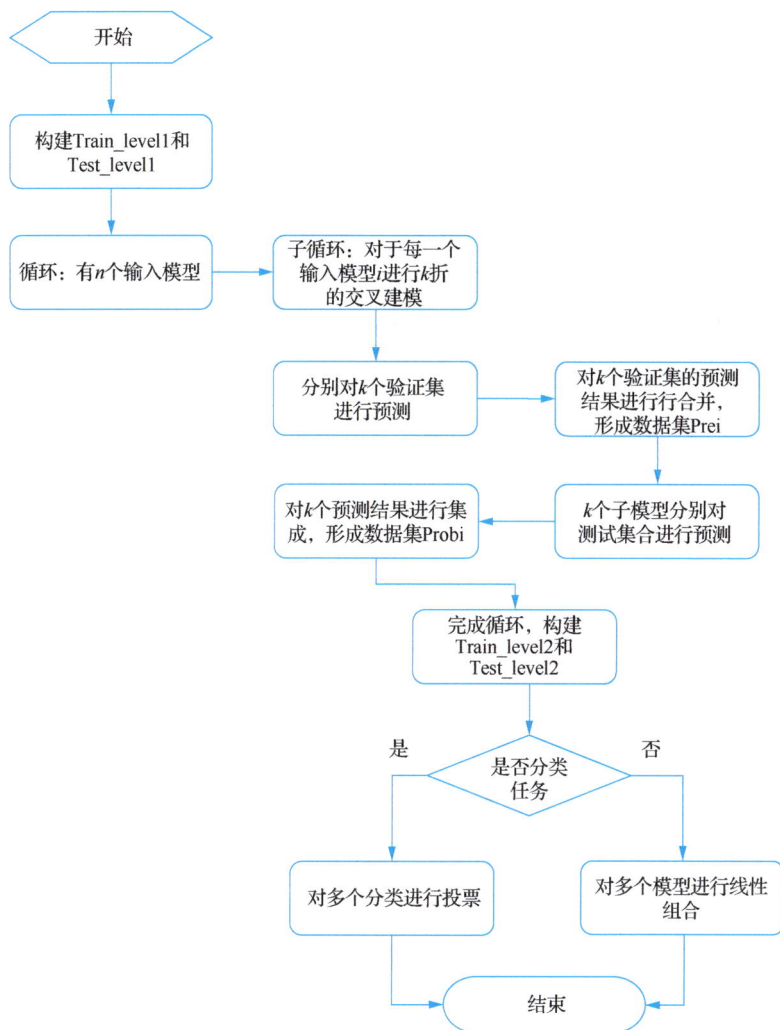

图 6-9　Stacking 方法流程图

首先，将数据集分为训练集 Train_level1 和测试集 Test_level1。假设有 n 个输入模型进行循环，对每一个输入模型 i 进行 k 折的交叉建模，可以获得 k 个验证集。分别对 k 个验证集进行预测，然后合并 k 个验证集的预测结果。

由于 Stacking 方法比较复杂，特别是在涉及多个输入模型的时候。为了更加清晰地阐述 Stacking 方法的工作原理，下面以单个模型为例，阐述单个模型使用 Stacking 方法进行集成的过程。图 6-10 是使用一个模型 model1 进行交叉建模的示例。另外，假设 $k=3$，即以 3 折为例，将训练集变为 3 折。然后，进入循环，分别使用多个模型对 3 折数据集进行交叉建模。

在 3 折交叉建模后，Y 被分成了 3 份，分别形成了 3 个待预测的子预测数据集，将这 3 个数据集进行行合并，形成训练数据集 Pred1。同时，通过 3 个交叉模型分别对测试集进行预测，可以获得 3 个测试数据集的预测结果，然后通过集成算法对结果进行集成，获得 Prob1 测试数据集。

进一步采用新的模型 model2，model3，…，modeln，重复 3 折交叉建模和预测，可以分别获得[Pred2，Prob2]，[Pred3，Prob3]，…，[Predn，Probn]，如图 6-11 所示。通过这些新的数据集和原始的训练数据、测试数据构建第二层数据集，即 Train_level2 和 Test_level2。数据集 Train_level2 和 Train_level1 相比，增加了 n 列，这 n 列来自 n 个模型 3 折交叉验证综合处理的结果。

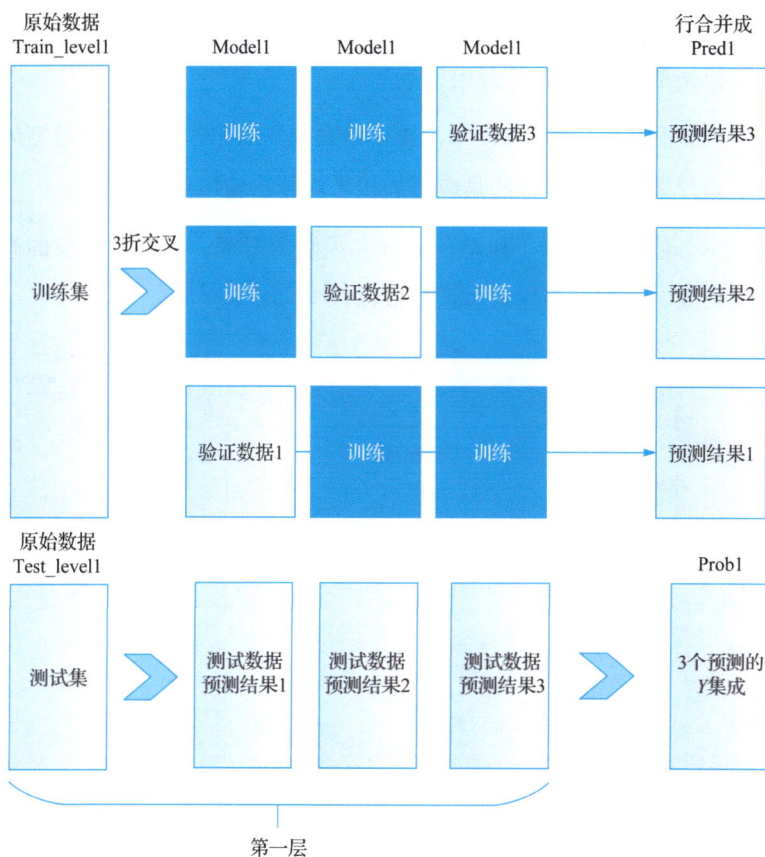

图 6-10　Stacking 方法解释（1）

4. 混合模型示例

下面通过一个案例说明混合模型的用法。应用场景是判断客户是否为高风险客户，属于典型的二分类应用场景。如图 6-12 所示，该混合模型的应用流程如下。

（1）通过多个算法构建了多个模型，如支持向量机（Support

Vector Machine，SVM）、决策树、逻辑回归、神经网络、专家经验规则和关系网络 SNA 评分模型。

（2）根据"3 个臭皮匠顶上 1 个诸葛亮"的原理，对这些模型的结果进行集合，集合算法是应用加权平均算法输出风险值。

（3）输出结果除了风险的评分和风险的等级，还包含触发的高风险规则，以帮助核保人员进行核保。

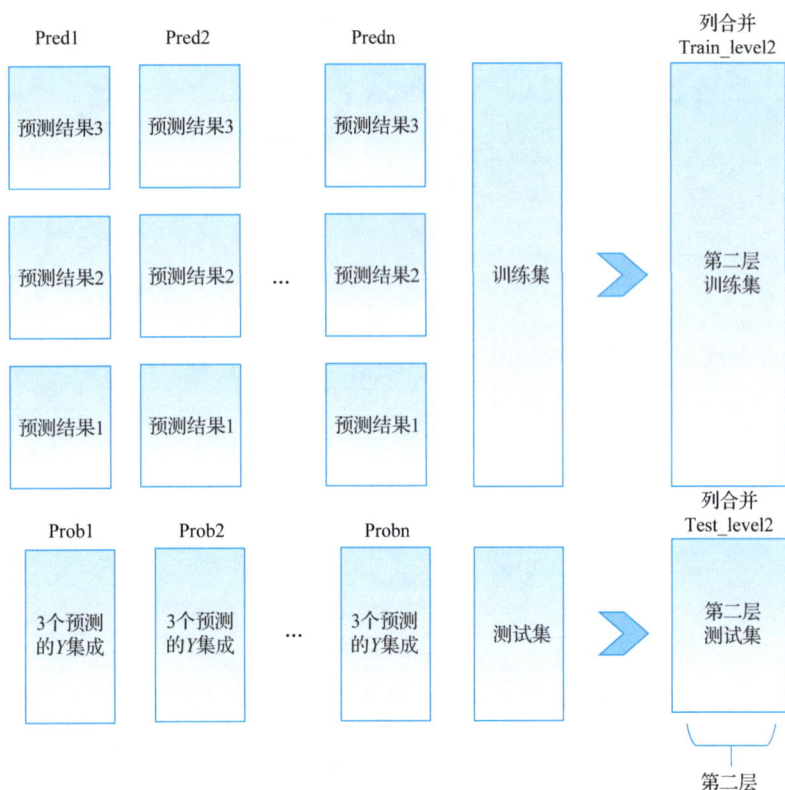

图 6-11　Stacking 方法解释（2）

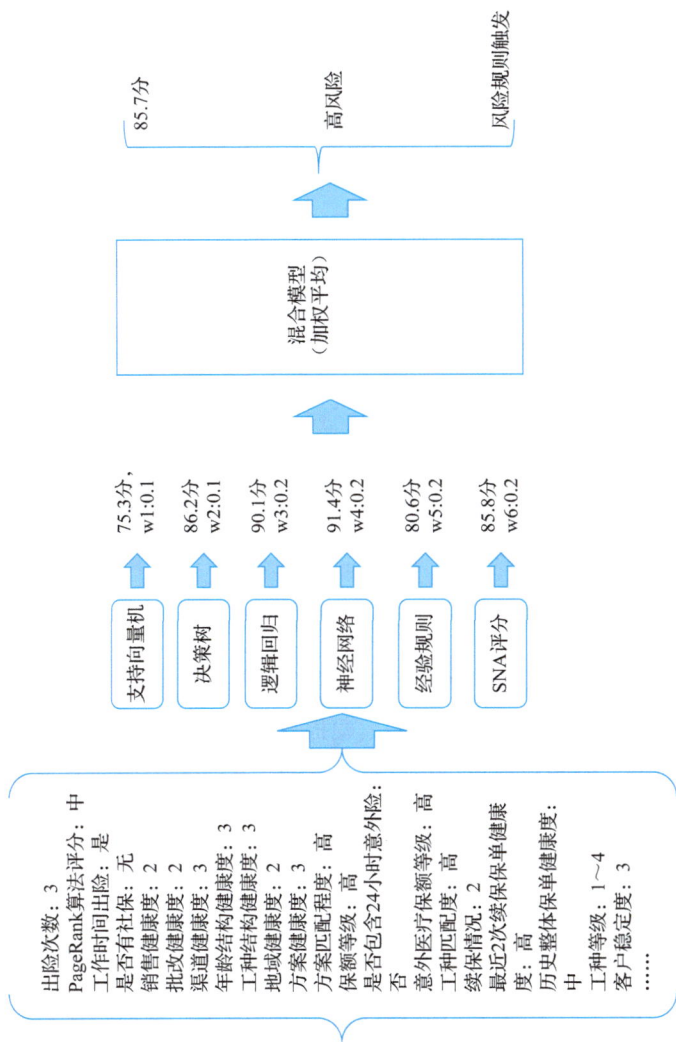

图 6-12 混合模型的应用流程

风险规则触发的示例如下。

规则 1：高风险工种，且年龄结构风险高。

规则 2：方案和风险匹配度低，且渠道风险高。

规则 3：高风险网络，高风险地市，且年龄结构风险高。

5. 混合模型的优势

混合模型具有单个模型无法比拟的优势，主要体现在以下 3 个方面。

（1）混合模型融合各个模型的优点，建模效果更好。

（2）混合模型对数据集的应用更充分，且充分考虑模型的差异性，泛化能力更强。

（3）混合模型融合了多个模型，稳定性更好。

另外，随着算力大幅提升，混合模型的计算量已不是主要问题。基于混合模型的以上优势和算力的大幅提升，目前在很多实际算法的应用场景中，混合模型的应用场景越来越广泛、应用得越来越普遍，在大部分场景中已基本替代了单个模型。

6.2.6　模型评估

在模型构建后，还需要有效地评估模型的效果，选择合适的模型进入生产环节，这是模型评估环节的重要目标。此外，模型的评估和选择还涉及模型参数的调整。对于同一个模型来说，使用不同的参数，效果存在较大的差异。本节重点介绍模型的效果评估，模型的调参部分不是本节的重点。

在实际应用中，为了有效地评估模型的效果，一般按照某种比例（比如，8：2）将数据集分为训练集和验证集，训练集负责模型的训练，验证集负责模型的效果评估。除了验证集，有时候还会留出最近一段时间的数据集作为测试集，用于检验模型的时间一致性。验证集和测试集的双重检验，可以确保模型的健壮性和稳定性。

模型的评估标准有很多。按照模型目标，评估标准一般分为分类模型评估标准和回归模型评估标准。下面分别介绍这两类评估标准。

1. 分类模型评估标准

分类模型的目标是通过模型的计算将不同的因变量 X 对应的结果 Y 分到不同的类别中。常用的分类模型的评估方法主要有准确率检测法、捕获率和覆盖率检测法、F1 值检测法、ROC 曲线和 AUC 检测法、KS 值检测法和 Lift 值（提升度）检测法。

1）准确率检测法

准确率检测法是最简单的评估方法之一。准确率是指分类正确的样本占整体样本的比例。准确率是一个总体衡量的指标。准确率高说明模型整体上分类错误的样本少。

不过该方法会偏向于占比高的分类。比如，在实际应用中，负样本一般占比很高（超过 90%），使用准确率指标进行计算，模型会偏向于负样本，因此负样本的准确率也会很高，但是并不能说明模型的效果好。因此该方法一般用于整体判断，还需要借助于其他评估指标综合判断模型的优劣。

2）捕获率和覆盖率检测法

捕获率是指正确分类的正样本占模型预测为正样本的比例。覆盖率是指正确分类的正样本占真正的正样本的比例。两者越高越好，但是在实际应用中，两者会有所矛盾，高捕获率意味着低覆盖率，如图 6-13 所示。当模型将所有的样本预测为正样本时，模型的捕获率很低，但是覆盖率最高，随着模型的捕获率提高，覆盖率会有所下降。平衡点为两者的交叉点，即图 6-13 中的蓝圆圈。

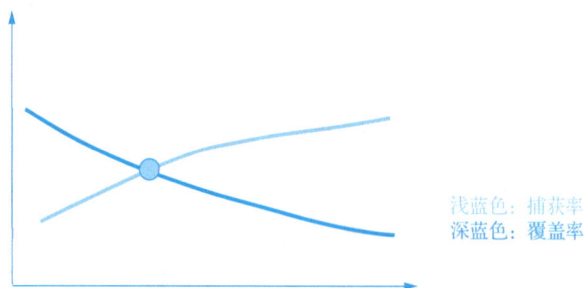

浅蓝色：捕获率
深蓝色：覆盖率

图 6-13　捕获率和覆盖率交叉

可以根据应用场景的需要，平衡两者的取值。比如，在反欺诈场景中，如果调查人力配备充足，那么应尽可能找到有欺诈嫌疑的客户，对模型的覆盖率要求高，可以适当地降低捕获率。如果调查人力紧张，那么需要提高人效，则捕获率更重要。

3）F1 值检测法

F1 值的计算公式如下：

$$F1 = \cfrac{1}{\cfrac{1}{捕获率} + \cfrac{1}{覆盖率}}$$

F1 值越高越好，当捕获率和覆盖率都很高时，F1 值较高。因此 F1 值意味着捕获率和覆盖率的平衡，适用于捕获率和覆盖率两者都很高的分类模型。

4）ROC 曲线和 AUC 检测法

ROC 曲线（Receiver Operating Characteristic Curve，受试者工作特征曲线）的横坐标为假阳性率（FPR），纵坐标为真阳性率（TPR）。其中

$$FPR = \frac{FP}{N}$$

$$TPR = \frac{TP}{P}$$

式中，P 为正样本数量；N 为负样本数量；TP 为正样本中被预测为正样本的个数；FP 为负样本中被预测为正样本的个数。

ROC 曲线覆盖的面积为 AUC（Area Under ROC Curve）。AUC 越大，模型的分类效果越好。如果 AUC 大于 0.9，那么出现过拟合情况的概率较大。ROC 曲线的示例如图 6-14 所示。

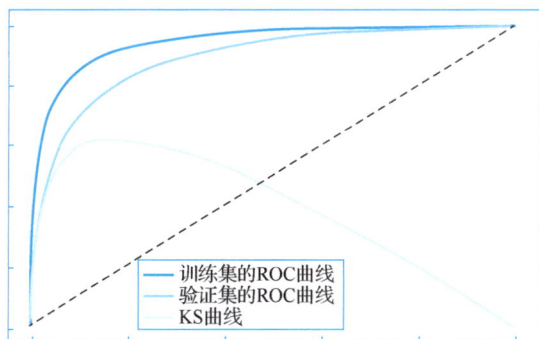

图 6-14　ROC 曲线和 KS 曲线示例

5）KS 值检测法

对分类模型的输出概率从大到小进行排序，然后选择不同的概率值（比如 0.2、0.4、0.6 等）作为阈值计算不同的假阳性率 FPR 和真阳性率 TPR。对于 KS 曲线来说，横坐标是概率阈值（范围为[0,1]），纵坐标为 TPR 与 FPR 的差值（取值为[0,1]），如图 6-14 所示。其中，KS=Max(TPP−FPR)，如图所示，KS 值为 KS 曲线的最高峰点对应的纵坐标的值，一般 KS 值越大越好。

6）Lift 值检测法

在分类场景中，Lift 值用于衡量模型和随机选择对正样本预测能力提升的倍数。首先，把模型的输出概率按照从小到大的顺序进行排序，然后将其等分为 5 ~ 10 组，计算输出概率最小的一组的累计坏样本占比与累计总样本占比的比值，即 Lift 值。Lift 值越大，说明模型的效果越好。

2. 回归模型评估标准

回归模型的目标是通过模型的计算将不同的因变量 X 对应的结果 Y 计算出来。常用的回归模型的评估方法有 R^2 检测法、均方根误差检测法、平均绝对百分比误差检测法、模型的拟合度和区分度检测法。

1）R^2 检测法

$$R^2 = 1 - \frac{\sum_{i=1}^{m}(y_i - y_{\text{predict}_i})^2}{\sum_{i=1}^{m}(y_i - y_{\text{mean}})^2}$$

分子表示模型的残差平方和，该值越大，说明模型的预测效果越差。分母表示因变量 Y 的离散程度，该值越大，说明数据越离散。R^2 的取值范围为[0,1]，该值越大，说明模型的拟合效果越好。

2）均方根误差检测法

均方根误差（RMSE）的计算公式如下：

$$\text{RMSE} = \sqrt{\frac{\sum_{i=1}^{m}(y_i - y_{\text{predict}_i})^2}{m}}$$

RMSE 的取值范围为[0,1]，该值越大，说明模型的效果越差。RMSE 容易受异常值的影响而导致取值较高。

3）平均绝对百分比误差检测法

平均绝对百分比误差（MAPE）的计算公式如下：

$$\text{MAPE} = \frac{\sum_{i=1}^{m}\left|\dfrac{y_i - y_{\text{predict}_i}}{y_i}\right|}{m}$$

MAPE 的取值范围为[0,1]，该值越大，说明模型的效果越差。MAPE 对每个点的误差进行了归一化的操作，稳定性更好。

4）模型的拟合度和区分度检测法

在验证集上可以通过模型的拟合曲线判断模型的拟合情况。首先，把模型的预测结果按照从低到高的顺序进行排序，然后将其等分为若干组（如 10 组），分别计算每一组预测值的平均值和对应的真实值的平均值，并绘制两条曲线。通过评估两条曲线的拟合情况来判断模型的拟合度。

值得注意的是，模型的拟合度高，不一定说明模型的效果好，还需同时配合模型的区分度来综合评判模型的效果。模型的区分度

191

定义为分组中评分最高一组真实值的平均值除以分组中最低一组真实值的平均值的结果。一般而言，该值越高，说明模型的区分度越好。

如何综合利用模型的拟合度和区分度来评估模型的效果呢？一般情况下，只有模型的拟合度高且区分度高，才能说明模型的效果好。以图 6-15 为例，预测赔款和真实赔款趋势基本一致，且模型的区分度由 3.0 提升至 4.4。

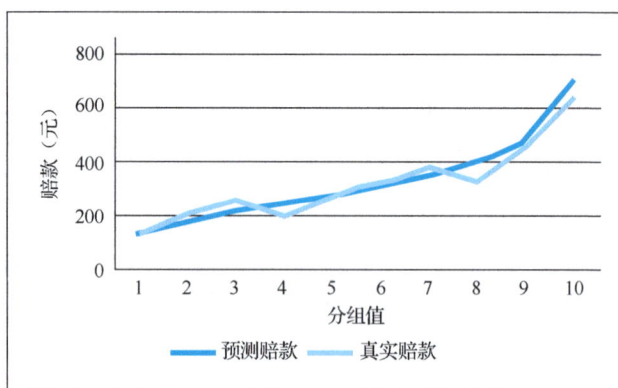

图 6-15　提升曲线示例

每种评估方法都有相应的局限性。在实际应用中，我们会使用多种方法综合考量模型的效果，以便更全面地评估模型的效果。

6.2.7　模型部署，让模型服务化

1. 模型服务化流程

在模型确定后，还需要解决模型的持久化问题，让模型能够随时可用。特别是在生产环节，要实现模型对外服务化。模型服务化

的目标是"随时随地高可用，无时无刻强健壮"。图 6-16 是线上化模型的运行示意图。线上化模型服务化的主要流程如下。

（1）完成模型的线上化部署。

（2）在一般情况下，输入特征部分来自离线数据仓库，部分来自实时的客户数据。需要对两者进行关联和聚合，得到模型输入需要的字段。

（3）对于需要预测的客户数据，还需要按照模型对输入特征的要求对输入数据进行合并和预处理，以获得标准化的输入特征。

（4）调用部署好的模型服务，得到模型的输出数据。

（5）根据模型的输出数据执行事前确定好的策略。

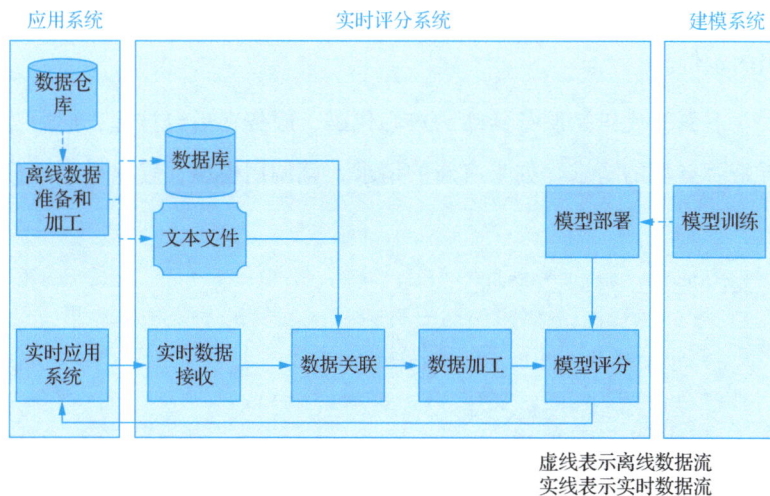

虚线表示离线数据流
实线表示实时数据流

图 6-16　线上化模型的运行示意图

2. 模型线上化部署

模型线上化部署主要分为两步：第一步是完成模型的存储和加载。第二步是实现模型的服务化。

1）模型的存储和加载

最常用的模型存储和加载方式是使用 Sklearn 的 joblib 模块。示例代码如下：

```
joblib.dump (model, model_path)        #模型存储
joblib.load (model_path)               #模型加载
```

2）模型的服务化

常用的模型服务化的微服务框架有 Flask、Tornado 和 Django 等，其作用是搭建 HTTP 服务，调用服务接口，将输入数据传给模型，然后返回模型的预测结果。下面是使用 Tornado 框架在线完成模型输出的示例。

下面的代码是服务器端的核心代码，服务在后台挂起，然后监听是否有新的请求。如果有新的请求，就调用模型，输出模型评分结果。

```
if __name__ == "__main__":
    if "Windows" in platform.system()or debug:
    app = tornado.web.Application(
     handlers=[(r"/", ScoreHandler)],
        debug=True
    )
    http_server = tornado.httpserver.HTTPServer(app)
    http_server.listen(listen_port)
  else:
    app = tornado.web.Application(
```

```
    handlers=[(r"/", ScoreHandler)],
        debug=False
    )
    http_server = tornado.httpserver.HTTPServer(app)
    http_server.bind(listen_port)
    http_server.start(processnum)
  tornado.ioloop.IOLoop.instance().start()
```

通过上述两个步骤，可以完成模型的线上化部署，实现算法即服务。在后面的算法应用案例中，都将使用这两种方法完成模型的存储和部署，实现算法的线上化服务。

3. 算法即服务性能保障

通过前面内容的介绍，你对算法即服务应该有了清晰的了解。算法即服务的核心诉求是将算法的建设全流程实现流程化、标准化和服务化。从业务理解、数据准备、数据预处理、特征工程、模型构建、模型评估到模型部署，这些主要环节都通过代码和程序串起来，以服务的形式用起来，从而实现算法的服务化。

算法即服务和其他的线上化服务的基本诉求相同，需要符合微服务应用的核心要求，即安全性、高可用性、可扩展性和高健壮性。对微服务的介绍不是本书的重点，这里不进行详尽阐述。

除此之外，算法即服务还有对性能的特殊要求。与常规的接口服务的不同之处在于，算法即服务会涉及多个异构平台的连接和通信，一般会涉及离线数据仓库、实时数据仓库、数据库、查询引擎、算法引擎和应用平台等多个平台。这些异构平台的性能会直接影响算法即服务体系的性能，因此要获得算法即服务的高性能，既要保障每个异构平台的性能，也要保障每个异构平台之间的关联和通信的性能。值得注意的是，这些异构平台是数据中台的核心组件。这些核心组件的性能决定了算法即服务的性能。

另外，除了对这些硬件平台的性能有严格要求，算法本身的性能和计算时间复杂度也会影响算法即服务的综合性能。因此优化算法、降低算法的计算时间复杂度也是对算法即服务的核心要求之一。以 XGBoost 和 GBDT 算法为例，两者的性能相差无几，但是前者的运行效率比后者高 10 倍以上。

6.2.8　模型监控和迭代

在一般情况下，随着时间的推移，业务数据会发生变化，这使得模型的效果变差。这时，模型的监控和迭代显得尤为重要。我们要对模型的效果进行实时监控，当然也要对模型输入进行监控。当发现模型的效果下降幅度超过预先设置的阈值时，我们应该及时对模型进行优化和迭代。模型的迭代是一次重新建模的过程，即需要重复图 6-1 所示的流程，直到模型的效果达到预期为止。

6.3　算法即服务应用实践

算法的价值无处不在。下面通过 3 个案例更形象地展示算法的应用。第一个案例介绍关系网络算法在保险行业的应用，第二个案例介绍如何使用算法实现保险的交叉销售。第三个案例介绍算法赋能保险理赔反欺诈。

6.3.1　保险关系网络分析

　　传统的保险客户研究方法主要包括客户评分、客户细分和客户购买行为预测等，大多是按照客户的保费规模、理赔情况、人口统计学和社会经济学等标准进行的。它们能对单个客户较好地评价、分类、预测，并且这些方法大部分是建立在标准的经济学假设的"理性人"和"对风险信息做出无偏估计"的基础上，通过一个个精密的数学模型构筑起来的客户保险行为体系。

　　但是国内外学者的大量研究发现，在现实生活中，很多保险行为决策并不是按照标准理论预测进行，而是认知水平、感情因素、心理活动、社会网络和思维定势等综合作用的结果，如图 6-17 所示。这使得在保险活动中出现了不少类似于"羊群效应"和"短期利益驱使下对风险主观上认知偏差"等非理性投保决策行为。

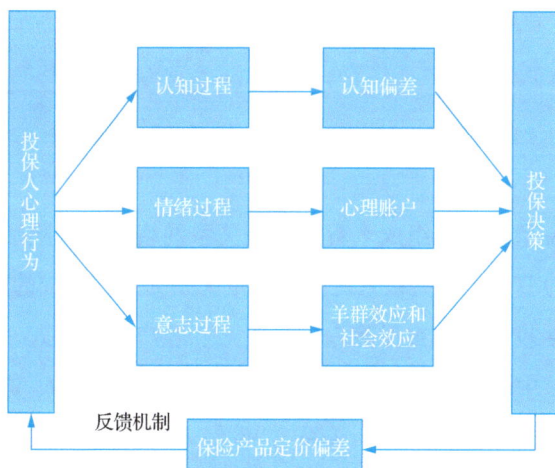

图 6-17　基于行为心理学的投保决策过程

本案例提出的保险关系网络挖掘模型结合了行为经济学、社交网络理论、神经网络原理和数据挖掘模型，重点研究和分析客户之间的复杂行为和客户群体的整体行为对客户保险活动决策的影响。该模型如图 6-18 所示。

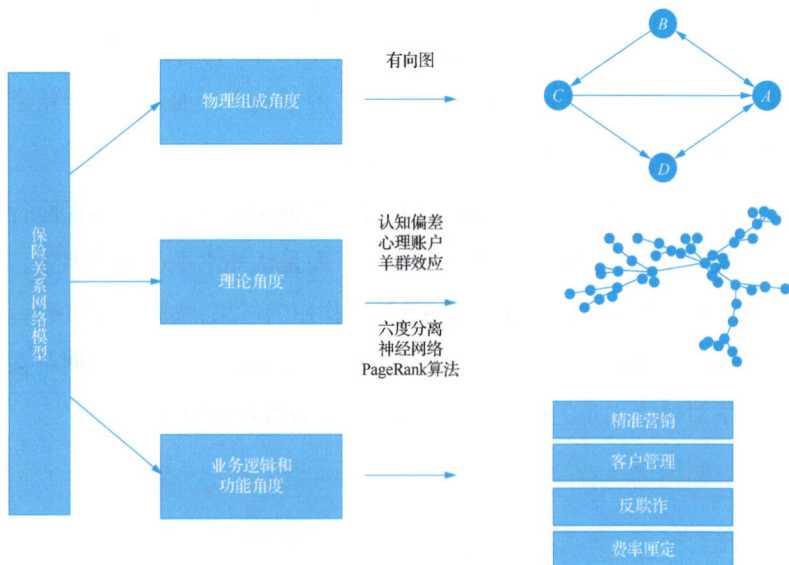

图 6-18　保险关系网络模型

从该模型的物理组成来看，保险关系网络是以保险活动中涉及的关系人为节点，以关系人之间的特定关系为边，组成的网络模型。关系人包括投保人、被保险人、受益人、客户、代理人、医院等在保险各环节中充当不同角色的个体。关系包括"投保人–被保险人"关系、"被保险人–受益人"关系、"投保人–代理人"关系等。简而言之，该网络模型是由保险活动中各种关系人或者利益人相互作用、相互影响而组成的关系网络和决策体系。

从理论依据上来看，保险关系网络模型通过运用行为经济学中的认知偏差、心理账户和羊群效应等理论来解释保险关系网络中关键的客户对其他客户保险决策行为的影响及客户投保的非理性行为。此外，该模型通过应用社交网络经典的"六度分离"理论，有效地解释了客户网络中一些中间节点的保险行为和特征，通过精准定位关键节点并对这些关键的中间节点进行精准营销，将有助于提高保险营销活动的时效和效益。

另外，该网络类似于神经网络，每个节点都类似于神经网络中的神经元，大量的节点（或称神经元）之间相互连接、相互影响，从而使得能量和信息得到有效的传递。通过运用神经网络原理和搜索引擎中经典的网页排序（PageRank）算法，对网络中不同节点的重要性进行评估和打分，从而可以定量地分析每个节点的重要性和影响力。概括而言，该模型通过研究保险活动中各参与者个人及其相互之间的复杂行为对客户保险活动决策的影响，为业务人员的精准营销活动和管理层的决策提供理论支撑。

从业务逻辑和功能上来看，本案例主要抽取不同角色的关系人，按照关系人间的保险关系构建关系人网络。该网络能反映保险参与者的社交关系，是保险关系人生态圈。从网络可视化结果中可以直观地看到不同关系人间的关联情况。对网络节点和边进行定量分析能刻画出客户群体行为。按照评价算法，能在客户群体中找到起关键作用的客户，使销售人员在第一时间对关键客户进行有针对性的营销，提高销售人员的业务效率。通过对客户在不同保单年度的跟踪分析，能刻画出其所在客户群的时间、空间演化情况。同时，通过评价算法，也能对代理人等角色的销售结果从宏观的角度进行评分，为绩效考核或手续费拟定提供了更多可参考的指标，对某些隐藏的骗保欺诈行为也能通过网络分析进行预警，为企业业务的健康开展提供一定的保障。

客户群以蓝色圆圈标记，圆圈的大小代表了客户群的规模，紫色圆圈为直接业务，黑色圆圈代表个人代理（1 个节点），橘色圆圈代表专业代理机构（共 11 个节点），黄色圆圈代表兼业代理，粉红色圆圈代表经纪代理，修理厂节点以绿色圆圈标记。我们用社交网络将这些关系展示出来，如图 6-19 所示（彩图见书后）。

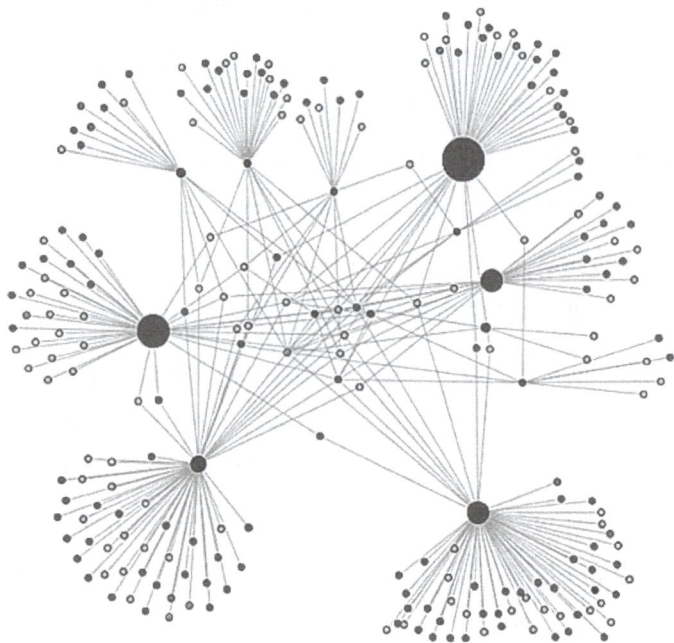

图 6-19　保险关系网络示例（1）

研究发现，居中的一个经纪代理节点（粉红色圆圈）与每个客户群都有连接，居中的兼业代理节点（黄色圆圈）和修理厂节点（绿色圆圈）也与多个客户群有连接。可以猜想，这些中间的节点很重要，主要原因是这些节点连接的客户群多，覆盖面广。从营销的角度来看，与这几个关键的节点建立连接，并构建紧密的关系，有助于提高营销的效率，也会加强和客户的亲密程度，降低流失率。

此外，关系网络分析还有助于发现有欺诈嫌疑的网络。比如，图 6-20 中以节点 1、2 和 6 为中心的 3 个网络。这 3 个节点多次以第三者车交替出现，且多次出险。我们有理由怀疑这 3 个关系网络存在欺诈的嫌疑。

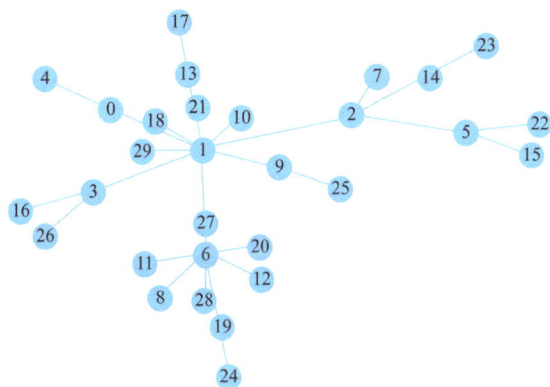

图 6-20　保险关系网络示例（2）

6.3.2　交叉销售

交叉销售是以用户为导向的一种营销方式，通过提供多种符合用户利益的业务和服务来满足其需求。交叉销售可以提供给客户高附加值的产品，并提高客户忠诚度和节省销售成本。简单来说，交叉销售就是回答"哪些产品经常被客户一起购买"的问题。要回答这个问题，主要有以下 3 种方法：①聚类的方法。这是从客户的角度回答"哪些产品经常被同类客户购买"。②关联规则的方法。这是从产品的角度回答"购买某种车险产品的客户，还有可能购买何种非车险产品"。③使用预测模型。预测模型用于预测哪些产品的购买概率最高。

本节主要使用关联规则的方法进行示例，最典型的关联规则算法是 Aprior 算法。该算法有 3 个重要的衡量指标，分别是支持度、置信度和提升度。

1）支持度

支持度的计算公式如下：

$$\text{Support}(X \to Y) = \text{Support}(Y \to X) = \frac{\text{Count}(X,Y)}{\text{Count}(\text{All})}$$

该公式的意思：集合 X 与集合 Y 中的项在一条记录中同时出现的次数占数据记录总数的比例。支持度越高越好，最大取值为 1。

2）置信度

置信度的计算公式如下：

$$\text{Confidence}(X \to Y) = \frac{\text{Count}(X,Y)}{\text{Count}(X)}$$

该公式的意思：集合 X 与集合 Y 中的项在一条记录中同时出现的次数占集合 X 出现的次数的比例。置信度越高越好，最大取值为 1。

3）提升度

提升度的计算公式如下：

$$\text{Lift}(X \to Y) = \text{Lift}(Y \to X) = \frac{\dfrac{\text{Count}(X,Y)}{\text{Count(All)}}}{\left(\dfrac{\text{Count}(X)}{\text{Count(All)}} \times \dfrac{\text{Count}(Y)}{\text{Count(All)}}\right)}$$

$$= \frac{\text{Count}(X,Y) \times \text{Count(All)}}{\text{Count}(X) \times \text{Count}(Y)}$$

该公式的意义是 X 和 Y 在一起的比例与 X 和 Y 独立存在的比例之间的提升关系，其含义是 X 和 Y 的相关性。提升度大于 1 且越高，一般表明正相关性越高；反之，提升度小于 1 且越低，表明负相关性越高。如果提升度取值为 1，那么表明 X 和 Y 没有相关性。

综上所述，支持度、置信度和提升度符合阈值，说明规则有效。关联规则算法能有效地挖掘出满足一定支持度、置信度和提升度的有效规则。下面的两个具体案例是基于该算法挖掘出来的有效规则。

1. "一推一" 规则举例

"一推一" 规则的意思是两个产品在一起被购买的概率较高。我们选取最低支持度阈值为 0.01%，最低置信度阈值为 5%。支持度阈值和置信度阈值的设定与客户数量有关。如果客户的规模很大，那么这两个值即使很小，也会有很多的目标客户可供挑选。反之，如果客户的规模较小，这两个值就必须设置得大一点，这样才能确保有目标客户。提升度是支持度和期望支持度的比值，在一般情况下，有用的关联规则的提升度都应该大于 1。

本模型共挖掘出 "一推一" 规则 145 条，其中 99 条规则的支持度大于 1。这些规则主要包含以下 3 个部分。

（1）显而易见的规则，如 "航空旅程延误保险条款" 和 "航空旅程取消保险条款"。这两个保险条款的组合是很直观和显而易见的，并已广泛被应用到现有的保险产品体系中。

（2）提升度低于1的规则。

（3）可用的规则。

下面以其中一条规则为例，对"一推一"规则进行讲解。

规则1：

条件：居家责任保险条款

结果：意外伤害身故保险条款

支持度：0.017%

置信度：12.43%

提升度：489.94

该规则的含义：在每1000个购买了包含居家责任保险条款的保险产品的客户中，约有124人符合该规则。在所有客户中，有0.017%的客户符合此规则。如果客户量很大，如有1000万个客户，那么按照比例计算会有1700人符合此规则。又或者假设购买了包含居家责任保险条款的保险产品的客户占比为0.1%，这就意味着会有10 000人购买包含居家责任保险条款的保险产品。运用此规则，可以获取1243个客户购买包含意外伤害身故保险条款的保险产品。

针对该业务规则的信息，营销人员就可以有针对性地向购买了包含居家责任保险条款的保险产品的客户推销包含意外伤害身故保险条款的保险产品，或者产品开发人员可以开发新的产品，将包含这两个条款的保险产品打包出售。

2. "二推一"规则

"二推一"规则的意思是客户在购买了两个产品后，再购买第三个产品的概率较高。我们选取最低支持度阈值为 0.02%，最低置信度阈值为 5%。本模型共挖掘出"二推一"规则 409 条，其中 318 条规则的提升度大于 1。

下面以其中一条规则为例，对"二推一"规则进行讲解。

规则 2：

条件 1：个人综合责任保险条款

条件 2：意外伤害保险条款

结果：家庭财产盗抢保险条款

支持度：0.2368%

置信度：52.5597%

提升度：28.55556

该规则的含义：在每 1000 个购买了包含个人综合责任保险条款和意外伤害保险条款的保险产品的客户中，约有 525 人符合该规则。在所有客户中，有 0.2368%的客户符合此规则。如果客户量很大，如有 1000 万个客户，假设他们同时购买了包含个人综合责任保险条款和意外伤害保险条款的保险产品的概率为 0.01%，这就意味着会有 1000 个客户符合此规则。运用此规则，可以获取约 525 个客户购买包含家庭财产盗抢保险条款的保险产品。

通过前面的分析可以看到，基于关联规则的产品相关性模型从产品的角度出发，能发现各类产品之间的组合关系和客户同时购买保险产品的倾向性。通过关联规则挖掘出来的规则可以在营销上起到以下作用。

（1）产品推荐。模型能很好地为营销人员的精准营销进行指导。当客户有购买保险产品的意向时，保险公司可以正确地了解客户的潜在需求和客户的消费特征，进行精准营销。这样可以极大地减少销售成本，并提升保费收入和客户忠诚度。

（2）保险新产品开发和产品捆绑。根据关联规则挖掘的结果，可以挖掘不同保险产品间的潜在关系。产品开发人员可以根据这些关系开发新的产品，让客户真正享受全面的保险服务。

6.3.3 反欺诈示例

反欺诈是金融领域最常见的算法应用之一，贯穿于金融和保险的全流程，比如客户的骗贷、骗保、骗赔、信用卡盗刷、"薅羊毛"等。图 6-21 所示为反欺诈发展趋势。整体而言，欺诈呈现的趋势是越来越专业，团体协作作案越来越多、越来越隐蔽、越来越复杂。

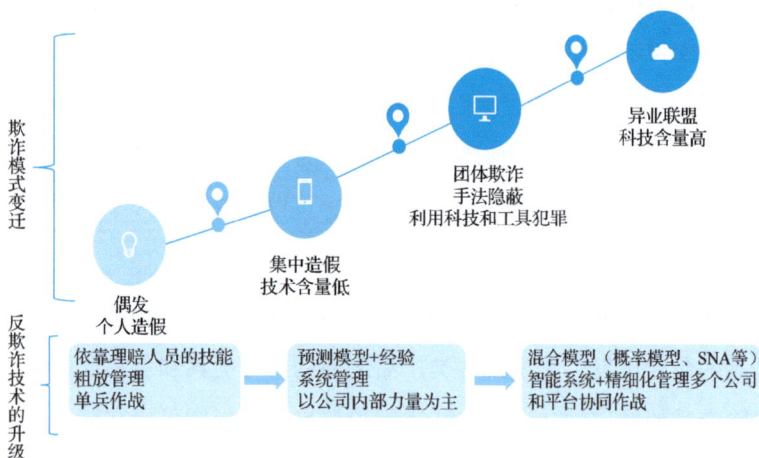

图 6-21 反欺诈发展趋势

　　基于犯罪团体欺诈水平的提升，相应地对反欺诈体系和技术的要求也越来越高。图 6-22 所示为主要的反欺诈技术，主要包含个案或偶发风险反欺诈技术和团体或关联风险反欺诈技术两大类。常用的个案或偶发风险反欺诈技术有预测模型、评分卡、规则模型、深度学习技术。团体或关联风险反欺诈技术主要有基于地理位置（LBS）的风险识别、社交网络分析（SNA）、异常和聚类分析、混合模型技术。

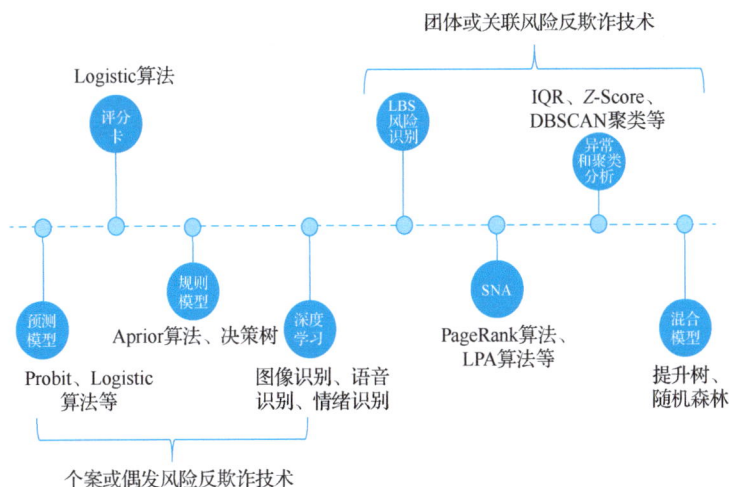

图 6-22　主要的反欺诈技术

1. 汽车保险风险管理

　　图 6-23 所示为汽车保险风险管理的关键节点，从承保、报案、查勘、人伤调查、定损、未决管理、核赔环节列举了主要的风险点。

　　以报案环节为例，报案人会提供很多案件的信息，如报案时间、出险时间、出险地点、报案人、出险车辆信息、案件描述信息、现场的图像信息等。这些信息可以衍生出很多新的信息用于辅助风险识别和管理，如报案人和投保人的关系、报案人电话是否多次报案、出险地点是否偏僻、车辆是否多次出险、出险日期是否距离保险起始日期很近（小于 10 天）、出险日期是否距离保险终止期很近（小于 30 天）、出险时间是否为节假日、出险车辆是否高车龄、是否存在第三者车、第三者车是否存疑、出险车车价、出险车承保的渠道等。

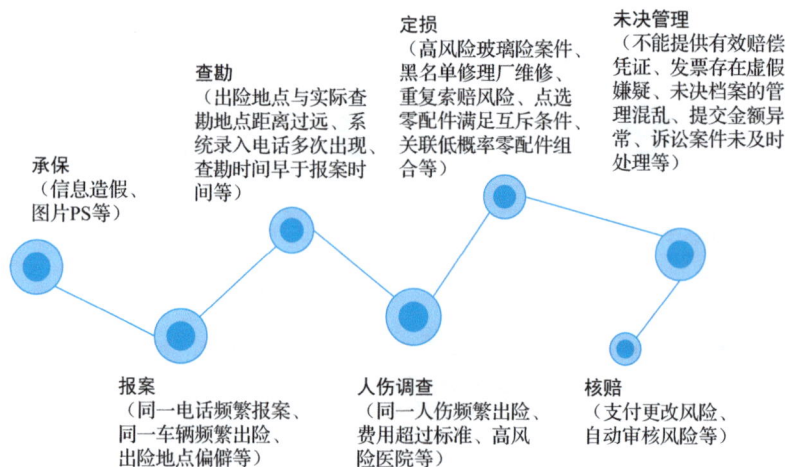

图 6-23　汽车保险风险管理的关键节点

以车龄为例，图 6-24 所示为不同车龄的欺诈比例。虽然不同车龄的理赔欺诈占比有小范围的波动，但是整体趋势是上涨的。随着车龄的增加，理赔欺诈的比例会有所增加。

此外，被保险人的年龄段不同也显著表现出理赔欺诈比例的差异。年龄段在[18,25]区间的理赔欺诈比例是平均理赔欺诈比例的 2 倍以上。

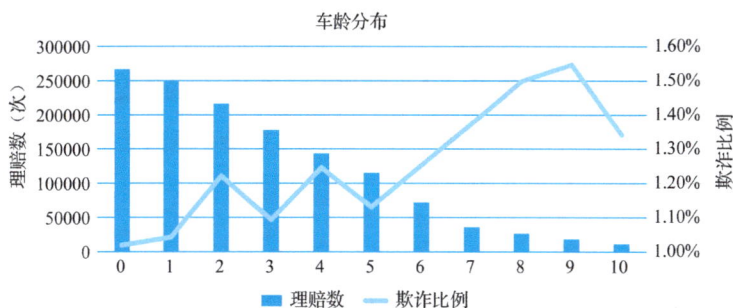

图 6-24　不同车龄的欺诈比例

另外，以定损环节为例，也可以发现很多信息可以用于辅助理赔风险管理。比如，修理厂是否可疑、点选的配件和使用的工时是否合理等。图 6-25 分别从配件和工时的角度，按照出现频率由高到低列举了不同配件修理或换件的情况。在实际应用中，我们会增加对低频率出现的配件的换件或工时数据进行监控，从而在事前或事中发现欺诈风险。

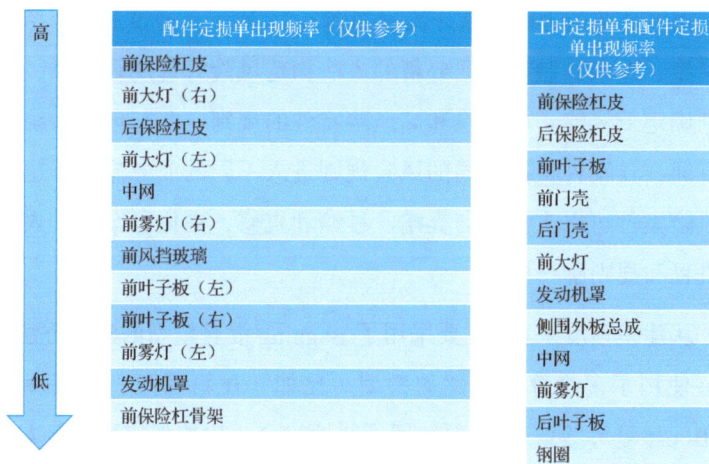

图 6-25　配件定损单、工时定损单和配件定损单出现频率

除此之外，理赔反欺诈一般还会考虑增加配件点选的互斥规则，如多个配件同时出现修理或换件的概率几乎为 0 的情况。比如，后叶子板（左边）和前叶子板（右边）同时更换、底大边（右边）和内尾灯（左边）同时受损等。

2. 理赔报案环节反欺诈示例

在实际应用中，首先对理赔专家进行访谈，归纳出专家经验。然后，通过应用多种机器学习模型构建混合模型，输出欺诈风险的评分，使用机器学习的评分模型和主要的因子（数据分析和专家经验）通过数据分析建立规则体系。最后，通过规则引擎工具进行风险的统一管理。

风险解释体系一般会使用机器学习评分卡模型和专家经验评分卡模型构建评分卡体系，用于解释模型触发的规则。然后，将触发的规则展示给实际的理赔操作人员，帮助他们提高调查的效率。

报案环节的理赔反欺诈流程如图 6-26 所示。通过前面介绍的风险模型、专家经验和数据分析的方法构建风险管理规则体系，然后分别确定低风险、中风险和高风险案件的规则，并与理赔系统的流程打通，让案件根据不同的风险规则进入不同的业务流程。比如，低风险案件可以支持协商弃赔、秒赔和直修，高风险案件进入反欺诈流程和规则解释指引。

从建模角度来看，主要采用了 Bagging 混合模型的建模方法，第一层使用了多个算法构建的模型（比如，逻辑回归、决策森林、XGBoost 等），第二层主要使用了线性组合（比如加权平均）方法，最后输出模型的评分，图 6-27 为示意图。

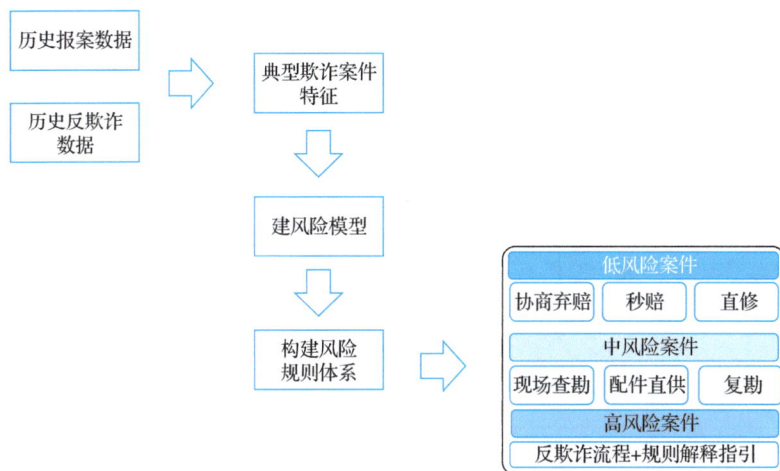

图 6-26 报案环节反欺诈流程示意图

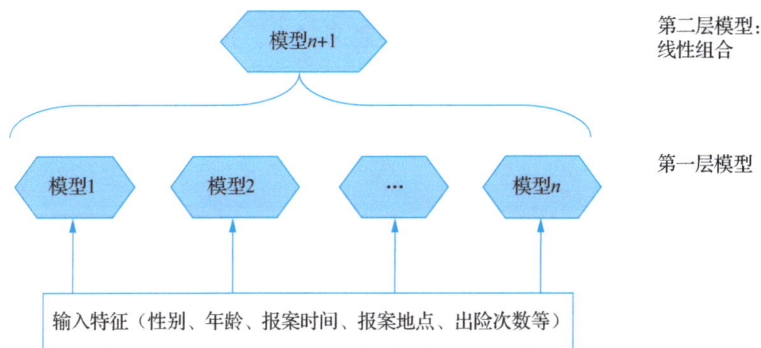

图 6-27 反欺诈混合建模示意图

在模型验证环节，通过验证集验证，模型排序越靠前的客户，欺诈概率越高。对于捕捉到的欺诈概率排在前 20%的客户，模型反欺诈的效果比目前的反欺诈现状的效果提升 3 倍；对于捕捉到的欺诈概率排在前 10%的客户，模型的反欺诈效果提升 5 倍，如图 6-28所示。

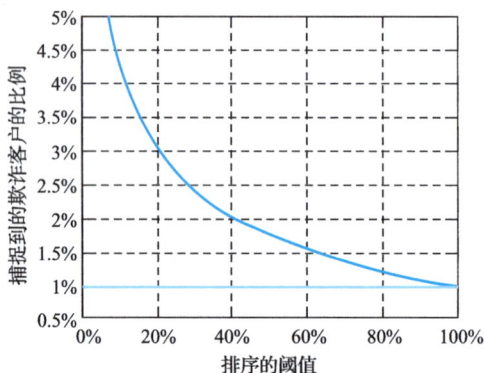

图 6-28　提升曲线举例

　　当然，模型的优化是没有止境的，只要继续投入人力和物力，模型的效果就会有所提升。只是在优化到一定的程度后，模型的优化会遇到瓶颈，效果提升的幅度会越来越小，投入和产出会不成比例。有一个基本的原则是特征的选择比模型的选择更重要，丰富的特征可以让建模工作事半功倍。

6.4　算法即服务须遵循的原则

　　数据之间的关系错综复杂，借助于算法能有效地挖掘数据之间千丝万缕的联系，让数据应用插上飞翔的翅膀。算法即服务能有效地让大数据产生持续价值，并实现算法随时随地可用，支持数据在复杂的应用场景中发光发热。算法即服务非常好用，但是要真正实现价值，还须遵循以下基本原则。

6.4.1 算法即服务需要业务知识的输入，业务理解贯穿建模始终

算法是一种技术，核心是服务于业务。算法即服务的价值实现需要业务的信息输入和对业务深入的理解。只有深入了解业务，才能知道业务的真实需求，才能设计出最匹配的解决方案。此外，算法的输入特征选择也需要对业务的深入了解。因此，对业务的理解应该贯穿于算法即服务的全流程。

6.4.2 算法不是万能的，有适用的场景

算法不是万能的，每个算法都有优点和缺点，都有适用的场景。在实际应用中，需要根据应用场景的特点选择合适的算法，这样才能物尽其用，效果最佳。比如，卷积神经网络（Convolutional Neural Network，CNN）一般用于图像处理场景，循环神经网络（Recurrent Neural Network，RNN）用于文本挖掘场景。

6.4.3 要合理地平衡算法的计算性能和效果

在实际应用中，需要明确对时效的要求，合理权衡算法的计算性能和效果。很多算法都有复杂的版本和简易的版本。复杂的版本一般效果好，但是计算时间长。反之，简单的版本通过牺牲算法的计算性能获取效果的提升。比如，TinyBERT 算法的计算性能较好，且运行效率比 ALBERT 算法快 10 倍以上，可以有效地应用于机器人对话场景。

6.4.4　要优先选择混合模型

"一个好汉三个帮",混合模型有单个模型无法比拟的性能,因此被广泛应用于各个大数据应用场景。虽然混合模型的计算量更大,耗时更长,但是随着算力的大幅提升,算力已经不再是关键影响因素。因此,出于算法即服务性能的需求,混合模型是一个标准选择。

6.4.5　要尽量实现建模全流程自动化

单个算法无法满足企业各种业务的需求。解决方案之一是构建算法平台,集合多个算法,可以随时随地使用不同的算法。同时,还应该抽象出建模全流程中公共的组件,尽可能复用这些组件,并尽可能实现建模全流程自动化,提高建模的效率。

7

数据产品：让数据应用更便捷

在前面的内容中介绍了数据中台的主要组成部分。这些基础组件的有效组合可以实现数据中台的各种基础能力，如数据存储能力、数据查询能力、数据计算能力、数据分析能力和数据洞察能力等。不过从数据价值的角度来看，这些基础能力还需要基于业务的需求进行合理的包装和融合，才能最高效地满足业务的需求。数据产品就是这些基础能力基于业务需求的"包装和融合"。各种"琳琅满目"的数据产品的出现大大地提高了数据应用的效率。数据应用还可以通过数据产品的复用快速地响应不同场景的差异化数据需求。本章重点介绍一些好用的数据产品。

7.1　自助取数和自助分析

在很多企业中，数据部门的日常工作有 90%主要集中在以下两个方面：一个是日常取数，另一个是制作并开发报表。70%的日常取数需求是得到常见的维度和指标，只是它们的粒度会有所差异。日常取数的主要应用场景有业务对账、数据分析的数据输入、数据建模的数据输入、临时需求、非标准化需求等。由于日常取数的随机性，该项工作被打上"耗时费力、技术含量低、投入产出比高"的烙印。因此，如何减少日常取数的次数成为数据部门的重要目标之一。

报表能在一定程度上缓解日常取数的压力，但是大部分报表的形式相对固定，维度有限制，灵活度不够，无法有效地满足业务多维度、多指标的交叉需求。

为了更好地解决日常取数的问题，减少数据工程师的工作量，很多企业推出了自助取数和自助分析的工具，让业务部门通过该工具自助解决日常的数据需求，并通过多维分析实现自助分析。下面分别介绍自助取数和自助分析工具的解决方案与应用示例。

7.1.1 自助取数工具

自助取数可以有效地解决约 70% 的通用需求。对于随机的需求，如需要的维度和指标很少见的情况，临时取数的投入产出比会更高。为什么这么说呢？无论是自助取数还是临时取数，都需要依托于数据仓库提供血缘关系清晰、指标明晰的数据。而数据仓库由于要支撑日常业务的众多复杂需求，需要进行大量的复杂计算，但数据仓库的存储能力和计算能力有限。基于此，数据仓库的应用层不会把所有粒度的指标都计算出来，而是会选择优先支持常用的维度和指标。尽管如此，数据仓库的明细层保留了最细粒度的事实表和维度表，可以通过临时取数的方式满足业务临时的需求。

下面详细介绍从技术层面如何实现自助取数功能。自助取数的主要工作流程如下。

（1）需求分析。盘点历史的临时取数情况，并对业务数据需求进行调研和分析，确定业务需求的范围和目标。

（2）维度和指标抽象。抽象出满足业务大部分需求的维度和指标，尤其要注意时间粒度的选择。

（3）可行性分析。认真分析上一步抽象出来的维度和指标，评估这些维度和指标加工的技术可行性，然后剔除可行性低的维度和指标。

（4）技术选型。确定技术架构和技术方案。

（5）技术实现。自助取数界面设计和技术实现，使得用户使用拖、拉、拽就可以完成自助取数。

（6）推广培训。对业务部门培训如何使用自助取数工具。

图 7-1 是自助取数工具的常用框架。站在用户的角度，自助取数一般支持模板取数、勾选维度和指标取数。模板取数需要事前配置很多常用的场景模板，如客户数据、销售漏斗、销售业绩、业务质量模板等，然后基于这些通用的模板，进行个性化选择即可完成取数的过程。如果选择自助取数的方式，用户可以自助选择需要的维度和指标，然后获取需要的数据。

自助取数的核心是结构清晰的数据仓库、高效的聚合计算引擎和及时的查询引擎。数据仓库提供业务所需要的血缘关系清晰的各种粒度的数据。在前面的章节中已经对数据仓库进行了详细的阐述，这里不再赘述。自助取数一般有以下 3 种实现方式。

（1）实时聚合计算。通过高效的聚合计算引擎完成需求的实时计算，然后通过查询引擎进行查询和取数操作。常见的高效的聚合计算引擎有 Presto、Impala、ClickHouse 等。

（2）预计算。利用类似于 Kylin 的计算引擎提前将维度和指标计算好，然后通过高效的查询引擎支持取数操作。

（3）两者结合的方式。先看预计算模型是否支持，如果不支持，那么选择实时聚合计算获得数据。

图 7-1　自助取数工具的常用框架

总之，自助取数工具可以有效地解决大部分常规的数据需求，解放数据开发人员，让数据开发人员能有更多精力花费在数据仓库的优化和数据质量的提升方面。

7.1.2　自助分析工具

自助取数和自助分析就像一对孪生兄弟，两者一般同时存在。自助取数解决了数据的获取问题，下一步可以基于获取的数据进行人工的数据分析。自助分析工具解决了分析可视化的问题，使数据不用落地，通过"拖、拉、拽"、上钻和下钻等操作就能完成数据分析的任务。

自助分析需要可视化工具的支持,常见的可视化工具有 Tableau、Cognos、SmartBI、Superset、Redash 和 Metabase 等。目前开源的自助分析工具主要使用的计算引擎有 Impala、Presto、ClickHouse 和 Kylin。图 7-2(彩图见书后)使用 ClickHouse 支持某险种的机构透视,横坐标表示边际成本,纵坐标表示保费。按照保单边际成本对各个机构进行分级,红色表示对于某保险公司来说某段时间内边际成本较高的区域,绿色表示对于某保险公司来说某段时间内边际成本较低的区域。

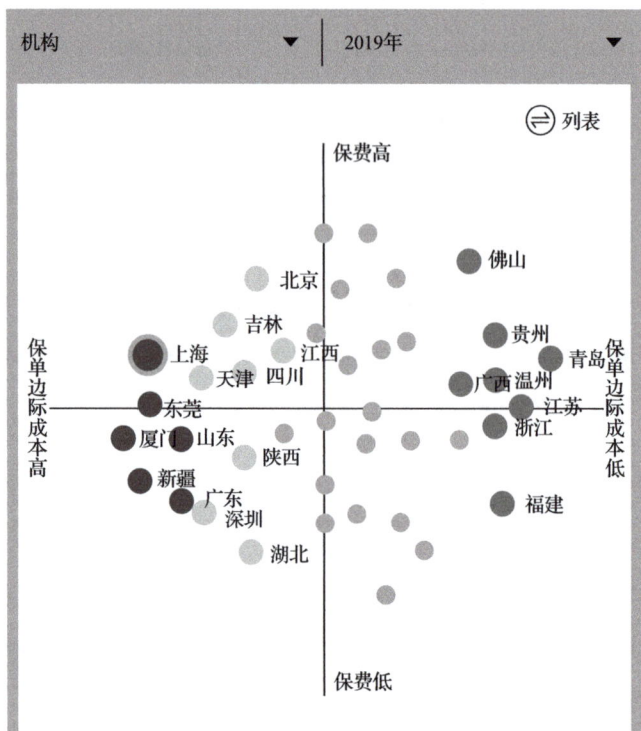

图 7-2　使用 ClickHouse 进行机构透视举例

7.2　数据爬虫

数据爬虫是数据中台常用的数据工具之一，它从第三方平台爬取数据，经过数据清洗之后获得高质量的数据为我所用。

目前，数据爬虫工具很多。以 Python 语言开发的工具为例，便有很多支持数据爬虫的工具，如 urllib、requests、bs4、Scrapy、pyspider 等。requests 负责连接网站返回网页的原始数据，使用 XPath 工具解析网页，然后将数据规整为需要的结构和格式并存储在数据库（比如，MongoDB、HBase）中。

Scrapy 功能比较强大。企业可以通过 Scrapy 抽象一些公共组件，并构建爬虫平台，满足差异化数据爬虫的需求。有兴趣的读者可以深入学习。

7.3　客户画像

客户画像是指，通过一系列具体且形象的标签对客户进行的描述，便于对客户进行分类。标签的粒度从粗到细一般包含多个等级。以职业为例，粒度从粗到细一般分为一级行业、二级行业和具体的职业。地域粒度从粗到细分为国家、省份、市、县和乡镇。一个客户画像的例子如图 7-3 所示。

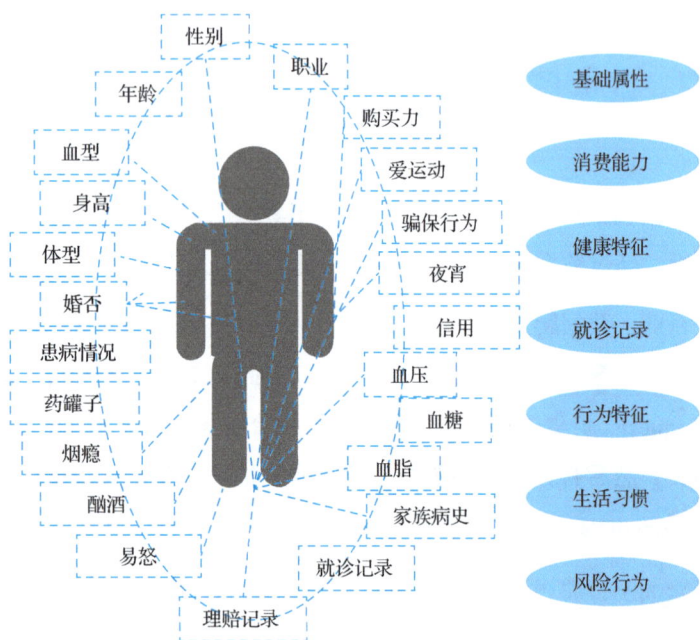

图 7-3　一个客户画像的例子

　　构建客户画像的好处是，对客户的描述呈现结构化和体系化特征，这样便于通过一张大宽表存储客户的标签信息，实现客户标签的查询和检索。客户画像的应用场景很多，如客户需求挖掘、客户可视化、产品推荐、客户风险评级等。

7.4　标签圈选

　　在很多大数据应用场景中，需要基于客户的各种标签，选择一部分客户，然后为这些客户匹配个性化的营销、定价、风险管理或

者客户管理策略。如何实现高效的客户圈选功能是这类数据应用的
公共需求。

客户圈选功能分为两种场景：一种是基于已有标签的查询和检
索，不涉及聚合计算，如找出 40 岁以下的女性。另一种是探索性的
查询，涉及聚合计算，如找出最近 3 个月月平均消费金额高于 10 000
元的 40 岁以下的女性。第二种场景由于涉及聚合计算，圈选的计算
效率会低于第一种应用场景。

图 7-4 所示为圈选功能在车险定价领域的应用。

1. 保单圈选
比如分析某二级机构最
近一年的车险保单

2. 设置经营目标
设定边际成本目标，
比如100%

1 2

4 3

4. 监控和回溯分析
目标监控、回溯分析

3. 确定费用和折扣规则
支持分组定价、逐单定价和费
用价格联动

图 7-4　保单圈选应用示例

（1）通过圈选功能选定目标保单（比如分析某二级机构最近一
年的车险保单）。对于待分析的目标，从经验上看，为了体现分析结
果的健壮性，一般要求保单数量大于 5000 张。

（2）设置经营目标，设定边际成本目标、折扣政策和费用政策。
比如，设定边际成本目标为 100%。

（3）通过建模确定费用和折扣规则，支持分组定价、逐单定价
和费用价格联动。

（4）监控和回溯分析，需要对经营过程进行检视和回溯，然后自适应优化定价模型，让经营结果和预先设定的目标不要产生太大的偏差。

7.5　客户分群

客户分群也是常见的数据应用，物以类聚，人以群分。客户分群一般用于产品推荐和个性化营销场景。基于客户的维度和指标信息，分析出每个客户群的特点，然后基于这些特点抽象出每个客户群的形象化的名称，即可完成客户分群。

客户分群一般采用聚类和数据分析的方法。聚类的方法主要是通过各个客户之间的距离来对客户进行区分。数据分析的方法一般是根据业务专家的经验，然后通过数据分析辅助和校验，继而对客户进行区分。

客户分群如图 7-5 所示。将某保险客户分为 10 个群，横坐标是总保费，纵坐标是总贡献度（保费减赔款）。由该图可知，图中三角形和菱形代表高价值群体，圆形代表低价值群体，正方形代表高风险群体。

在完成客户分群后，就可以有效地判别一个新客户应该归属于哪个群体。以产品个性化推荐为例，某个群体倾向于购买的车险险种的前两名是第三者责任险和车损险。新来的客户如果被判别为属于该群体，那么会被优先责任推荐这两个保险产品。

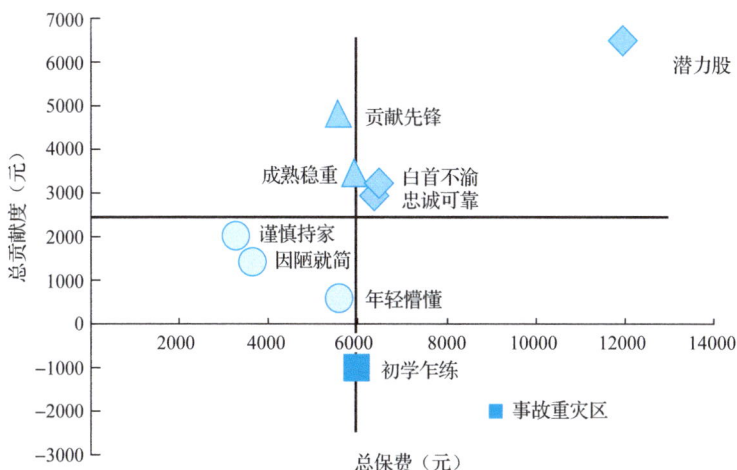

图 7-5 客户分群示例

从群的解读角度来看，以潜力股人群为例，在该群中 30 ~ 50 岁的客户占比超过 80%，年富力强，经济实力较强，其购买的新车价格普遍较高，对车险和非车险的保费投入也很高，开车通常比较稳重，因而出险较少，在各子险上的利润贡献都很高，投保渠道偏好银行保险渠道，新入保客户较多，80%以上的客户车辆购买年限在 3 年以下。近一半的该群客户拥有两辆以上的车。车险险种涉及较为全面，相对于其他群体，他们更在意车损险和盗抢险，而在非车险的消费上，更喜欢买财产险和责任险。这类人是保险企业要重点争抢的客户，因而在险种推销上，企业要重点给他们推荐高档次的财产类保险，也可对多车客户适当采取"多买多送"的策略来提高该群体在本企业的险种覆盖，或提供更高档次的保险内容来凸显其社会地位，以便增加客户黏性。越野车的占有量高，反映了他们中的一部分人可能是自驾游的爱好者，因而在节假日之前向他们推荐旅游类险种也能恰到好处地获得利润。潜力股人群多为中青年人，他们的子女可能在国外留学，他们的投保渠道又偏好银行保险渠道，所以可以通过关联其银行业务，开设"一条龙"投保服务，增加其非车险保险范围（国外保障），从而增加这群人的客户黏性。

7.6　数据可视化工具

数据可视化工具的应用范围非常广泛，常用于数据采集、数据探查、数据分析、数据建模、数据展示和数据产品开发等流程。数据可视化工具以图形化的方式直观、简捷地揭示数据内部错综复杂的关系，这既适用于技术工作者，也适用于业务工作人员。常用的数据可视化工具主要分为商用工具和开源工具。商用工具的代表有帆软的 BI 产品、永洪的 BI 产品、SmartBI、Tableau 等。开源工具主要有 ECharts、D3、Python 可视化系列工具包等。

下面重点介绍数据分析和建模过程中常见的可视化问题，让数据工作者能快速地理解数据、找到关键因子、调参和评价模型，让业务工作者能快速地理解模型并辅助实际生产。

在数据分析或建模的过程中，常用的可视化问题主要包含数据采集、数据探查、数据预处理和模型评估。本节详细介绍如何通过可视化提升这几个方面的能力，主要讲解基于 Python 可视化的工具和方法。常用的 Python 可视化工具有 Matplotlib、Pandas、Seaborn、ggplot、Plotly 和 Bokeh 等，每一种可视化工具均各具特色。

其中，Matplotlib 的功能非常丰富，基本能支持绘制各种样式的图形，但是学习成本较高。Pandas 自带一些画图的函数，但是功能比较有限，个性化的绘图参数选择需要依赖于 Matplotlib。Seaborn 对 Matplotlib 进行了有效的封装，模块自带许多定制的主题和高级的接口，极大地降低了绘制个性化图形的难度。

ggplot 基于 Matplotlib 模块，用于简化 Matplotlib 可视化操作并改善可视化效果。与 Seaborn 不同的是，ggplot 是 R 语言 ggplot2 的移植，而 Seaborn 是基于 Python 的。

Plotly 和 Bokeh 均是基于 Web 的可视化工具，不依赖于 Matplotlib，与 Pandas 的融合度较高，功能比较强大，可生成个性化的交互式图表。

因此，从实用的角度来看，如果没有交互或 Web 可视化方面的需求，笔者推荐使用 Pandas、Matplotlib 和 Seaborn。下面举例介绍如何使用 Pandas、Matplotlib 和 Seaborn 结合进行可视化操作。

7.6.1 Matplotlib

1. 用Matplotlib可视化显示中文

有工程师提出了修改 Matplotlib 配置文件 matplotlibrc 的方法。这种方法不够灵活，每次都需要手动修改，因此笔者并不推荐。下面这种方式支持动态修改，且即刻生效，因此笔者重点推荐使用这种方法。该方法直接修改 Matplotlib 的绘图参数字典，所做的改变会反映到此后创建的绘图元素。

其工作原理：在 Matplotlib 模块载入时会调用 rc_params()函数，

并把得到的配置字典保存到 rcParams 变量中，用户直接修改此字典中的配置即可使得绘图设置生效。举例如下：

```
pylab.rcParams['font.sans-serif'] = ['microsoft Yahweh]
# 指定微软雅黑字体
pylab.rcParams['axes.unicode_minus'] = False
# 解决保存图像是负号'-'显示为方块的问题
pylab.rcParams['lines.marker'] = 'o'
#绘图曲线将带有圆形的点标识符
```

2. 基本参数设置

Matplotlib 可视化图像其实是一个 Figure 对象，一般包含一个或多个 Axes 对象。每个 Axes 对象都是一个拥有自己坐标系统的绘图区域。所属关系如下：

```
fig = plt.figure(figsize=(13,6), facecolor="white",
linewidth=2, frameon=True)
```

在创建 Figure 图像对象后，下一步操作是添加子绘图（subplot）的坐标轴对象。你可以根据自己的需要添加 1 个或多个坐标轴对象。坐标轴对象的添加方法之一是使用 add_subplot(m,n,x)函数。其中，参数 m,n 表示画一张 m 行 n 列的子绘图，参数 x 表示第几张图（从左到右，从上到下）。举例如下：

```
ax1= fig.add_subplot(2,1,1)
ax2= fig.add_subplot(2,1,2)
```

该实例表示创建的图像 fig 中共有 2 张子绘图，呈现 2 行 1 列的排列方式。坐标轴 ax1 对象表示 2 张子绘图中的第一张绘图，排在第一行第一列。ax2 对象表示 2 张子绘图中的第二张绘图，排在第二行第一列。

1）刻度条设置

完成绘图设置之后，为了更加便捷地展示标签的数值，还需要添加绘图坐标轴的刻度条设置。通过 Locator， Formatter 两个类进行控制，可以完成刻度条的设置。下面是应用 Locator 类的一个示例：

```
xaxis = ax1.xaxis  # 获取绘图区域的 x 轴
yaxis = ax1.yaxis  # 获取绘图区域的 y 轴

yaxis.set_major_locator (plt.MultipleLocator (3))
# 将 y 轴主刻度标签设置为 0.5 的倍数
yaxis.set_major_formatter (plt.FormatStrFormatter ('%1.1f'))
# 设置 y 轴标签文本的格式
yaxis.set_minor_locator (plt.MultipleLocator (1))
# 将 y 轴主刻度标签设置为 0
```

代码的展示结果如图 7-6 所示。

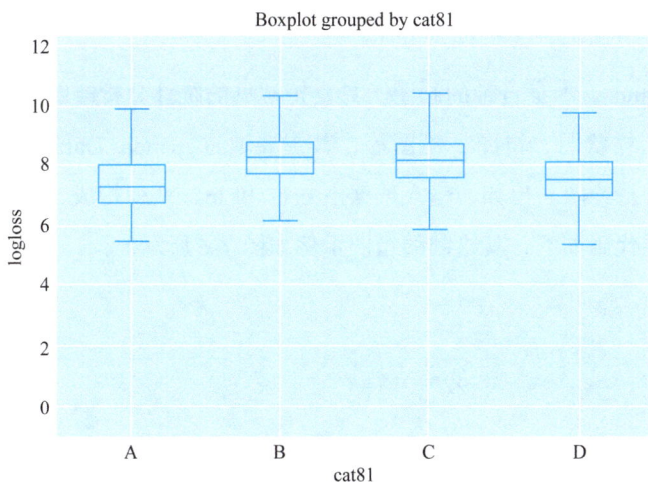

图 7-6　Matplotlib 绘制线性回归示例

2）标签设置

在绘图过程中，为了便于读者更好地理解图的含义和目的，一般还需要添加对图的标签设置，比如对坐标轴添加标签，对整个绘图添加主体标签等。下面是添加标签设置的代码示例：

```
for label in xaxis.get_ticklabels():
# 设置 x 轴上显示文本的样式
    label.set_rotation(0)          # 设置旋转角度
    label.set_fontsize(15)         # 设置文本字体


ax1.set_xlabel('cat81')
ax1.set_ylabel('logloss')
ax1.set_title("logloss grouped by cat81")
```

通过上述标签设置，可以实现对 X 轴、Y 轴和绘图主题添加标签。展示结果如图 7-6 所示。

3. Pandas+Matplotlib举例

Pandas 本身自带的画图工具支持常见的统计分析绘图，比如散点图、柱状图、饼图、箱图等，其主要通过 pandas.DataFrame.plot 函数支持绘图。比如，输入数据由 cat2 和 loss 两列构成，绘制箱图的主要代码如下，其绘制的箱图示例如图 7-6 所示。

```
import pandas as pd
import numpy as np
import matplotlib.pyplot as plt


dir = "D:\data\Claims"
for name in ['train']:
    print ("Processing %s..." % name)
```

```
    data = pd.read_csv('%s/%s.csv.zip' % (dir,name),header=0,
encoding="gb18030")


data = data.sort_values(['loss'], axis=0,ascending=False)
                                        #排序
columns = ['cont1','cat2','cat81','loss']
data=data[columns]
data['logloss']=np.log(data.loss)
plt.style = 'default'
fig, ax1 = plt.subplots()


data_plot = data.boxplot(column='cont1',by='cat81',ax=ax1)
plt.ylabel("cont1")
plt.xlabel("cat81")                     # 我们设置横纵坐标的标题
plt.suptitle('')                        #去除默认的标题
plt.title('Boxplot grouped by cat81')
fig.savefig('D:\\common\\fit.jpg')  #保存绘图
plt.show()
```

7.6.2　Pandas+Seaborn 举例

Seaborn 对 Matplotlib 进行了有效的封装，在可视化方面实现起来更加简便。图 7-7 为 Seaborn 绘制感知器回归曲线的示例，横坐标表示工作年限，纵坐标表示工资收入。代码如下。

```
if __name__ == '__main__':
    '''训练线性单元'''
    linear_unit = train_linear_unit()
    # 打印训练获得的权重
    print (linear_unit)
```

```
# 测试
print ('Work 3.4 years, monthly salary = %.2f' %
linear_unit.predict([3.4]))
print ('Work 15 years, monthly salary = %.2f' %
linear_unit.predict([15]))
print ('Work 1.5 years, monthly salary = %.2f' %
linear_unit.predict([1.5]))
print ('Work 6.3 years, monthly salary = %.2f' %
linear_unit.predict([6.3]))
#seaborn 封装的绘图函数
plot(linear_unit)
```

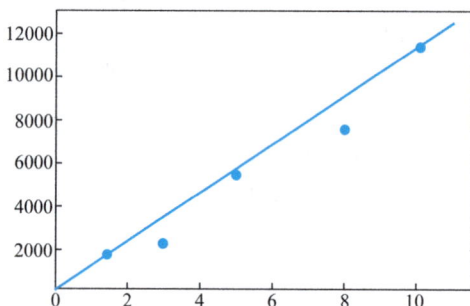

图 7-7　Seaborn 绘制感知器回归曲线

7.7　规则引擎

　　规则引擎也是常用的数据产品之一，主要用于业务规则的配置和管理，常用于营销、风险管理、定价、核保、核赔等场景。

以定价流程为例，规则引擎的应用流程如下（如图 7-8 所示）。

（1）从业务系统中获得定价的输入字段。

（2）规则引擎计算风险成本，这时需要判断是否使用大数据定价因子。

（3）如果新增大数据定价因子，那么需要从大数据平台系统中获取，只有核心传值 PolicySources="DSJ" 时才会获取，否则取规则默认值 1，即大数据定价因子为 1。然后，与现有赔付成本计算因子值合并后再调用规则引擎的风险成本接口，增加规则编写"新风险成本=（原有险别）风险成本 × 大数据定价因子"。

（4）获取规则返回结果，将其反馈给核心系统。

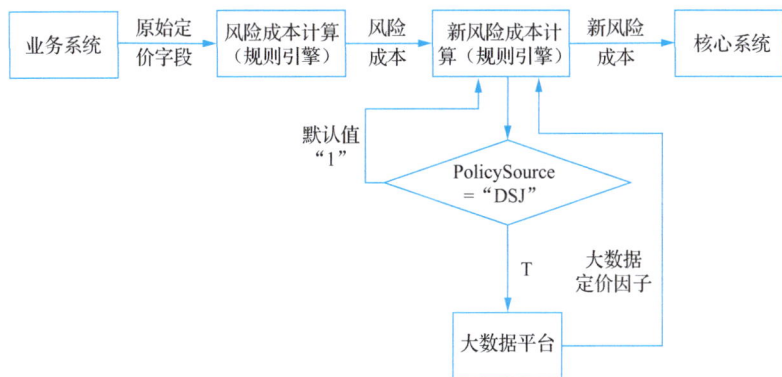

图 7-8　规则引擎在定价领域应用示例

以车险定价为例，核心系统与规则引擎的风险成本接口交互需要有 ID 类作为参数，通过"PolicySources"字段判定规则引擎是否需要和大数据平台进行交互。如果取值为"T"，那么规则引擎需要和大数据平台进行交互，获取大数据定价因子。如果取值为"F"，那么默认大数据定价因子取值为 1。具体的交互细节如下。

（1）大数据平台将大数据定价因子返还给规则引擎。这个时候需要标记该大数据定价因子对应哪个保单，因此还需要附带一些 ID 参数，比如"被保险人手机号""VIN 码""车型代码""车牌号"，通过这些 ID 识别客户唯一标识信息获取大数据定价因子。

（2）在获取大数据定价因子后，通过算法计算得到新风险成本，然后将其返还给核心系统。

在实际应用中，为了避免系统交互故障造成价格测算严重延时，建议将此接口访问超时值定为 1 秒以内、读取超时值定为 2 秒以内。若发生超时，则规则自动断开，并把新增因子设置为默认值 1，即不考虑大数据定价因子。

除了定价，规则引擎的应用场景还有很多。对于涉及策略、规则配置和落地应用的线上化系统，规则引擎都可以大幅度提高规则的制定、配置和使用的效率，使得规则的管理和应用更加简便、轻松。

8

营销中台：让营销更精准、更及时

企业要生存下去，要获得好的经营效益，实现"开源节流"是关键举措。精准营销是让企业实现"开源"的关键。让营销更精准、更高效是很多企业销售部门的核心目标之一。好的营销体系应该能做到：通过精准挖掘客户的需求并制定匹配的营销方案，企业可以刺激客户的消费欲望，从而实现营收的大幅度提升。同时，企业要构建监控体系，监控营销活动的投入和产出情况，一旦明显偏离预期，就应该及时调整营销方案，以实现高效的投入产出。营销中台有助于实现上述"好的"营销结果，让企业从客户管理、营销活动策划、营销资源管理、营销活动管理、智能营销到营销分析和监控实现全流程的自动化与智能化。本章重点介绍营销中台的建设。

8.1 数字化营销是大势所趋

现在各行各业都在热火朝天地推进数字化转型。出于成本的考量，很多企业在数字化建设过程中会按照企业经营的优先级分阶段、分步骤地推进数字化转型。销售环节作为众多企业收入的最主要来源，往往被列为第一优先级。如何让销售环节插上数字化的翅膀展翅飞翔？实现精准营销成为众多企业加大投入和追逐的目标。

另外，在数字化营销体系薄弱的企业，我们经常能听到一线销售人员或团队经理吐槽以下事情：

企业的 IT 系统不好用、企业的品牌不行、获客成本太高、缺少销售线索、产品没有竞争力、营销费用不给力、转化率太低、人均产能太低、没有好用的工具、监管太严格等。

之所以出现上述吐槽的情况，主要是因为企业数字化营销体系缺乏以下 3 个核心的模块：营销方法论、营销体系建设和营销专业人才。

在传统商业时代，销售多以产品为中心，且以线下展业为主。销售人员主要依托 5W1H 营销理论（如图 8-1 所示），收集市场需要的产品需求，然后聚焦目标客户群，进行合适的客户触达，并在合适的场景、合适的时间下使用合适的销售技巧和话术实现交易。

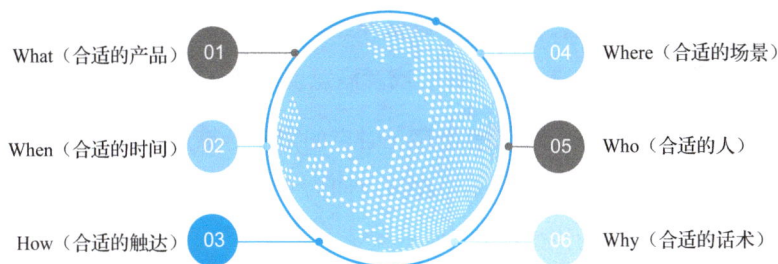

What（合适的产品）01　　　　04 Where（合适的场景）

When（合适的时间）02　　　　05 Who（合适的人）

How（合适的触达）03　　　　06 Why（合适的话术）

图 8-1　5W1H 营销理论

除了常规的销售活动，很多企业会依托 4P 营销理论（如图 8-2 所示），在特定的时间（比如，年初、节假日等）、特定的地点安排促销活动（比如，价格促销、满减、礼品赠送等）以提升销量或者回馈忠实客户以提高客户满意度。

传统的线下展业依托 5W1H 和 4P 等营销理论，效能获得了极大的提升。但是线下展业方式存在以下 3 个主要问题。

第一个问题是，无法有效地记录销售全流程的有效数据，难以及时和有效地跟踪并优化整个销售流程。

图 8-2　4P 营销理论

第二个问题是，由于缺乏数据导致无法及时感知和满足客户的动态需求，有可能造成客户流失或者满意度不高。

第三个问题是，线下销售存在时空的限制，推广的效果和销售人员数量呈现线性关系，无法在短时间内完成大规模的指数级别推广，限制了企业的快速成长。

依托数字化技术、通信技术、人工智能技术、大数据等数字化技术，构建数字化营销体系能有效地解决上述 3 个问题。数字化营销体系支持全流程记录客户的所有数据，这有助于构建客户画像、明确客户的需求偏好、确定客户和产品匹配的情况。然后，企业可以精准洞察客户的需求，基于不同客户群差异化的需求精准地选择产品序列并在合适的场景、合适的时空下选择合适的营销活动和营销策略进行精准营销。同时，企业可以通过营销看板全流程记录和监控整个营销过程，重点监控营销活动的效益，一旦效益明显偏离预期，系统就能够进行预警并自适应地调整营销策略，优化营销活动效能。

总之，与传统的商业营销方式相比，数字化营销体系的建设能让企业留存大量的数据，支撑全流程指导和监控整个营销过程，让营销更加精准，更加高效，使得企业的增长突破时空限制，获得指数级增长。

8.2 营销体系升级

8.2.1 营销理论的多次升级

前面提到了 5W1H 和 4P 营销理论，虽然这两个理论诞生于以产品为中心的传统商业时代，但是它们经过新的诠释同样也适用于数字化时代。在人类进入信息化时代后，个人的自由度和话语权逐渐提高，整个人类社会越来越强调用户体验。营销理论开始由以产品为中心向以客户为中心进行转变。图 8-3 展示了随着时代的变迁，营销理论和相匹配的营销体系升级的过程。

在信息化时代，以客户为中心，强调客户的体验和消费平权。其中，营销理论的代表主要有 4S 和 4C 营销理论。4S 营销理论如图 8-4 所示。4S 营销理论强调客户的满意度，站在客户的角度思考问题，研发产品和提供服务。除了强调产品匹配客户需求和打动客户，企业还应该构建服务壁垒，提高附加值，让客户感受到诚意，以提高客户的忠诚度。另外，4S 营销理论还强调客户的需求是动态的、可变的，企业应该快速迭代，快速响应客户的需求。

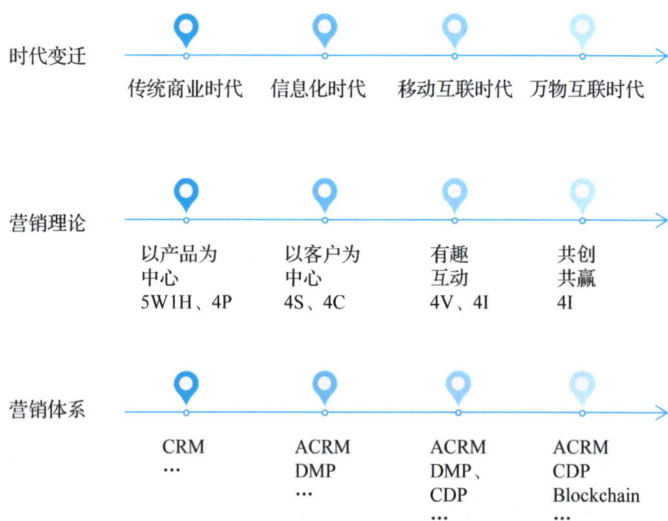

图 8-3　营销理论和营销体系升级

图 8-4　4S 营销理论

1990 年，美国学者罗伯特·劳特朋提出了 4C 营销理论，如图 8-5 所示。与 4S 营销理论有所不同，4C 营销理论重点强调满足客户价值和实现共同利益，同时突出了提升客户的便利性、定价期望及与客户的良性互动和沟通。企业应该优先考虑客户的价值，在企业和客户之间寻找共同利益，而不能只强调企业的效益和价值。同时，在定价方面，企业应该在客户期望和企业效益之间取得平衡，而非一味强调企业的利润。4C营销理论强调企业和客户的双向沟通、协作，搜寻双方共同价值和利益，初步体现了"共赢"的思路。

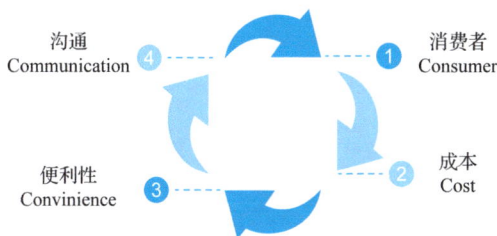

沟通 Communication ④
消费者 Consumer ①
便利性 Convinience ③
成本 Cost ②

图 8-5　4C营销理论

在信息化时代，营销理论主要强调的是客户价值和双向沟通，但是很少涉及对个性化和趣味性的追求。随着科技进一步发展，人类进入了移动互联时代，信息大爆炸。人们每天接触到大量的信息，如何在信息的"汪洋大海"中获得有效的信息，并吸引客户的关注成为营销体系的关键。

在移动互联时代，典型的营销理论是 4V 和 4I 营销理论。国内的学者吴金明提出了 4V 营销理论（如图 8-6 所示）。该理论强调客户需求差异化，营销应该引起客户的共鸣，而不是自鸣得意，同时强调提高产品和服务的附加值，让客户在同等花费的情况下得到更多的附加值。

与 4V 营销理论相比，除了强调价值和交互，4I 营销理论（如图 8-7 所示）更加强调营销的趣味性和个性化。只有增强营销趣味性和考量客户的差异性，制定精准和有趣的营销方案，才能有效吸引客户的眼球，提高营销的效果。

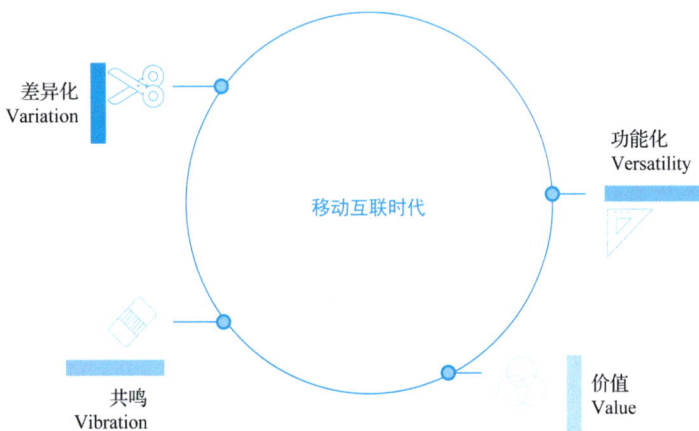

图 8-6　4V 营销理论

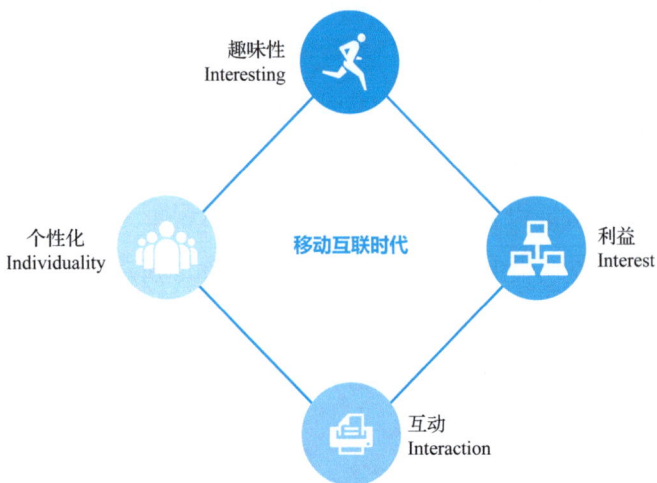

图 8-7　4I 营销理论

整体而言，随着时代的变迁，营销体系由产品驱动向客户驱动转型，营销理论由强调产品和营销技巧向高附加值、趣味性、共创和共赢转变。在当今万物互联的时代，客户不只是消费者，不再被动地消费产品和服务，更多的是参与者甚至是共同创造者的角色。客户参与产品和服务的共创，实现共赢。

8.2.2 营销的几个重要的方法论

1. 客户认知循环

客户的购买认知是需要多次刺激和精心培育的，多数情况下，客户很难通过一次接触或沟通就完成购买。从接触到购买，是一个增强认知的过程，每一次接触即服务，每一次良性的接触都是增加信任的过程，只有体验好才有可能让接触和沟通进入下一步。

同样，销售线索的转化也需要遵循客户认知的过程。从原始线索、孵化、培育、激活到转化，每一步都需要精心的准备和谋划。图 8-8 所示为客户销售线索培育过程。

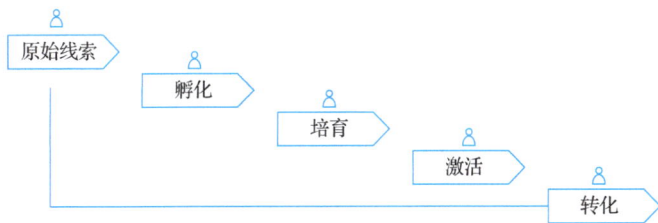

图 8-8 客户销售线索培育过程

笔者根据实践经验，总结了以下线索培育技巧。

（1）有针对性的内容。有针对性的内容能够让营销成单机会大幅增加。

（2）多个渠道联动推进线索培育。多个渠道联动推进线索培育可以让转化率大幅提升。

（3）多点接触。在客户从潜在的客户状态到最终成为客户的过程中，营销人员会和客户有多次接触的机会。在每个阶段，营销人员都需要尽职尽责，否则就可能造成客户流失。

（4）及时跟进。假设客户在"触网"后未完成成交。如果营销人员在5分钟之内及时联系客户，那么成交率将大大提高。

（5）个性化触达。在触达客户时，个性化的内容比常规的内容更有用，更能提高转化率。

（6）线索评分。通过线索评分对线索按照转化概率进行排序，然后优先选择评分高的线索进行转化，这有助于大幅提高转化率。

（7）良性互动。保持良性互动有助于大大提高转化率。

2. 客户心理账户

从经济学的角度看，客户内心一般有两个账户：一个是经济学账户，另一个是心理账户。心理账户的存在影响着客户的消费决策。图8-9是客户心理账户示例图。从消费频率角度来看，心理账户分为高频消费的现金账户、中频消费的现期资产账户和低频消费的未来账户。

营销就是通过正向激励和合适的话术让客户把"中低频消费账户"的钱转移到"高中频消费账户"中，让用户从心理上体会到消费行为很划算。比如，很多商家通过优惠活动首先刺激用户办理会员卡，并让用户在会员卡里面充钱，让用户在心理上觉得占了便宜，情愿将"中低频消费账户"的钱转移到"高中频消费账户"中。随着用户心理账户的转移，用户后续大概率会高频使用该会员卡中的钱进行消费。除此之外，这些消费行为会让客户的内心产生"划算"和"占便宜"的愉悦感，而非产生使用"中低频消费账户"那样的负疚感。

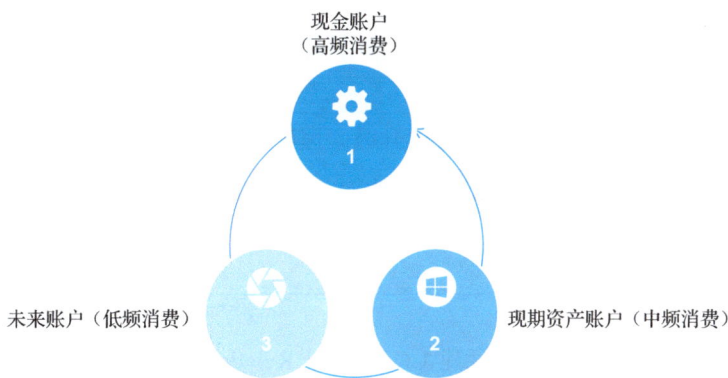

图 8-9 客户心理账户示例图

3. 客户羊群效应

"羊群效应"指客户行为上的模仿与从众行为，它有助于消除客户的疑虑。强化客户的安全感可以使客户产生紧迫感，即"别人都已经购买了，我也应该买"。这可以带动许多人购买，形成连锁反应。"羊群效应"在现实生活中的案例如下。

（1）商品人气指数与收藏指数。商品人气指数与收藏指数越高，说明其关注度就越高。

（2）商品购买咨询。商品购买咨询越多，说明潜在购物用户/具有相同购物意向的用户越多。

（3）商品购买记录与商品评价。

（4）销售排行榜/购买过该商品的人还买过的商品记录。

（5）客户评语："你的驾驶行为评分打败了80%的老司机"。

（6）广告语："奶茶一年卖出7亿杯"。

8.2.3　营销体系的4个发展阶段

8.2.1 节介绍了营销理论的升级，理论联系实际，相应的营销体系也随着营销理论的变化而发生改变。如图 8-3 所示，营销体系经历了不同的发展阶段。

第一个阶段主要流行客户关系管理系统。

最早期的客户关系管理（Customer Relationship Management，CRM）系统的主要目标是打通客户信息，构建客户画像，初步建设以客户为中心的营销和服务运营流程，实现营销的线上化和配置化。客户关系管理数据的来源主要以企业自身数据为主。客户关系管理的常用功能包括客户管理、联系人管理、时间管理、潜在客户管理、销售管理、电话销售、营销管理、电话营销、客户服务等。CRM 系统典型的应用是建设基于客户生命周期管理的营销体系，如图 8-10所示。客户生命周期管理体系重点解决以下问题。

（1）在客户获取期，面向潜在客户群，企业应该如何吸引潜在客户让他们下单？其中一种重要的营销指导工具是 1981 年布姆斯（Booms）和比特纳（Bitner）提出的 7Ps（产品、价格、渠道、促销、企业人员、流程和以客户为中心的形象展示）营销理论。除了像其他的营销工具一样强调企业提供极致的产品和服务，7Ps营销理论重点突出企业人员的重要性，强调企业人员的主人翁精神，让企业人员在每一次和客户的接触中都发挥积极作用，让客户获得更好的服务体验。

（2）在客户首次消费后，企业应该如何继续提升客户的价值，让客户持续成长，成为稳定的消费群体？

（3）在客户进入成熟期后，企业应该如何做好客户管理和服务，持续激发客户需求，不断提升客户的价值，持续提升客户的体验和满意度？

（4）在客户进入衰退期后，企业应该如何通过营销举措持续赢得客户的信任，降低客户的流失比例，延长客户的生命周期？

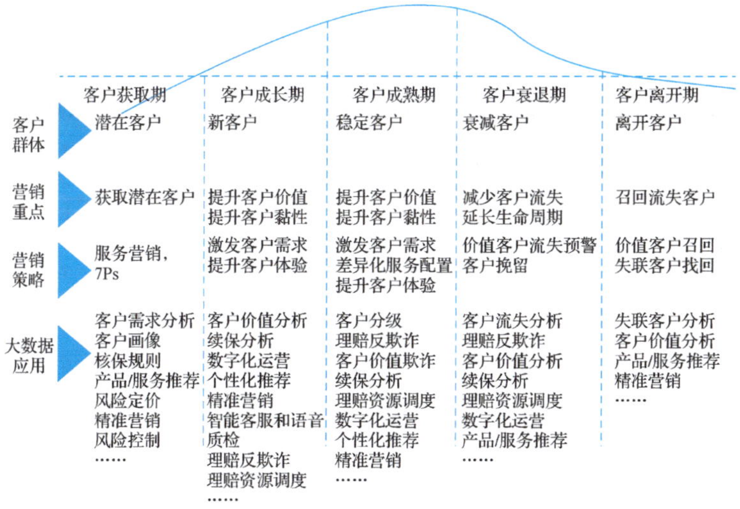

图8-10 客户生命周期管理示例

（5）在客户流失后，企业应该如何设计有效的营销活动，重新召回流失客户？

第二个阶段主要流行分析型客户关系管理系统。

随着企业和客户触点的增加，客户行为数据大幅度增加，出现了同一个客户的不同视图。为了解决客户不统一的问题，企业开始构建统一客户视图体系，打通和拉齐客户数据，实现一个客户只有一个ID和一个视图。由于客户数据极为丰富，尤其是各个触点的行为数据，大大地加深了企业对客户的了解。这使得企业可以依托于采集的客户大数据和机器学习等算法，基于客户的全方位画像，实现更精准、更智能的营销。

基于分析型客户关系管理（ACRM）系统的营销体系框架如图8-11所示，其一般由大数据平台、数据仓库、统一客户视图、ACRM系统和营销中台组成。统一客户视图重点解决客户ID的二义性问题，实现一个客户只有一个ID和一个视图。大数据平台提供计算功能。数据仓库提供各种结构化的数据标签和客户相关信息。ACRM系统提供客户管理、客户分析、客户留存、客户转化、客户偏好分析等核心功能。营销中台主要解决营销策略制定、营销资源管理、营销策略落地、营销分析和结果监控的问题。

ACRM系统的关键能力是实现客户的分析、洞察和挖掘。通过ACRM系统和营销中台的有效支撑，企业能有效地实现全流程自动化的精准营销。企业结合客户画像和ACRM系统的能力，可以形成强大的客户洞察和预测能力，让客户管理上升到一个新的台阶。同样以客户的生命周期管理为例，传统的CRM系统只基于客户的标签进行常规的销售管理、续期提醒、客户关怀和客户服务。在数据智能的协助下，ACRM 系统可以实现很多智能化的功能，如图 8-10 中提到的每个客户生命周期节点中的大数据应用。比如，在客户获取期，面向潜在客户群，通过 ACRM 系统能力的支撑，企业可以拥有客户需求洞察、风险定价、产品推荐、精准营销等能力。又如，在客户首次消费之后，通过 ACRM 系统能力的支撑，企业可以拥有续保分析、客户价值分析、数字化运营、个性化推荐、理赔反欺诈等能力。

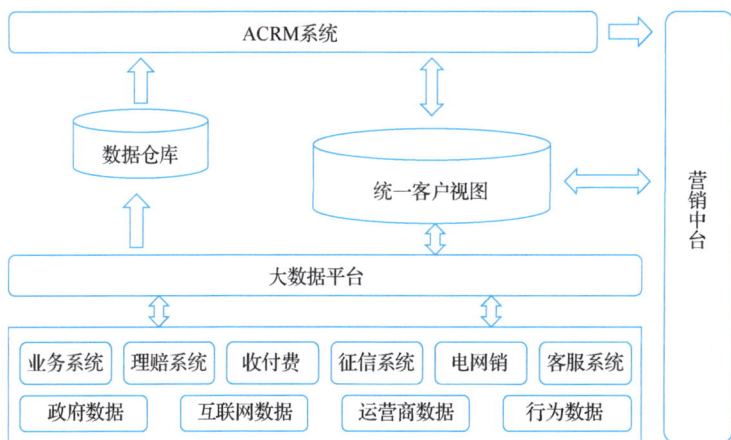

图 8-11　基于 ACRM 系统的营销体系框架

以互联网客户运营场景为例，一般将客户初步分为 4 种类型，分别是未注册客户（游客）、新注册客户、注册访问客户和成交客户。对于不同类型的客户群来说，企业可以通过 ACRM 系统的能力支撑不同的数据智能应用，如表 8-1 所示（星号越多，推荐越精准）。

表 8-1　客户分群个性化精准推荐指数

客户群	险种精准推荐指数	服务精准推荐指数	内容精准推荐指数
未注册客户（游客）	*	*	*
新注册客户	**	**	**
注册访问客户	***	***	***
成交客户	****	****	****

对于未注册客户（游客）来说，由于客户信息缺失，无法对他们实现精准推荐。这时，企业一般需要解决"冷启动"问题，即按照最热门的产品进行推荐。在客户注册后，企业有了客户的部分信息，就可以按照相似度的方法实现精准的产品、服务、内容等推荐。当客户购买了商品之后，企业可以进一步获取该客户的更多信息，这些信息有助于提高推荐的精准度。

第三个阶段主要流行基于全面数据的客户数据平台。

不管是 CRM 系统还是 ACRM 系统，其主要数据来源都是企业的内部数据。在移动互联时代，客户的轨迹跨越多个平台，客户数据分布广泛。与企业内部的客户数据相比，企业外部拥有更广泛、更海量的数据，尤其是客户行为数据。企业如何利用内部和外部的数据,实现营销价值最大化是一项系统工程。客户数据平台（Customer Data Platform, CDP）是实现该系统工程的方式之一。

图 8-12 所示为 CDP 的框架。CDP 是数据中台在营销领域的一个具体的应用和实例，因此整体的框架符合数据中台的架构。CDP 的核心组件是多方数据接入的数据采集体系、支持数据模型和技术的大数据平台、支撑算法和数据智能的算法平台、营销管理平台。

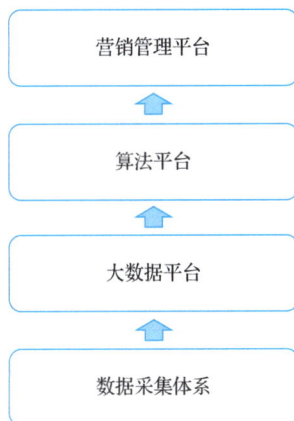

图 8-12 CDP 框架示例

CDP 支持采集多方数据，如图 8-13 所示。CDP 的数据主要包含内部数据（比如，CRM 系统的数据、业务数据和数据仓库的数据）、从外部采集的实时数据（比如，用 SDK 工具采集的数据、爬虫数据、埋点数据等）和第三方数据（比如，公开的数据、第三方数据服务商提供的数据）。CDP 要对这些数据进行清洗、规整、聚合和衍生，形成客户的海量标签。利用这些海量的客户标签，企业可以形成对客户的全面洞察（比如，产品需求、风险选择和服务偏好等），从而实现更精准、更及时、更智能的营销。

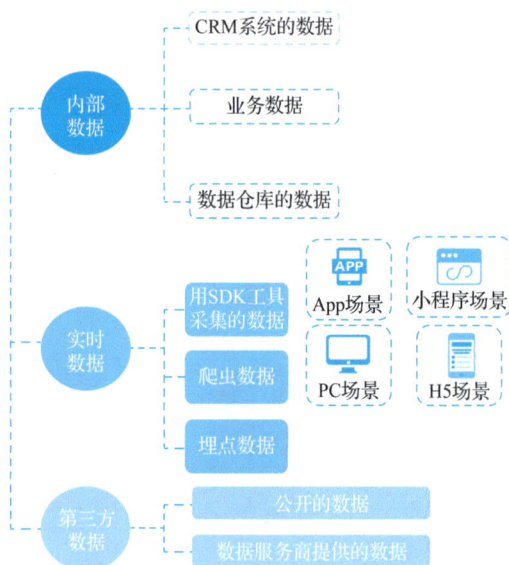

图 8-13　CDP 的数据来源

　　与 CRM 系统相比，CDP 打通了内部数据和多方外部数据，包含各种实时和非实时的数据，强调实时数据对营销的重要性和更及时地洞察、响应客户需求，能有效地支持单一客户和群体客户的精准营销、风险识别和客户服务。同样以客户生命周期管理为例，因为 CDP 接入了更丰富、更及时的实时数据，对客户动态需求的识别会更加及时，所以营销效果会更加显著。当客户刚点击某个购物网站的母婴类产品时，企业就可以初步判断该客户对母婴类产品有需求，同时根据客户的其他点击行为（比如，男性的生活用品或者娱乐用品），大概可以判断客户是青年且大概率为男性。因此，企业可以预测客户即将为人父或初为人父，进一步通过该客户的其他标签可以佐证该客户初为人父。当 CDP 捕捉到了这些信息，并基于内外部数据生成了该客户的精准画像时，企业要进一步挖掘该客户的动态需求，这时可以考虑实时给该客户推荐少儿长期重大疾病保险产品。

该客户在购买了少儿长期重大疾病保险产品后，成为企业的客户。企业可以进一步挖掘该客户的其他保险需求。对于"上有老要赡养，下有小要抚养"的青年人来说，生活压力大，保险不可或缺。按照保险配置的原则，老人一般为家庭风险最高的人群，而小孩为家庭实际花费最高的人群。青年人作为家庭的主要经济支柱，要保证生活无忧，就应该优先为自己配置保险产品。

在保额的配置上一般为"最幼子女独立前（比如，22岁）家庭必需的各项支出（生活开支、孩子教育、父母赡养、医疗费用、车贷、房贷等）-储蓄及可快速变现的资产-夫妻另外一方未来可预期的基本收入"，这是国际上比较流行和认可的保额计算法。举例说明：比如，A先生今年30岁，妻子全职在家，房贷约为30万元，现在每年的家庭生活消费支出为5万元，父母晚年的赡养费为20万元，孩子从刚出生到毕业独立预计需要教育费用50万元，房子可变现100万元，保障到60岁，通过企业计算：

该客户未来30年需要花费的费用为30万元+5万元×30+20万元+50万元=250万元，则按照上述规则该客户需配置的保额至少为250万元-100万元=150万元。如果对各项支出无法预测，建议以个人年收入的5～10倍为基本保额。根据个人的经济收入情况，"80后"可以选择以下5种保险配置方案。

（1）基础版配置。意外保险+医疗保险+重大疾病保险。

（2）青铜版配置。意外保险+医疗保险+重大疾病保险+老人专属意外保险+老人定制医疗保险。

（3）白银版配置。意外保险+医疗保险+定期寿险+老人专属意外保险+老人专属医疗保险。

（4）黄金版配置。意外保险+医疗保险+重大疾病保险+定期/终生寿险+老人专属意外保险+老人专属医疗保险。

（5）白金版配置。意外保险+医疗保险+重大疾病保险+定期/终生寿险+老人专属意外保险+老人专属医疗保险+儿童教育基金保险。

因此在客户成长或成熟期，企业可以根据上述保险产品配置规则，给客户更加精准的产品和服务推荐服务、更加合理的定价服务，同时赋能销售，提供营销话术设计，做好营销活动策划等服务。这么做的好处主要体现在两个方面：一方面有助于提高营销效能，另一方面提升了客户的服务体验和满意度。

第四个阶段主要流行支持客户消费平权和共创的新型营销系统。

这个阶段的典型特点是客户的消费平权和共创的意识越来越强。在很多营销场景中，客户期待扮演更多的角色。以保险营销场景为例，除了"消费者"的角色，很多时候客户还扮演产品的设计共创者、宣传者和推广者的角色。换句话说，客户会同时扮演"消费者""生产者""传播者"的角色。

基于此，在传统的营销系统基础上，新时代的营销系统需要支持客户的这些新诉求（消费平权和共创）。如何在 CDP 和 ACRM 系统上，融入消费平权和共创的思想是一项新的挑战。这个新型系统是面向未来的新业态，目前还没有成熟的框架和体系，所以整个营销行业的从业者需要共同探索。

8.3 营销中台建设

一个"好的营销中台"应该让企业从客户管理、营销活动策划、营销资源管理、营销活动管理、智能营销到营销分析和监控实现全流程的自动化与智能化。本节重点介绍营销中台的框架和建设。

8.3.1 营销中台框架图

图 8-14 是营销中台框架图。营销中台通常包含 8 个子模块，分别是客户管理、营销策划管理、营销活动管理、营销策略管理、渠道管理、销售管理、资源管理和营销看板。下面详细介绍这些子模块的功能，并详细阐述它们之间的关系及其如何支持智能营销。

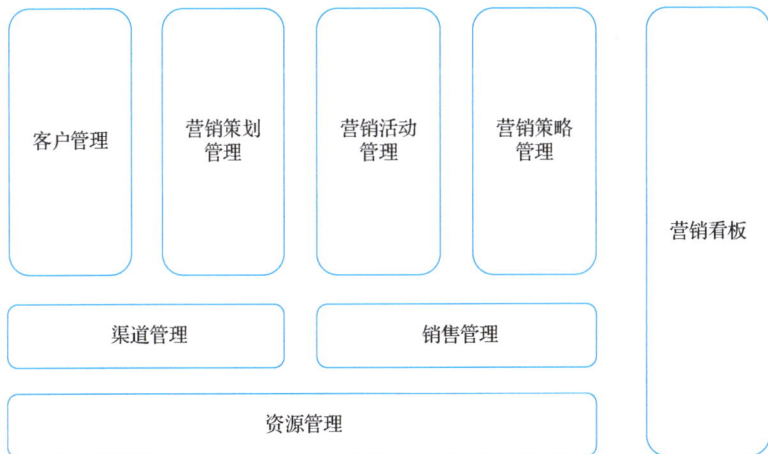

图 8-14 营销中台框架图示例

8.3.2 营销中台功能介绍

1. 客户管理

客户管理主要用于在营销过程中精准确定目标客户和洞察该客户的需求、偏好，然后执行相关的营销客户准备工作。其主要功能包含客户的查询、圈选、合并、分群、采样、信息的备注和编辑、透视、洞察、屏蔽、切片、名单下发等功能。

图 8-15 是营销管理中一个典型的客户管理流程。

第一步，应用客户圈选功能选择一部分候选客户群体进行数据探查工作。

第二步，通过客户透视和分析功能，对该客户进行多维分析。

第三步，应用客户洞察功能挖掘客户潜在的需求和偏好。

第四步，由于特殊的要求，在营销过程中一般会主动屏蔽一部分客户，如黑名单客户。

第五步，对多个客户群进行合并和聚合。

第六步，先对目标客户群进行采样，选择一部分客户测试营销活动的效果。

第七步，确定最终的营销目标客户。

第八步，将营销目标客户下发到生成环节，准备后续的营销活动。

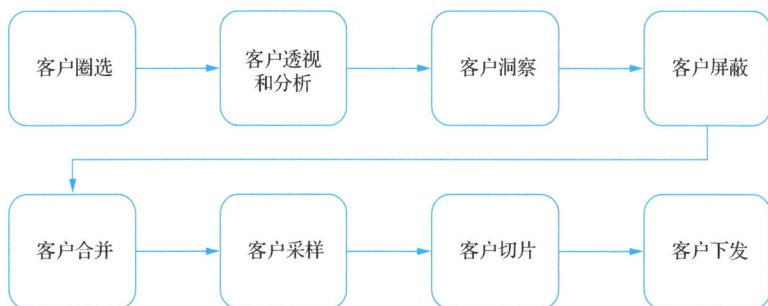

图 8-15 客户管理支持营销应用示例

2. 营销策划管理

营销策划管理主要用于对营销活动进行规划，并管理整个营销活动的费用预算、业务目标、人员匹配、日程规划、计划、营销事件、营销计划跟踪、营销统计分析、营销签报、营销日历等。

以计划管理为例，计划管理一般包含年度计划、季度计划、月度计划、周计划、计划审核、计划分解、机构设置、销售目标、定额查看、报表展示等环节。

以营销日历管理为例，营销日历管理一般包含营销日历创建、营销日历编辑、营销日历查询、营销日历跟踪、营销事件创建、营销事件修改、营销事件变更、营销事件查看、营销事件跟踪和提醒等功能。

营销策划管理模块应该在基于现有业务营销计划管理的基础上，对最终的营销计划成果进行统一的管理和维护，支持在每月制订月度计划时对总的营销计划进行相应的修正。同时，营销策划管理模块对所有营销计划的修正都会记录，并能够通过系统对相应的营销活动执行进行关联，根据业务需求，可以对营销活动的设计和执行进行控制。营销计划的设置、修改和执行都可以通过分析监控平台监控。

3. 营销活动管理

营销活动管理主要用于管理营销活动，让营销活动按照规划有条不紊地往前推进。图 8-16 所示为营销活动管理的主要功能模块。

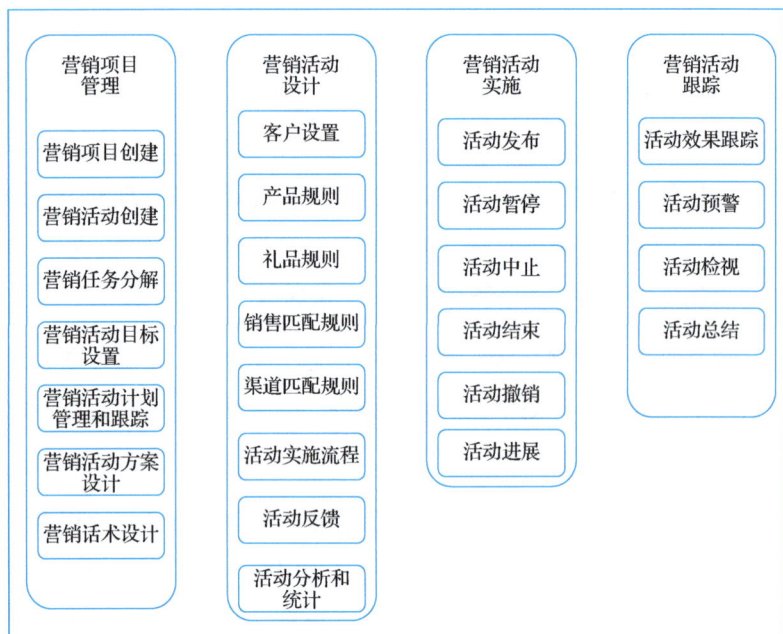

图 8-16　营销活动管理的主要功能模块

（1）营销项目管理的主要功能模块包含营销项目创建、营销活动创建、营销任务分解、营销活动目标设置、营销活动计划管理和跟踪、营销活动方案设计、营销话术设计。

（2）营销活动设计的主要功能模块包含客户设置、产品规则、礼品规则、销售匹配规则、渠道匹配规则、活动实施流程、活动反馈、活动分析和统计。更细化的工作任务有目标客户群的匹配和规则设置、产品组合的规则和设置、礼品投放的规则和设置、活动执行渠道设置、投放媒介信息和投放规则设置、营销活动执行流程（比如如果是短信投放，那么设置短信投放规则）、客户对营销活动的响应和反馈、营销活动分析和优化等。

（3）营销活动实施的主要功能模块包含活动发布、活动暂停、活动中止、活动结束、活动撤销和活动进展。更细化的工作任务有活动发布流程和规则、活动暂停流程和规则、活动中止流程和规则、活动结束流程和规则、活动撤销流程和规则、活动执行的进展和状态等。

（4）营销活动跟踪的主要功能模块包含活动效果跟踪、活动预警、活动检视和活动总结等。

4. 营销策略管理

营销策略管理依托于规则引擎，配置和管理营销规则。营销策略管理主要包含以下两个模块，如图 8-17 所示。

（1）营销规则管理。营销规则管理的主要功能包含规则查询、规则创建、规则导入、规则修改、规则删除、规则导出、规则跟踪和规则评估等。

（2）营销模型管理。营销模型管理主要用于构建智能推荐模型实现精准营销和精准匹配。比如，实现产品精准推荐、名单和销售或渠道的精准匹配等。模型管理的主要功能包含模型建设、模型验证、模型上线、模型下线、模型评估等。

图 8-17　营销策略和规则管理示例

5. 渠道管理

渠道管理是营销中台的主要模块之一，主要用于管理企业和渠道的合作关系，实现企业和渠道之间的共赢。渠道管理常用的功能包含渠道创建、渠道协议管理、渠道编辑、渠道评级、渠道合作状态管理、渠道产品管理、渠道政策管理、渠道结算管理、渠道业绩管理等。

6. 销售管理

销售管理的目标是，实现对销售团队和销售人员的综合管理，实现销售团队和销售线索的最佳匹配，达到销售团队业绩的最大化。

销售管理的主要功能包含销售团队创建、基本法管理、绩效管理、业绩管理、销售线索匹配、销售过程管理、激励政策管理、销售费用管理、销售话术管理、销售合规管理和销售知识库管理等。

7. 资源管理

资源管理主要用于管理企业的各种营销相关的资源（比如，方案、产品、服务、礼品、投放媒介、合作伙伴、营销素材等），实现这些营销资源可配置、可选择、可调用、可查看和可管理。

以产品管理为例，产品管理一般包含产品创建、产品修改、产品变更、产品筛选和查看、产品组合、产品规则、产品上架和产品下架等功能。以合作伙伴管理为例，合作伙伴管理一般包含合作伙伴创建、合作伙伴修改、合作伙伴评价、合作的产品和方案、合作伙伴的业务统计等功能。

图 8-18 是营销管理中一个典型的产品管理流程。

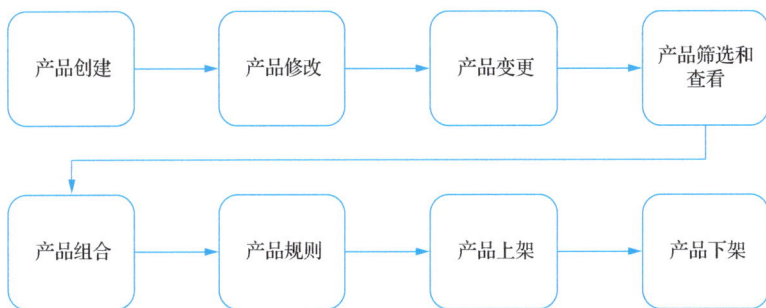

图 8-18　产品管理支持营销应用示例

第一步，产品创建，录入产品相关的各种信息和规则。

第二步，对产品相关信息进行编辑和修改。

第三步，如果涉及产品规则的变更，可以变更产品的规则。

第四步，从众多产品列表中筛选和查看需要的产品。

第五步，基于客户的需求，将产品组合成方案对外销售。

第六步，配置产品的佣金、基本法和销售规则，比如希望开放给哪些人群和地域。

第七步，在一切准备好后，产品开始上架，对外销售。

第八步，产品生命周期结束后，完成产品下架。

8. 营销看板

营销看板通过 BI 和多维分析的方式支持对营销的全流程进行跟踪、记录、分析和洞察，从数字和趋势维度评判营销过程管理和营销结果的效果。图 8-19 所示为营销看板的主要功能模块，包含客户分析、营销策划分析、营销资源分析、营销过程分析、销售产能分析、渠道分析、产品分析、营销效果分析等。

图 8-19　销售看板的主要功能模块

（1）客户分析。客户分析主要包含客户生命周期分析、客户偏好分析、客户结构分析、客户价格敏感度分析、客户风险分析、客户社交网络分析、客户响应分析等。

（2）营销策划分析。营销计划的设置、修改和执行都可以通过营销看板子功能模块——分析监控平台进行分析和监控。

（3）营销资源分析。营销资源分析主要包含从产品角度分析客户构成、保费构成等，从媒体角度分析获客数、产能、结算等［比如，支持 CPA（每次行动成本）、CPS（按销售量付费）等主要的网络媒介结算和分析］，从礼品角度分析产能、使用率、客户构成等。

（4）营销过程分析。营销过程分析包括销售漏斗分析、销售话术分析、营销策略分析等。

（5）销售产能分析。销售产能分析包括销售"漏斗"分析、销售状况分析、趋势分析、销售执行概要分析、个人计划达成分析、个人销售趋势分析等。

（6）渠道分析。渠道分析包括渠道销售状况分析、渠道业绩趋势分析、渠道销售执行概要分析、渠道计划达成分析、渠道健康度分析等。

（7）产品分析。产品分析包括产品热度分析、产品销量分析、产品匹配度分析、产品交叉销售情况等。

（8）营销效果分析。营销效果分析包括所有营销活动的概要信息分析、直销渠道的营销活动效果分析、电话销售人员的产能情况分析、客户流失率情况分析、续保专题分析等。

8.4 营销中台应用案例

8.4.1 电话营销续保精准营销

对于保险公司来说，"续保"是一项举足轻重的工作任务，续期率将大幅度影响企业的经营效益并反映客户对企业的忠诚度。对于续保客户来说，企业可以将获客成本分为两个部分：一部分用于回馈续保客户，以提高客户的满意度和忠诚度。另一部分可以被节省下来，用作拓展新客户，从而获得更高的营业收入。高续保率有利于促进企业良性增长。

依托于营销中台，电话营销续保的精准营销全流程如图 8-20 所示。整体续保营销大概分为 28 个重要环节，基本覆盖营销管理的 8 大功能模块。其中，最核心的功能是对客户群精准的产品、服务、价格和礼品的匹配，既让客户感受到优惠和诚意，又能拉升企业的续保率。

续保精准营销依托于营销中台的能力，以下 3 个重要因素与续保率有关。

（1）企业的客户结构。如果企业的大部分客户为价格敏感型人群，那么说明客户更容易受价格的诱惑而选择离开，忠诚度相对较低。对于这些客户来说，提高续保率难度较大。如果要提高续保率，那么企业应该致力于优化企业的客户结构和推进企业的品牌建设，重构企业在客户心中的形象，吸引更多服务敏感型客户，将价格敏感型客户的比例控制在合理的比例范围。

图 8-20　电话营销续保的精准营销全流程

（2）产品创新能力。第二种提高续保率的方式是，企业应该不断地推出新的更好的产品和服务，不断求索，不断创新，满足价格敏感型人群的个性化需求，不断制造惊喜感，让这些客户舍不得离开。

（3）对续保客户的全面洞察。企业要洞悉客户的动态需求、痛点和消费意愿，然后设计个性化的营销活动提升客户的消费意愿和消费水平。洞察越精准，客户的续保率越高。

图 8-21 所示为续保排序模型。企业要对目标名单构建数据挖掘模型，输出成交评分，评分越高，客户越容易成交。在模型的实际落地应用中，只有评分是远远不够的，企业还需要结合评分、客户画像、话术、自动营销和营销管理，对销售进行全流程的精准指导，让营销结果尽可能达到最佳。

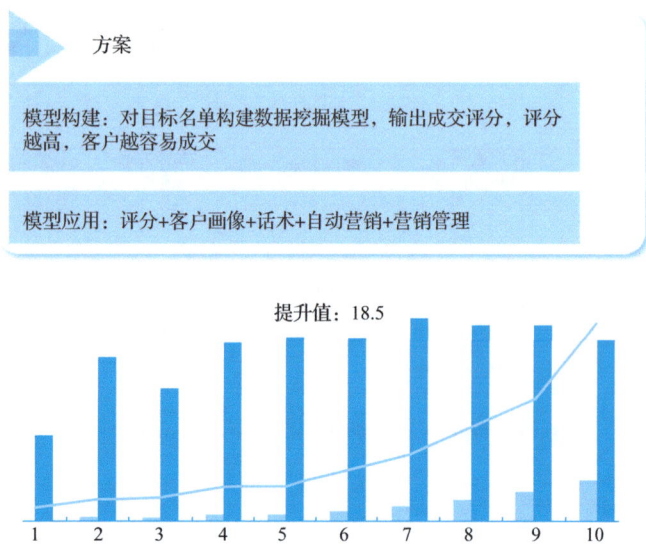

图 8-21 续保排序模型

8.4.2 广告精准投放获客+线索转化

除了电话营销，企业有时也需要进行广告的精准投放，以获取更多的销售线索。在获得足够的销售线索后，企业要依托于营销中台的强大智能和网电结合的方式整体提升客户的转化率。目前，精准获客的来源主要有以下几种：线下地推、搜索引擎［以搜索引擎营销（SEM）和搜索引擎优化（SEO）为主］、网络广告引流、社交媒体引流、社群营销、异业联盟引流、第三方合作伙伴引流、自建私域流量池等。

图 8-22 是广告精准投放营销流程。在创建营销活动后，企业开始启动广告投放（比如，在社交媒体上投放广告获取购买健康险的潜在线索），对投放流程、数据进行跟踪和分析，不断提高广告投放的效率。如果按点击率进行计算，那么要不断地提高客户的点击率。

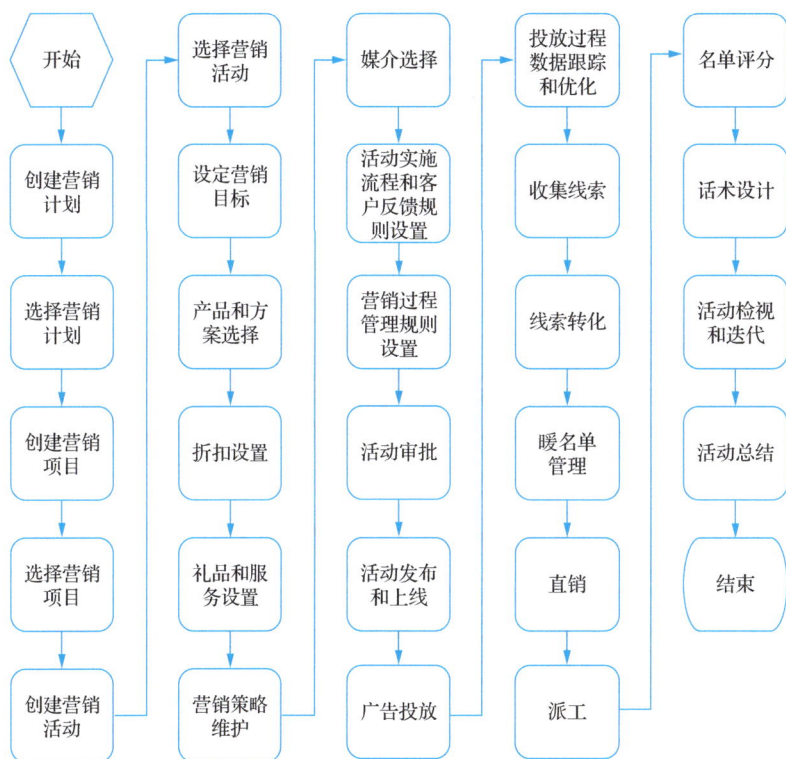

图 8-22　广告精准投放营销流程

在获得线索后，企业要尝试通过各种运营举措将线索进行转化。比如，企业可以考虑对获取的客户进行营销，进一步明确客户的购买意愿。有明确购买意愿的客户名单称为暖名单。在获取暖名单之后，在客户授权的情况下，企业可以考虑通过电话服务的方式进行沟通，以达到促单和服务客户的目的。电话服务不是唯一的转化路径，企业也可以通过其他方式，比如自建私域流量池通过互联网内容营销的方式逐步转化。企业有时候也会采用互联网和电话营销融合的方式促进客户转化。

由于客户的差异化和个性化需求，企业如果能通过评分模型进一步对暖名单客户的成交意愿进行排序，然后辅以话术的设计，就能进一步提高线索的转化率。

8.4.3　保险智能销售助手

保险智能销售助手也是营销领域常见的数据驱动的应用工具之一。基于营销中台强大的能力，保险智能销售助手可以支持对客户需求的精准洞察和精准营销。图 8-23 是智能销售助手有效助力精准营销的示例。除了保险行业，智能销售助手可以被应用于多个行业，比如银行业、通信业等。虽然应用的行业有所差异，但是从内核上非常相近。智能销售助手一般包含以下功能或能力。

（1）大数据采集能力。智能销售助手要能够采集企业内部和外部各种可用的数据，为其所用。

（2）标签体系化建设能力。智能销售助手要能够基于采集的大数据，构建不同主题（比如客户、渠道、产品等）的客户画像和标签，为大数据应用打好数据资产的基础。

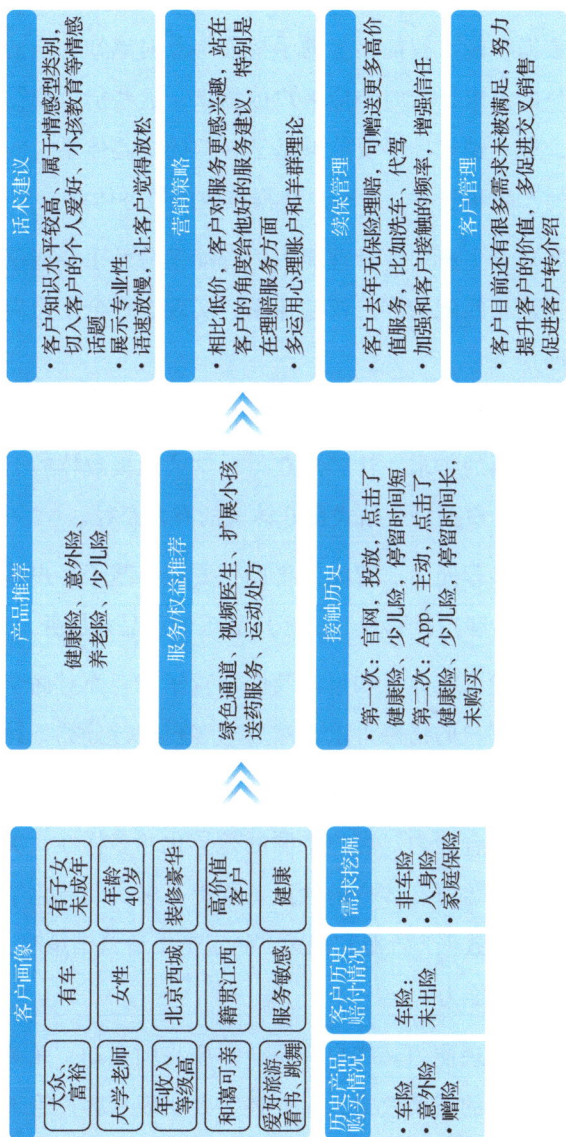

图 8-23 智能销售助手助力精准营销

客户画像
- 大气、富裕
- 大学老师
- 年收入等级高
- 和蔼可亲
- 爱好旅游、看书、跳舞
- 有车
- 女性
- 北京西城
- 籍贯江西
- 服务敏感
- 有子女未成年
- 年龄40岁
- 装修豪华
- 高价值客户
- 健康

历史产品购买情况
- 车险
- 意外险
- 赠购

客户历史赔付情况
- 车险：未出险

需求挖掘
- 非车险
- 人身险
- 家庭保险

产品推荐
健康险、意外险、养老险、少儿险

服务权益推荐
绿色通道、视频医生、送药服务、运动处方、扩展小孩

接触历史
- 第一次：官网、投放、点击了少儿险、健康险，停留时间短
- 第二次：App、主动、点击了健康险、少儿险，停留时间长，未购买

话术建议
- 客户知识水平较高，属于情感型类别，切入客户的个人爱好、小孩教育等情感
- 展示专业性
- 语速放慢，让客户觉得放松

营销策略
- 相比低价，客户对服务更感兴趣，站在客户的角度给他好的服务建议，特别是在理赔服务方面
- 多运用心理账户和普群理论

续保管理
- 客户去年无保险理赔，可赠送更多高价值服务，比如洗车、代驾
- 加强和客户接触的频率，增强信任

客户管理
- 客户目前还有很多需求未被满足，努力提升客户的价值，多促进交叉销售
- 促进客户转介绍

（3）数据智能。智能销售助手要能够及时感知客户的需求，充分挖掘客户的需求，及时响应客户的需求。这些能力都需要数据智能的支持，智能销售助手要能够基于客户的标签体系，实时提供客户最需要的产品和服务，让客户获得极致的服务体验。

（4）客户全生命周期管理能力。智能销售助手要能够对客户进行分层，构建相匹配的客户权益体系，实现客户全生命周期的有效识别和管理。

（5）交叉销售能力。客户的需求是多方位、多层次的。企业应该满足客户全面的需求，让客户获得一站式的极致体验。交叉销售服务闭环是让客户获得一站式良好体验的有效路径。

（6）产品推荐能力。智能销售助手要能够基于客户画像和推荐算法的支持，给客户推荐最匹配客户需求的产品和服务。

（7）话术建议能力。如果涉及电话营销或者面对面营销场景，系统就能洞察客户的情感诉求，然后对客户进行分类，针对不同的客户采取不同的话术模板和情感互动方式。

（8）渠道整合能力。客户来源的差异化和多样性，决定了单一渠道策略很难覆盖所有客户的触点。要提高客户的转化率，就需要整合各个渠道的数据、资源和能力，制定全渠道营销策略，形成"海陆空"联合作战能力。

（9）营销管理能力。客户和企业需要高频互动，尤其在营销环节。要达到良好的营销效果，企业还需要实现从客户管理、营销活动策划、营销资源管理、营销活动管理、智能营销到营销分析和监控等流程的自动化与智能化。

9

风险管理中台：360° 的风险管家

企业的风险无处不在，如财务风险、数据风险、系统安全风险、经营风险、业务风险、欺诈风险等。如何应对这些风险是企业正常经营和健康发展的基础。尤其在数字化时代，数据是连接各个主体的关键资源，如何构建企业的风险管理中台？如何通过大数据、平台和算法形成强大的事前风险感知和预测能力？如何打造事前—事中—事后的风险管理闭环？这些都是数字化时代的企业必须要面对且必须要解决的问题。本章重点介绍风险管理中台的建设方法，并详细阐述风险管理中台如何支持事前—事中—事后的风险管理闭环。

9.1　风险管理中台

9.1.1　汽车保险的主要风险管理节点示例

6.3.3 节详细地介绍了汽车保险的主要风险管理节点，包含投保、营销、支付、查勘、人伤调查、定损、未决管理、核赔、客户服务等。每个环节都有很多风险需要关注和处理，如在报案和查勘环节可能存在以下风险点：在报案环节造假（如找人顶包）、在查勘环节造假等，如在查勘中发现客户报案的出险地点与经核实的客户实际出险地点距离过远、系统录入电话多次出现、查勘时间早于报案时间、经核查发现客户报案中存在同一个电话频繁报案、经核查发现客户报案信息不实等。

由于汽车保险赔付的流程长、过程复杂、参与主体多，如果单纯依靠人工进行识别和处理风险显然力不从心、效率低下且效果不佳。系统化的支撑、智能化的引导和预测能解决人工操作的种种痛点，因此风险管理中台建设呼之欲出。

9.1.2 风险管理中台框架图

图 9-1 是风险管理中台的框架。风险管理中台主要包含 10 个子模块，分别是数据采集平台、数据平台、数据仓库、统一 ID 和标签平台、算法和智能平台、风险管理中间件平台、风险管理服务平台、风险管理监控平台、风险管理审计和调查平台，以及风险管理回溯平台。

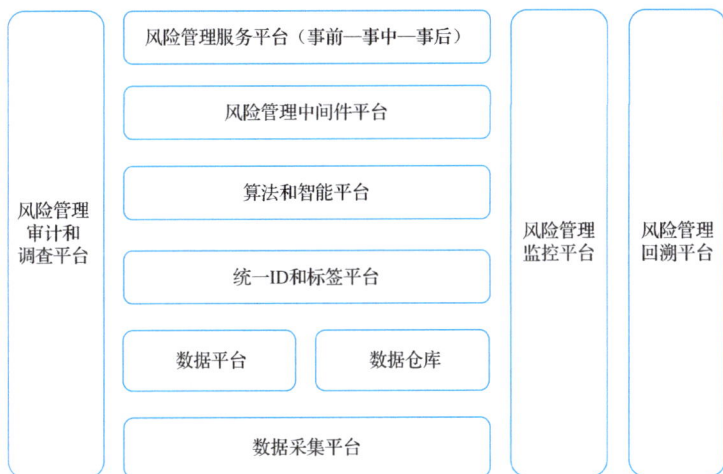

图 9-1　风险管理中台的框架

9.1.3 风险管理中台功能介绍

遵循数据中台的基本框架，风险管理中台也包含数据采集平台、数据平台、数据仓库、统一 ID 和标签平台等公共模块。差异点在于风险管理中台是数据中台的一个实例，包含一些个性化的功能模块，如风险管理审计和调查平台、风险管理中间件平台、风险管理服务平台、风险管理回溯平台等。下面详细介绍这些子模块的功能，并详细阐述它们之间的关系和如何支持风险管理。

1. 数据采集平台

数据采集平台主要负责采集与风险相关的各种数据。在不同的应用场景中，采集的数据差异很大。从风险管理角度来看，常见的数据采集标签如图 9-2 所示，主要包含与人相关、与设备相关、与能力相关、与资产相关、与关系相关、与行为相关、与环境相关、与风险相关的一些关键信息。

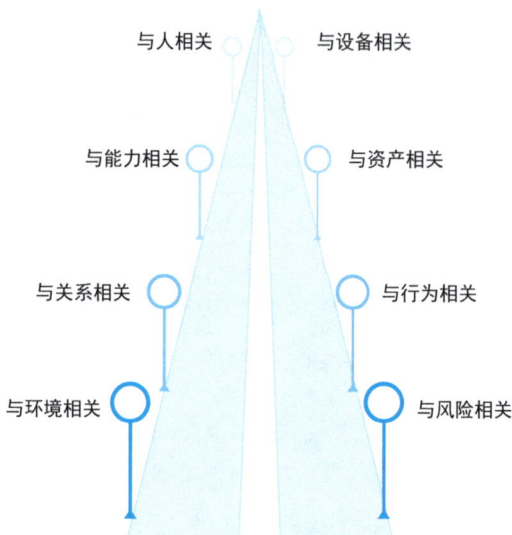

图 9-2 风险类数据采集示例

（1）与人相关的信息一般包含基础信息（比如，ID、性别、年龄、地域、教育水平、职业等）。

（2）与设备相关的信息一般包含设备 ID、设备 IP 地址、设备指纹、设备的基础信息等。

（3）与能力相关的信息一般指人和企业各种能力方面的标签（比如，收入水平、消费能力、盈利能力等）。

（4）与资产相关的信息主要包含人和企业的资产情况（比如，资产负债情况、投资情况等）。

（5）与关系相关的信息一般指人和人、人和设备、设备和设备之间的关系。

（6）与行为相关的信息主要指人的行为信息（比如，消费行为、社交行为、金融行为、保险行为、运营商行为、互联网行为等）。

（7）与环境相关的信息主要指各种宏观和微观的环境信息（比如，宏观经济走势、房价走势、市场竞争情况、天气情况、道路情况等）。

（8）与风险相关的信息主要指各种与风险相关的指标（比如，信用风险评分、信贷逾期情况、安全驾驶情况、安全生产情况、处罚情况等）。

2. 数据平台

风险管理对数据平台的计算和查询能力要求较高。数据平台既要支持离线计算，也要高效地支持实时计算，同时还要满足各种快速、高效的查询需求。图 9-3 是一个典型的风险管理数据平台框架。其中，离线计算通过 Hive 和 Spark 支持，Spark 和 Flink 支持流式计算，HBase、MySQL、PgSQL 支持实时查询。

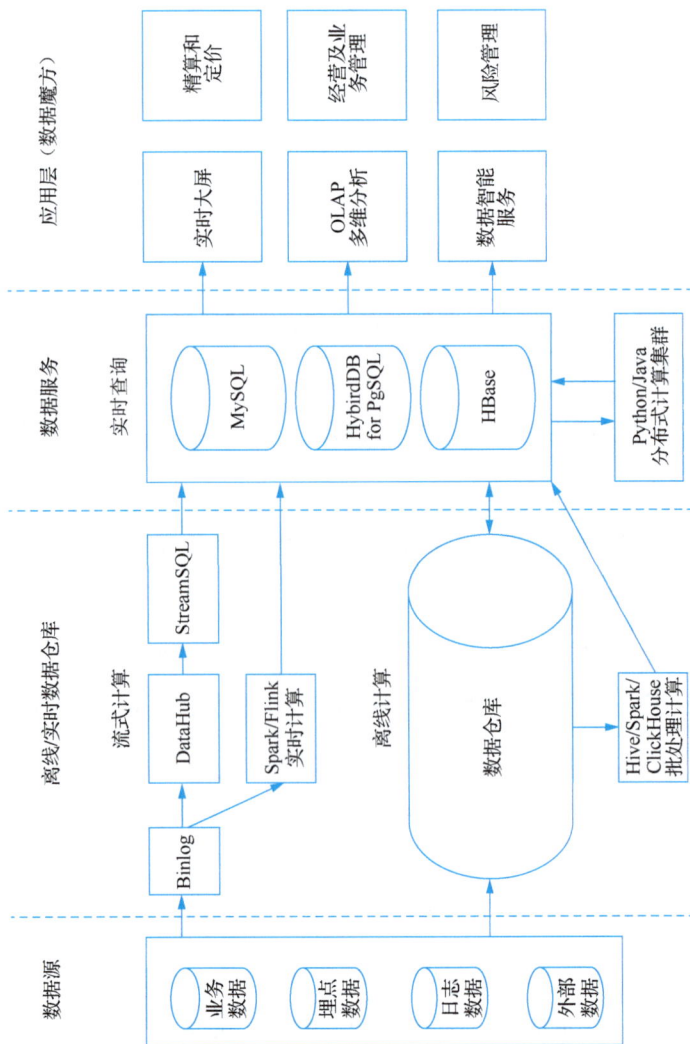

图 9-3 风控数据平台框架

数据平台已在第 5 章详细阐述，在此不再赘述。

3. 数据仓库

风险管理中台的数据仓库的结构完全遵循数据中台的分层结构，如图 9-4 所示。风险管理中台的数据仓库同样可以分为 5 层。

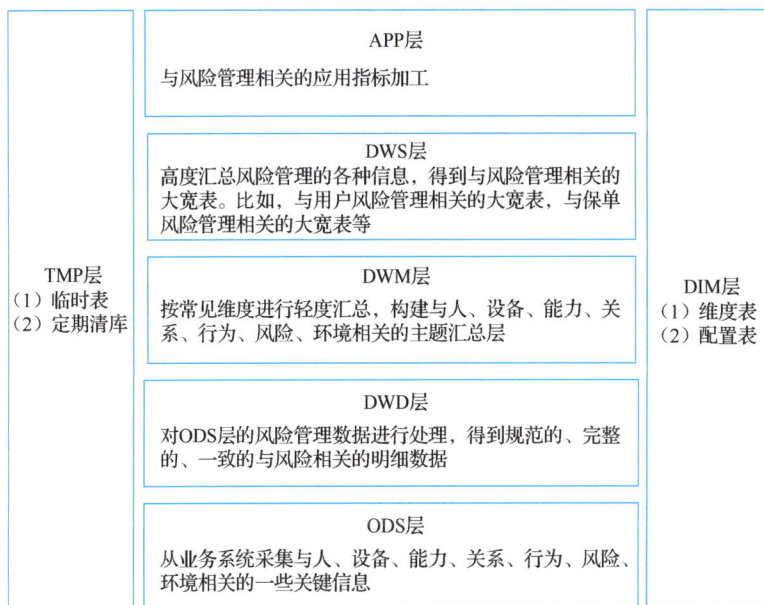

```
┌──────────┐  ┌─────────────────────────────────────┐  ┌──────────┐
│          │  │              APP层                    │  │          │
│          │  │   与风险管理相关的应用指标加工          │  │          │
│          │  │ ┌─────────────────────────────────┐ │  │          │
│          │  │ │            DWS层                  │ │  │          │
│          │  │ │ 高度汇总风险管理的各种信息，得到与   │ │  │          │
│          │  │ │ 风险管理相关的大宽表。比如，与用户   │ │  │          │
│          │  │ │ 风险管理相关的大宽表，与保单         │ │  │          │
│  TMP层    │  │ │ 风险管理相关的大宽表等              │ │  │  DIM层    │
│ (1) 临时表 │  │ ├─────────────────────────────────┤ │  │ (1) 维度表 │
│ (2) 定期清库│  │ │            DWM层                  │ │  │ (2) 配置表 │
│          │  │ │ 按常见维度进行轻度汇总，构建与人、   │ │  │          │
│          │  │ │ 设备、能力、关系、行为、风险、环境   │ │  │          │
│          │  │ │ 相关的主题汇总层                    │ │  │          │
│          │  │ ├─────────────────────────────────┤ │  │          │
│          │  │ │            DWD层                  │ │  │          │
│          │  │ │ 对ODS层的风险管理数据进行处理，得到  │ │  │          │
│          │  │ │ 规范的、完整的、一致的与风险相关的   │ │  │          │
│          │  │ │ 明细数据                          │ │  │          │
│          │  │ └─────────────────────────────────┘ │  │          │
│          │  │ ┌─────────────────────────────────┐ │  │          │
│          │  │ │            ODS层                  │ │  │          │
│          │  │ │ 从业务系统采集与人、设备、能力、关系、│ │  │          │
│          │  │ │ 行为、风险、环境相关的一些关键信息   │ │  │          │
│          │  │ └─────────────────────────────────┘ │  │          │
└──────────┘  └─────────────────────────────────────┘  └──────────┘
```

图 9-4 风险管理中台的数据仓库分层示例

第一层——ODS 层：从业务系统采集与人、设备、能力、关系、行为、风险、环境相关的一些关键信息。

第二层——DWD 层：对 ODS 层的风险管理数据进行处理，得到规范的、完整的、一致的与风险相关的明细数据。

第三层——DWM 层：按常见维度进行轻度汇总，构建与人、设备、能力、关系、行为、风险、环境相关的主题汇总层。

第四层——DWS 层：高度汇总风险管理的各种信息，得到与风险管理相关的大宽表。比如，与用户风险管理相关的大宽表，与保单风险管理相关的大宽表等。

第五层——APP 层：与风险管理相关的应用指标加工，满足 BI、业务前台应用、数据建模等数据要求。

数据仓库已在第 4 章进行详细阐述，在此不再赘述。

4. 统一ID和标签平台

各种风险防不胜防。为了更好地防范应用风险，企业需要采集更多来源的数据。这就意味着数据来源多样化，唯一标记核心主体的 ID 也会存在多样化的可能性。以人为例，有手机号、身份证号、学籍 ID、工号、Cookie、手机唯一识别标记——imey 号、人的各种物联网设备 ID 等。为了更好地打通各种信息，实现数据价值的最大化，统一 ID 成为必须要完成的任务。

在完成了 ID 统一后，下一步就需要为核心的风险管理主体构建 360° 的画像和标签体系，如投保人的风险管理画像、被保险人的风险管理画像、小额借贷人的风险管理画像、企业的风险管理画像等。图 9-5 是健康保险产品采集的被保险人风险画像的示例。

如图 9-5 所示，对于健康保险产品来说，主要的风险是被保险人存在健康风险，如健康状况不佳、带病投保、生活习惯不好、行为风险高等。对这些高风险行为进行有效识别，有助于对这个客户进行精准的分级，从而采取相应的应对举措来防范风险。

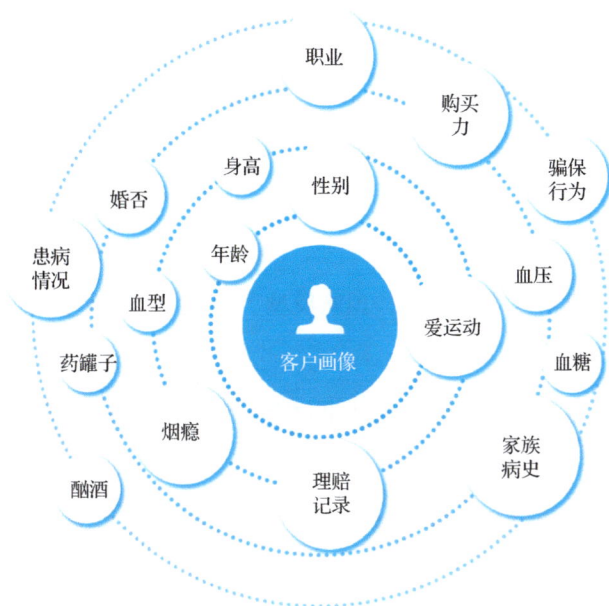

图 9-5　被保险人风险画像的示例

5. 算法和智能平台

算法和智能平台是风险管理能力的中枢。通过对算法和风险管理技术的应用，企业可以通过对数据的洞察，事前发现潜在的风险，然后制定风险策略对风险进行干预，并监控风险策略的运行情况，在出现偏差之后，及时优化和迭代策略。

常用的风险管理技术如下。

（1）爬虫。爬虫可以爬取与风险管理相关的数据。我们可以对爬取的数据进行分类、清洗和规整，使其达到可用的标准。

（2）构建客户画像和标签。我们要构建与风险主体相关的画像和标签体系，如人口属性标签、地理位置标签、交易行为标签、社交群体标签、短期需求标签、长期习惯标签等。

（3）设备指纹技术。我们要采集设备标记、IP 地址、地域、环境异常检查等信息，通过这些信息构建设备的画像。当发现设备的重要信息发生变化时（比如，IP 地址、地域等），系统一般会发出预警，提示发生异常事件。

（4）机器学习。比如，预测模型、评分卡、分类模型、聚类模型等。

（5）图像识别。常见的技术包含人脸识别、活体识别、证件识别等。

（6）生物探针和行为序列。常见的应用包含行为模型、行为序列、地理位置识别。

（7）社交网络分析。当面对复杂的关系网络时，数据分析人员一般会获取该网络中的各种关系，包含人和人的关系、设备和设备的关系、人和设备的关系，常见的应用有关联关系模型、社交关系模型等。

（8）语音和声纹识别。常见的应用有语音识别、话术指引、语音合成等。

（9）区块链技术。我们可以应用区块链技术采集和整合多方数据，判断是否多投、多保、重复投保等高风险行为。

6. 风险管理中间件平台

为了满足业务前台对风险管理的各种需求，企业需要对风险管理的各种能力进行抽象和封装。当面对新的应用时，企业要能够通过各种能力的组装快速地响应业务需求。设想一下，通过中间件功能模块的"拖、拉、拽"构建风险管理流程，然后将其组装成业务需要的应用，就可以满足业务的需求是多么美好的一件事情。

图 9-6 是风险管理中台主要的中间件示例。中间件主要包含 3 大功能，分别是数据处理、算法应用、策略配置和管理。

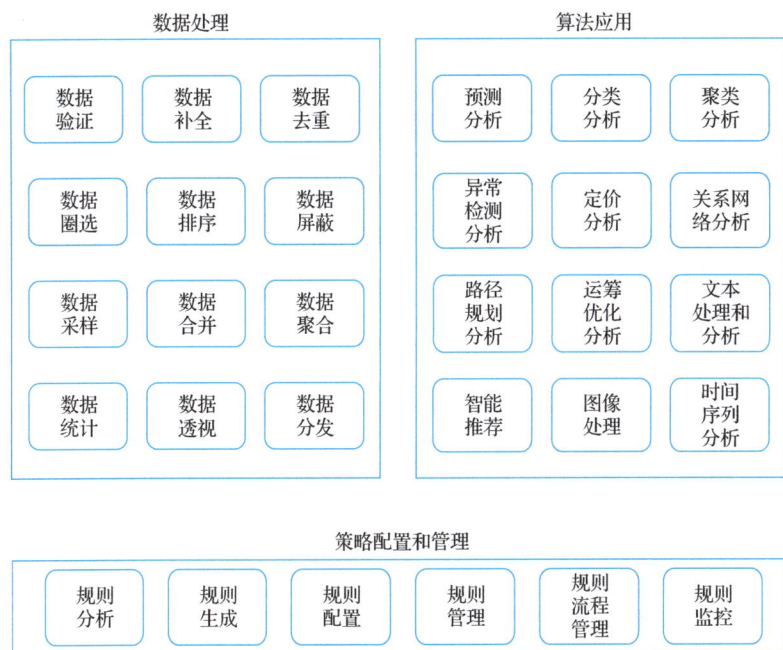

数据处理

数据验证	数据补全	数据去重
数据圈选	数据排序	数据屏蔽
数据采样	数据合并	数据聚合
数据统计	数据透视	数据分发

算法应用

预测分析	分类分析	聚类分析
异常检测分析	定价分析	关系网络分析
路径规划分析	运筹优化分析	文本处理和分析
智能推荐	图像处理	时间序列分析

策略配置和管理

规则分析	规则生成	规则配置	规则管理	规则流程管理	规则监控

图 9-6　风险管理中台主要的中间件示例

（1）数据处理。数据处理主要包含数据验证、数据补全、数据去重、数据圈选、数据排序、数据屏蔽、数据采样、数据合并、数据聚合、数据统计、数据透视和数据分发等。

（2）算法应用。算法应用主要包含预测分析、分类分析、聚类分析、异常检测分析、定价分析、关系网络分析、路径规划分析、运筹优化分析、文本处理和分析、智能推荐、图像处理、时间序列分析等。

（3）策略配置和管理。策略配置和管理主要包含规则分析、规则生成、规则配置、规则管理、规则流程管理和规则监控等。

图 9-7 是风险管理规则和监控闭环示例。首先，配置核保规则和定价模型用于管理风险，然后建设风险监控系统监控规则的适用性和执行情况。风险管理规则和策略框架可以参考图 9-7 左边部分的内容，风险监控可以参考图 9-7 右边部分的内容。对于智能风险管理体系，风险管理要尽量做到减少人工干预，让机器自动化运转。以雇主责任险风险管理为例，很多企业担心高风险工种（5 类和 6 类工种）的风险，一般采用线下人工审核的方式。笔者认为这是一种严重的技术倒退和非精细化运营的惰性思维方式。合理的方法应该是先通过大数据和风险管理技术，找出 5 类和 6 类工种存在的风险点，精准识别风险并配置风险管理规则和策略应对风险，然后构建风险监控系统来监控风险管理规则和策略的运转与执行情况。

对于风险管理场景，整体风险管理规则会分为阻断型规则、限制性规则、定价规则和反欺诈规则。下面以保险场景为例，介绍这 4 类规则。

（1）阻断型规则。阻断型规则是明确告知客户无法投保的规则，如行业黑名单、企业黑名单、人员黑名单、极高风险人群等。制定这部分规则的主要目的是剔除极高风险或者有欺诈嫌疑的客户，避免"一粒老鼠屎坏了一锅汤"的窘境出现。

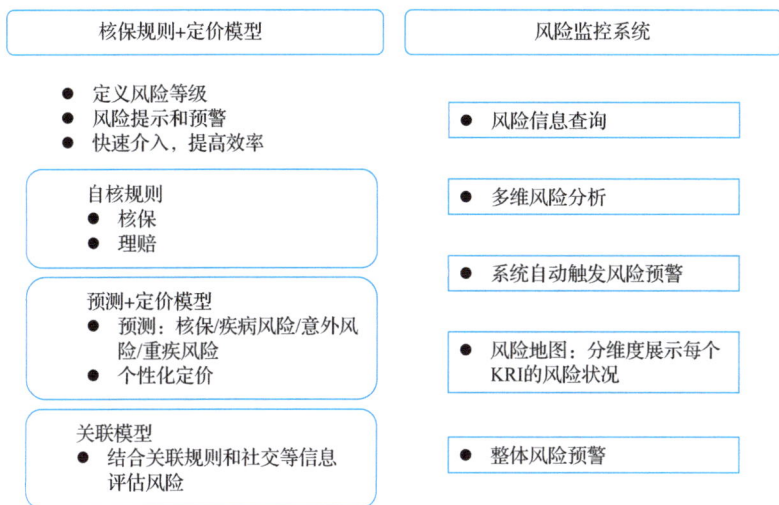

| 核保规则+定价模型 | 风险监控系统 |

核保规则+定价模型：
- 定义风险等级
- 风险提示和预警
- 快速介入，提高效率

自核规则
- 核保
- 理赔

预测+定价模型
- 预测：核保/疾病风险/意外风险/重疾风险
- 个性化定价

关联模型
- 结合关联规则和社交等信息评估风险

风险监控系统：
- 风险信息查询
- 多维风险分析
- 系统自动触发风险预警
- 风险地图：分维度展示每个KRI的风险状况
- 整体风险预警

图 9-7 风险管理规则和监控闭环示例

（2）限制性规则。风险管理人员通过配置精细化的规则有选择性地让客户进行投保，在部分场景中有可能会触发人工审核。为了尽可能避免伤害大多数客户，限制性规则一般是由多个关键风险因子交叉构成的复杂规则，如通过交叉地域、年龄、性别、工种结构、行业、风险评分等部分因子构成的规则，示例为"50 岁以上年龄占比超过 50%且所在的行业和地域的风险等级为高风险的客户"。制定这部分规则的主要目的是限制较高风险的客户群，风险处理策略是以设置涨价规则、剔除某些保险责任、控制保额的方式来控制风险。示例策略：对这部分客户（"50 岁以上年龄占比超过 60%且所在的行业和地域的风险等级为高风险的客户"）限制最高保额为 40 万元，在基准价格上统一涨价 50%。

（3）定价规则。风险管理人员按照客户的风险评级进行差异化定价。一般风险越高，价格越高。

（4）反欺诈规则。风险管理人员制定反欺诈规则的目标是识别欺诈嫌疑客户或者团体，然后对这些客户进行重点调查，最大化地降低损失。比如，识别高风险医院和高风险修理厂等。

7. 风险管理服务平台

事前—事中—事后的风险管理示意图如图 9-8 所示。风险管理服务的主要目标是打造支持快速识别风险、精准定位风险、全面评估风险、智能管理风险和动态适应风险的一系列风险管理智能应用（比如，智能识别、动态评估、智能管理、回溯优化等）。

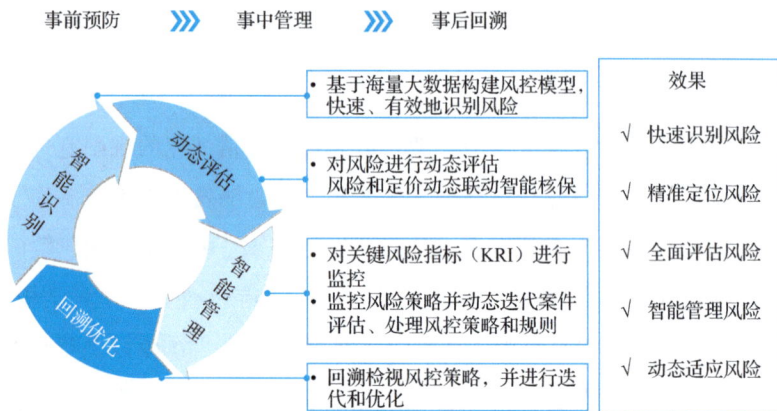

图 9-8　事前—事中—事后的风险管理示意图

下面以汽车保险场景为例，其他保险场景可以类比。

在汽车保险场景中，有以下两个行业痛点。

第一个是很多企业执行的策略是宽进严出，即在承保端政策会比较宽松，而在理赔端会投入更多的资源进行风险管理。

第二个是理赔端和承保端缺少联动，两边各管各的。

合理的风险管理举措应该是把承保和理赔整合起来，期望从与客户的第一个触点开始就能精准识别客户的风险，同时在后续的环节中实施适当的风险管理举措。这么做的好处：既能帮助客户降低风险，又能让客户感知到风险降低的好处，如较低的费率和较好的服务。汽车保险的风险管理服务主要包含以下核心功能。

首先，从底层打通了客户多个触点的数据（比如，基本信息、风险数据、行为数据等），我们称之为统一数据模型。

然后，从最细的粒度刻画在不同的场景中不同行为的客户风险，我们称之为风险视图。风险视图是数据视图的一个子模块。数据视图实现客户、标的、产品、风险等单一或者相互组合之后的画像。

最后，我们通过统一数据服务将数据视图以服务化的形式提供给应用层。

在应用层，打造保前—保中—保后定价核保风险管理体系，该系统主要包含以下4个模块。

第一个模块为销售指引。该工具主要在第一个触点告知销售人员不同业务类型的风险并合理匹配相关的营销策略，帮助销售人员更好地了解业务的风险。

第二个模块为核保评分体系。该体系将客户的风险抽象为容易理解的评分，系统可以根据该评分和业务常用的几个维度进行自动核保，并计算出相应的保费。

第三个模块为费用、折扣模拟和联动工具。该工具可以根据客户的风险情况，动态计算定价的折扣和保险的佣金，从而实现客户整体风险可控。

第四个模块为监控和回溯体系。该体系主要计算客户的动态风险，及时判断风险异常，并帮助业务人员及时感知客户风险的变化，从而从整体上对风险进行控制。

风险管理服务的核心功能之一是客户风险数据的采集。随着智能硬件的应用，很多企业开始尝试安装智能硬件以采集客户的驾驶行为、位置等数据，并期望根据用户驾驶行为（Usage-Based Insurance，UBI）实现汽车保险的动态定价。目前，大部分 UBI 车险的应用从事后干预的角度，给予客户驾驶风险评分报告，并解释驾驶风险评分，以期望达到教化和引导客户改善驾驶行为的目标。

但是从客户的角度来看，这种手段的及时性不够，与客户的互动行为比较滞后，都是事后的干预举措。如何让客户更好地感知风险，并实时对风险进行管理，从而进一步降低风险？可以尝试通过摄像头等简易设备采集数据，并给客户提供核心的辅助驾驶功能（比如，与前车的距离、车道偏离、疲劳驾驶等）。这么做的好处是可以实现在事中对客户的高风险行为进行预警和干预，让客户及时感知自己的高风险行为，从而起到"惩前毖后，治病救人"的良好效果。

8. 风险管理监控平台

风险管理监控是实现风险管理闭环的重点环节。通过对保前—保中—保后全流程的风险管理规则、业务结构、定价体系、典型欺诈模式、重案、重要风险管理人员和流程等进行监控，我们可以实时感知风险偏差，动态调整风险管理规则。

图 9-9 所示为团体保险的常见欺诈模式。我们需要深入挖掘每种欺诈模式的特点，事前识别这些欺诈模式，然后构建风险管理规则防范这些欺诈模式，最后建立监控体系以监控规则的有效性和欺诈模式的动态变化。

A	高风险渠道换马甲	B	批改行为异常，比如套账期	C	占年单行为
D	互联网投保行为异常，比如反复试工种、比标准工种匹配率低等	E	业务结构不健康，比如投保人数、年龄结构、工种结构等	F	投保方案适配情况
G	客户档案真实度和客户风险评分变化趋势	H	黑名单匹配或相近	I	理赔行为异常，比如报案滞后、医疗费用异常等

图 9-9　团体保险欺诈模式

KRI（关键风险因子）是用于风险预警与监督的风险指标、制度、机制和报告的集合。我们可以根据 KRI 对主要模型和规则进行监控，监控规则和策略的适用性，及时进行预警和调整。KRI 一般包含关键风险指标制度、需要监控的关键风险指标和关键风险指标监控与报告。假如有以下 KRI：风险地区、渠道、企业人员监控、高风险工种占比、高龄人员占比、特殊方案占比、业务年龄结构、性别结构、换马甲渠道占比等。我们可以展示每个 KRI 的风险地图，实现可视化，从而对 KRI 进行有效的监控。

9. 风险管理审计和调查平台

在风险管理的过程中，有很多任务无法完全使用机器或者算法来解决，还需要人工的支持或者人工深度参与，比如对欺诈模式进行总结、对操作流程进行风险梳理、发掘人为造成的不规范行为等。人工的辅助，有助于让整个风险管理流程更加流畅、更加精细化。

风险管理审计一般主要针对以下 3 种风险。

（1）操作风险。我们要制定标准化的操作流程，判断操作流程是否按照标准执行、操作过程是否合规。

（2）欺诈风险。我们要分析案件，找到欺诈模式和欺诈漏洞，查漏补缺。

（3）定损风险。我们要确定定损过程中各种偏离标准流程的行为，并挖掘各种跑冒滴漏行为，从而降低定损过程的风险。

下面以车险为例，列举风险管理审计和调查如何有效地降低风险。

（1）操作风险。比如，车型录错、配件录错、工时录错、驾驶员录错等信息录入错误。

（2）欺诈风险。比如，报案人多次报案、痕迹不符、图片 PS、配件调包、倒签单、重复索赔、套牌标的、虚假发票理赔等。

（3）定损风险。比如，配件价格虚高、工时价格虚高、修换标准不符、零配件存在明显的互斥关系等。

随着数据的积累和技术水平的提高，很多人工审计的行为可以逐渐使用技术进行替代，如行驶证 PS、配件存在明显的互斥关系、信息录入错误等。尽管如此，作为对标准风险管理行为和风险管理流程进行查漏补缺的角色，风险管理审计和调查环节还是十分必要的。

10. 风险管理回溯平台

风险管理第一个闭环的最后一个步骤是复盘和回溯分析，其主要目标是不断优化风险管理水平，查漏补缺，提升系统、算法、规则和策略的健壮性与自适应能力。回溯的最核心举措是依托于历史的数据对风险管理策略和风险监控系统进行量化分析，找到待优化的部分，然后不断地进行迭代和优化。

9.1.4　风险管理的标准化流程

风险管理是一项专业性很强的工作，可以参考图 9-10 所示的标准化流程，从整体框架上标准化流程主要分为 8 个步骤。

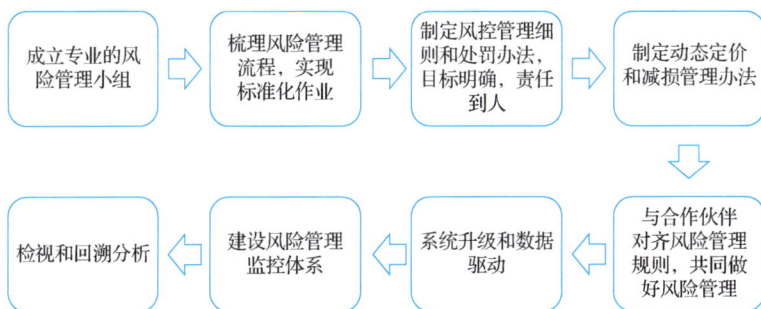

成立专业的风险管理小组 → 梳理风险管理流程，实现标准化作业 → 制定风控管理细则和处罚办法，目标明确，责任到人 → 制定动态定价和减损管理办法

检视和回溯分析 ← 建设风险管理监控体系 ← 系统升级和数据驱动 ← 与合作伙伴对齐风险管理规则，共同做好风险管理

图 9-10　风险管理标准化流程

（1）成立专业的风险管理小组：让组织先行。把风险管理工作交给专业的团队，效能更高。

（2）风险管理流程梳理和标准化：梳理风险管理流程，实现标准化作业。以保险为例，梳理出保前—保中—保后风险管理的标准化流程，让风险在每个环节中都能得到有效的监控和管理。

（3）制定风险管理细则：制定风险管理细则，使责任清晰、权责明晰、奖罚分明，让每个人都为风险管理工作贡献最大的力量。

（4）制定翔实的动态定价和减损管理办法：定价是非常重要且敏感的一项工作，定价高了或低了都不会让所有人满意，因此合理定价显得至关重要。合理定价一般遵循风险兑价的原则，同时兼顾市场公平。科学减损人人有责，我们要通过规范减损细节，惩恶扬善，让降损降赔成为习惯。

（5）与合作伙伴对齐风险管理规则：众志成城，形成风险管理的合力，企业可以提供专业的工具赋能合作伙伴，提高其风险管理的效率。

（6）系统升级和数据驱动：建设大数据和科技驱动的风险管理闭环，减少人工的参与和干预。

（7）建设风险管理监控体系：监控重要的案件、欺诈模式、业务结构、风险管理策略和重要的风险点，以便及时预警和自适应调节风险管理规则。

（8）检视和回溯分析：回溯和复盘，查漏补缺，不断地优化风险管理体系。

在风险管理过程中，精细化和数据化尤为重要。很多核保人员或者风险管理人员一旦发现业务的赔付率上升，在第一时间想到的就是砍掉高风险业务和普涨价格。这两个风险管理举措本身没有问题，也是风险管理的重要举措，但却是最简单的举措，任何人都能想到，无法体现专业性。正确的方法应该是精细化分析赔付率上升的根因，对业务结构做全面的诊断，对症下药。

第一步：判断业务结构的合理性，判断现状是"一粒老鼠屎坏了一锅汤"还是"业务从根上就已经烂透了"。如果差业务低于 3 成，那么可以采用精细化风险运营的方法进行优化。如果差业务不高于 5 成，那么可以认为业务结构没有很大问题，在短期内还有"起死回生的机会"。一旦差业务超过 7 成，就说明根是烂的，需要重新审视目标客户群是否合理。

第二步：仔细分析出现差业务和好业务的根因。不要简单地使用定价不充足作为根因，应该从多个维度进行深入分析，找到根因。

第三步：参考图 9-7 左边部分的内容确定风险举措，评估影响的业务范围和风险解释因素。

第四步：向高层领导汇报业务现状、风险管理策略和举措，获得高层领导的支持。与业务人员沟通，对齐风险管理策略，降低执行阻力。

第五步：参考图 9-7 右边部分的内容建设风险监控系统。

第六步：落地执行。

9.2　风险管理中台的应用案例

9.2.1　反"薅羊毛"

风险管理的典型落地场景之一是反"薅羊毛",其主要用于客户营销和服务。目前,我们主要通过行为序列、设备指纹和人工智能等技术实时计算风险,实时判断是否机器人注册、是否"薅羊毛"行为等,然后将高风险的客户和风险触发原因推送给客服人员进行审核,从而达到减损的目的。通过风险管理中台赋能,我们可以快速构建反"薅羊毛"的能力,提升反欺诈能力。

9.2.2　语音质检风险筛查

除了承保理赔风险,我们还在推进基于 AI 的语音质检风险识别。保险行业对客服人员的礼仪、话术等有严格的要求。传统的语音质检方法都是人工抽音和听音的方式。我们目前在推进通过人工智能结合业务规则的混合模型来实现语音自动风险识别,实时输出风险评分和触发的主要风险点,这可以及时地帮助客服人员改善服务水平,提高客户服务体验。

同样,通过风险管理中台赋能,我们可以快速地构建 AI 反欺诈能力,提升语音质检的效率和精准度。

9.2.3 车险理赔反欺诈

汽车保险是财产保险的重要支柱之一，年度保费超过 7000 亿元人民币，保费大约占财产保险保费的 60%，其重要性可想而知。从重要性的角度来看，汽车保险反欺诈活动的有效开展有利于大幅度提高保险公司的经营效益。下面是汽车保险反欺诈的 3 项重要举措，也是效果最显著的 3 项关键举措。

（1）建立维修工时标准数据库，并优化现有零配件标准数据库，实现零配件维护准确性校验和价格自动维护，实现小额案件自动理赔，并降低定损偏差，节约成本。

（2）建立零配件风险库，对符合风险库的案件实现自动预警和跟踪，降低理赔风险，减少损失。

（3）对客户的各个环节的风险进行评分（比如，承保、报案、立案、查勘、定损、理算等）。分数越高，表示客户的风险越高。同时，触发高风险规则指导反欺诈人员进行调查。

反欺诈规则按照业务发展阶段一般分为报案阶段规则、查勘规则、定损规则、人伤调查规则、未决管理规则、核赔规则、定损时效规则、定损逻辑规则、定价规则和其他规则。表 9-1 所示为人伤调查规则的示例。

表 9-1　人伤调查规则

类别	判断条件	分值或阈值
同一人伤频繁出险	3 个月以内，同一人员在××个以上案件中作为伤者	××
被保险人与受伤人员的户籍地基本一致	被保险人与受伤人员的户籍地基本一致	××
车上人员受伤报称第三者受伤	报案车上人员有人伤、无第三者人伤，实际赔付第三者、未赔付车上人员	××
自定义	人伤核损岗手工勾选	××
后续治疗费定损金额疑似不合理	人伤小额案件后续治疗费 f≤调查定损金额	××
医疗费定损金额疑似不合理	人伤小额案件定损单赔偿项目只包含医疗费，且阈值（××）<调查定损金额	××
系统录入疑似有误	人伤小额案件添加三种及三种以上小额伤情	××
住院天数超标准范围	阈值（××%）<[（实际住院天数-系统主要诊断住院预计天数）/系统主要诊断住院预计天数]	××
医疗费定损金额疑似不合理	阈值（××%）<[（医疗费调查定损金额-同类伤情案均医疗费赔偿金额）/同类伤情案均医疗费赔偿金额]	××
后续治疗费定损金额超标准范围	阈值（××%）<[（后续治疗费调查定损金额-系统主要诊断对应的后续治疗费标准值）/系统主要诊断对应的后续治疗费标准值]	××
整容费定损金额超标准范围	阈值（××%）<[（整容费调查定损金额-系统主要诊断对应的整容费标准值）/系统主要诊断对应的整容费标准值]	××

类别	判断条件	分值或阈值
住院伙食补助费定损金额超标准范围	系统标准值<住院伙食补助费定损日标准	××
营养费定损金额超标准范围	阈值（××%）<［（营养费定损天数-系统主要诊断对应的营养费天数标准值）/系统主要诊断对应的营养费天数标准值]	××
误工费定损金额超标准范围	定残日期-出险日期-阈值（××）<误工费定损天数	××

9.2.4 团体保险风险管理体系

传统比较完善的保险风险管理体系的主要目标是个人保险，团体保险体系化程度较低。行业领先的保险科技平台保准牛针对团体保险打造了保前—保中—保后的风险管理闭环。目前，该体系主要支持企业的核心业务——雇主责任险和团体意外险。

（1）保前的主要工作为梳理关键的风险指标，然后根据海量的客户标签构建风险管理模型，合理识别并过滤重大的风险。详细功能点有黑名单库、灰名单库、标准工种库、评分模型、前置规则、核保规则等。

（2）保中的主要工作是对关键的风险指标进行动态监控，以便动态地跟踪和优化风险因子、风险策略和定价策略。主要的功能模块有风险地图、风险档案、**KRI** 风险监控、渠道风险监控、大案监控、要客监控、规则监控、动态定价、价格和费用联动等。

（3）保后的主要工作是通过历史案件回溯检视风险管理策略，查漏补缺，优化保前和保中的风险管理、定价、定费策略。

依托于风险管理中台的能力，该体系首先采用数据标签化技术对 B 端客户的各个维度信息进行量化清洗，通过 ID-Mapping 等手段，将碎片化的企业信息进行深度整合，形成跨企业客户整个生命周期的标签用户画像体系，然后对客户风险数据进行梳理，利用机器学习建模，训练企业客户的风险评估模型，包括出险率评估模型、出险案件评估模型等（用到的算法主要包括深度学习、XGBoost、logistics 回归、K-means 等）。

此外，该体系构建了保险各个业务环节的评分卡体系，包括投保评分卡（A 卡）、保中评分卡（B 卡）、理赔评分卡（C 卡），形成了完备的保险客户全周期算法评分体系，更加智能地为客户提供保险产品服务。

目前，这个体系还在不断地迭代和优化过程中，随着数据量和维度增加，该体系的效果将会越来越好。

9.2.5　人身险风险管理建设

图 9-11 所示为 10 种常见的人身险欺诈模式，其中最常见的是数据造假、带病投保和团体欺诈骗保。

1	2	3
故意造成被保险人死亡、伤残骗保	夸大损伤程度骗保	把非意外事故伪造成意外伤害事故骗保

4	5	6
医护人员参与骗保，夸大伤残或虚构住院或乱开药骗保	黑产团伙协作骗保	多家投保，然后骗保

7	8	9
冒用或盗用客户名义，骗取保单贷款或者非法获益	数据造假（比如体检数据、票据数据、倒签单、伪造投保和出险时间等）	保险公司理赔人员内外勾结骗保

10		
带病投保		

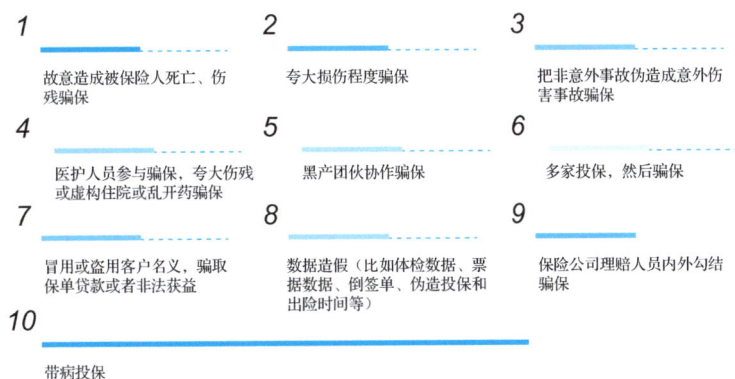

图 9-11　常见的人身险欺诈模式举例

下面通过两个具体案例让读者能更加形象地了解人身险的欺诈风险。

案例一：

高保额，多头投保：某男子 A 陆续为其妻子 B 购买了多份寿险保单，保额超过 3000 万元。这些保单的被保险人均为妻子 B，被保险人身故的受益人均为该男子 A。

字迹异常：保单上的签字明显与妻子 B 的字迹不符。

出险地和出险原因异常：异国，溺亡。

互联网行为异常：该男子 A 事前一段时间的消费行为异常。

报案、查勘异常：尸检报告显示，B 死前很可能遭到了严重的暴力，身上有多处伤口，第 5 根肋骨折断，肚子里出血，肝脏撕断，多个手指指甲折断。死亡原因是"遭到丈夫的伤害，溺水缺氧而亡"。

案例二：

用药异常：某市某医院单次门诊配药剂量和用药剂量异常。

作业流程异常：医生不经过任何化验检查直接得出流感的诊断结果。

医院赔付率高：该医院的赔付率较高。

医院涉及案件多：涉及的案件数量较大。

对于人身险的风险管理体系建设，可以参考图 9-8 所示的事前—事中—事后的风险管理框架图和 9.2.4 节中介绍的团体保险保前—保中—保后体系建设方法论，构建人身险的保前—保中—保后的风险管理体系，在此不再赘述。

以风险点收集和监控为例，下面为人身险的 25 个风险点。

（1）多头投保。

（2）意外险疾病为浅表损伤、挫伤、劳损等，住院天数较长。

（3）津贴险疾病为急性支气管炎、头痛等，住院天数较长。

（4）出险时间和保单生效时间或者保单终止时间间隔较短。

（5）在理赔过程中，发现非本人就医、虚假发票、既往症、挂床等情况。

（6）事故地点偏僻，如河边、山里。

（7）之前发生过事故或重要疾病。

（8）风险医院、渠道或代理人。

（9）与黑名单客户直接或者间接有关联。

（10）保额较高。

（11）倒签单。

（12）用药剂量异常。

（13）诊断流程异常。

（14）通过汽车保险制造人伤案件。

（15）证件、就医信息、病例造假。

（16）报案人是受益方。

（17）报案人对案件缺乏了解。

（18）报案和投诉时间间隔很短。

（19）设备活跃度异常。

（20）社交关系复杂或异常。

（21）人和设备关系异常。

（22）当事人行为异常。

（23）互联网投保行为异常。

（24）账户异常。

（25）体检数据矛盾。

　　你也可以通过专家访谈、数据分析等方法找到更多风险点，然后将其用于风险管理模型建设和风险监控系统。显而易见，建设人身险风险管理中台，有助于快速构建保前—保中—保后的智能风险管理体系，可以大幅度提升风险管理的能力和效率。

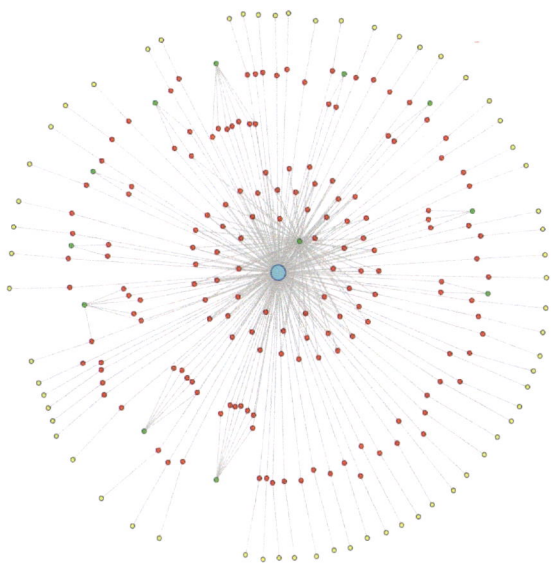

图 5-12　图计算应用案例——团体反欺诈示意图

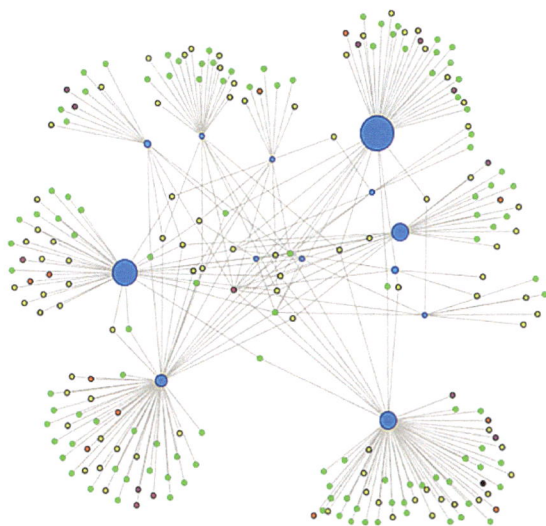

图 6-19　保险关系网络示例（1）

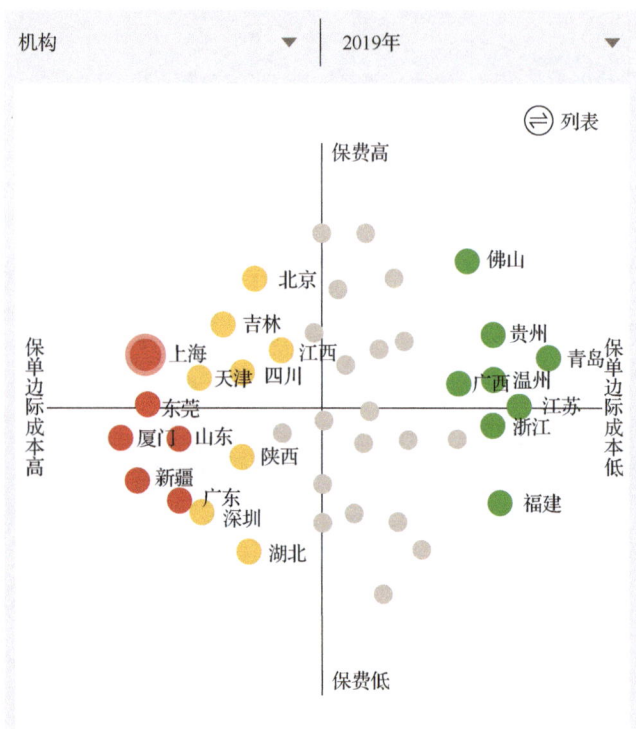

图 7-2　使用 ClickHouse 进行机构透视举例